公路工程项目全寿命周期 BIM智慧化管理系统研究

王兴平　尹紫红　尹杰　赵建华
侯俊平　鲁楠　张玉泉　郝绪德　著

西南交通大学出版社
·成　都·

图书在版编目（CIP）数据

公路工程项目全寿命周期 BIM 智慧化管理系统研究 / 王兴平等著. —成都：西南交通大学出版社，2019.10
ISBN 978-7-5643-7207-1

Ⅰ. ①公… Ⅱ. ①王… Ⅲ. ①道路工程－项目管理－计算机辅助管理－应用软件 Ⅳ. ①U415.1

中国版本图书馆 CIP 数据核字（2019）第 253711 号

Gonglu Gongcheng Xiangmu Quanshouming Zhouqi BIM Zhihuihua Guanli Xitong Yanjiu
公路工程项目全寿命周期 BIM 智慧化管理系统研究
王兴平　尹紫红　尹 杰　赵建华　侯俊平　鲁 楠　张玉泉　郝绪德　著

责 任 编 辑	姜锡伟
封 面 设 计	阎冰洁　王浣霖
	西南交通大学出版社
出 版 发 行	（四川省成都市金牛区二环路北一段 111 号西南交通大学创新大厦 21 楼）
发行部电话	028-87600564　028-87600533
邮 政 编 码	610031
网　　　址	http://www.xnjdcbs.com
印　　　刷	四川煤田地质制图印刷厂
成 品 尺 寸	170 mm × 230 mm
印　　　张	20.25
字　　　数	291 千
版　　　次	2019 年 10 月第 1 版
印　　　次	2019 年 10 月第 1 次
书　　　号	ISBN 978-7-5643-7207-1
定　　　价	88.00 元

图书如有印装质量问题　本社负责退换
版权所有　盗版必究　举报电话：028-87600562

序言

"那是一条神奇的天路耶，把人间的温暖送到边疆，从此山不再高、路不再漫长，各族儿女欢聚一堂……幸福的歌声传遍四方。"《天路》优美的旋律表达了人们对国家扶贫攻坚交通先行政策的感恩，歌颂了我国交通建设的伟大成就！

习近平强调，中国要实现"两个一百年"的奋斗目标，"还自然以宁静、和谐、美丽"，"既要创造更多物质财富和精神财富以满足人民日益增长的美好生活需要，也要提供更多优质生态产品以满足人民日益增长的优美生态环境需要"。

《习近平关于交通运输论述摘编》是推动我国交通运输持续健康发展的科学理论指引，其科学地回答了新时代交通运输的发展目标、发展目的、发展定位、发展环境、发展主线、发展基础、发展重点、发展动力和根本保证等一系列重大问题，充分体现了交通运输在党和国家发展大局中的重要地位。中共中央、国务院颁布的《交通强国建设纲要》明确提出：到本世纪中叶，全面建成人民满意、保障有力、世界前列的交通强国。公路勘测、设计、检测、监测、管理手段更加智能化，计算机图形处理技术、区块链技术、大数据物联网、卫星通信传输技术和软件融合技术的突飞猛进，将为交通人搞好BIM+公路全寿命周期智慧化管理的理论研发和成果应用提供先进的技术保障。

《公路工程项目全寿命周期 BIM 智慧化管理系统研究》提出的公路工程项目全寿命周期 BIM 智慧化管理系统的构建方法，能促使产、学、研、用、管等方面的建设者去了解 BIM 应用在勘察、设计、建设、运营管理等相关信息管理中的形象性、实时性和整体性，有利于实现公路工程项目管理的精细化、规范化、便捷化、共享化、可视化、智慧化、生态化、绿色化。

本书基于 BIM 教学和信息化管理团队多年来的教学实践、科学研究和施工管理平台的研发与应用，以勘测设计的 BIM 数字化成果为依托，深入浅出地为大家打开了一扇了解"BIM+"智慧化管理公路等工程项目的窗户，无论对专业研究者还是普通工程技术人员，都是开卷有益。本书的新理论、新技术将有效提升我国的公路建设与运营管理水平。

中国土木工程学会工程风险与保险研究分会　副理事长
中国土木工程学会隧道及地下工程分会

博导
教授

2019-09-29

前言

BIM+各专业的造新价值、新一代信息技术和服务业态信息技术与经济社会的交汇融合引发了工程技术人员开发 BIM+的热情，BIM+正日益对全球土木建筑工程的方案策划、设计、生产、运营和国家治理新能力的提升产生重要影响，也将带来 BIM+智慧化管理系统研发与推广应用的繁荣发展。BIM 技术在工程各领域应用全面展开，各地科研院所、设计、施工、运营单位开展 BIM 研发的积极性较高，公路工程项目全寿命周期 BIM 智慧化管理解决方案不断成熟，其在各个基建行业的应用得到快速推广，市场规模增速明显，为 BIM+发展带来了强劲动力。不过，我国 BIM 智慧化管理仍处于起步阶段。

本书针对 BIM 的概念、相关技术、应用案例及其在公路工程项目全寿命周期（BIM+智慧化管理系统）中的实施方案等进行了系统性阐述，作者对 BIM 在工程的方案策划、设计、生产、运营等各个环节的信息化、智慧化应用开发做了翔实的阐述，对在 BIM+开发和推广应用时发现的主要问题进行了介绍，并提出了相关的建议。

本书由王兴平、尹紫红、尹杰、赵建华策划，王兴平统稿。共分 6 章：第 1 章绪论（王兴平、尹杰、张玉泉著），第 2 章公路工程项目 BIM 技术应用方案（尹紫红、赵建华著），第 3 章公路工程项目全寿命周期 BIM 智慧化管理系统（尹紫红、王兴平、赵建华著），第 4 章工程项目管理信息系统与 BIM 结合应用方案（侯俊平、尹杰、鲁楠、郝绪德著），第 5 章 BIM 应用保障机制（赵建华、鲁楠著），

第 6 章结语（王兴平、尹紫红著），等。全书系统介绍了 BIM 相关基础知识、国内外研究及应用现状，并详细列举了公路工程 BIM 设计及信息化项目典型案例，阐述了公路工程项目 BIM+智慧化管理实施方案及建议，提出了 BIM 智慧化管理系统下一阶段的工作重点、数据安全保障措施、应用组织保障等方面的意见和建议。

全书力求简明扼要，尽量做到内容全面，强调公路行业特色。

本书可作为高等院校、高职高专和各类职业学校的公路、铁路、铁道工程、城市轨道工程、桥梁工程、交通工程、工程管理等土建（土木）相关专业方向学生的参考教材，也可作为相关专业工程技术和经营管理人员的职工岗前培训、学习、参考书，并可作为普及 BIM 知识的科普图书。

感谢为本书提供宝贵资料和案例的专家学者和单位，包括（但不限于）:四川藏区高速公路有限责任公司及四川开元能信工程管理有限公司"藏区高速公路重大节点工程 3D GIS+BIM 建设期智慧管理平台研发及应用示范"项目组、四川广巴高速公路有限责任公司及陕西公众软件公司"广陕广巴连接线 GIS+BIM 数字公路平台开发"项目组、中交第一公路勘察设计研究院有限公司 BIM 技术研发与应用中心主任刘向阳、中交公路规划设计研究院有限公司副总工程师彭运动、四川省公路规划勘察设计研究院有限公司五分院总工程师文丽娜博士、成都携信科技有限公司、北京中科建华科技有限公司、四川省交通勘察设计研究院有限公司、山西省交通规划勘察设计院、武汉广益交通科技股份有限公司、四川天驰影视文化传播有限公司、安徽中益新材料科技有限公司等。

2019 年 10 月

目 录

第1章 绪 论 ……………………………………………… 1
    1.1 BIM 技术概述 ……………………………………… 1
    1.2 BIM 的发展历史 …………………………………… 3
    1.3 中国交通基础设施建设领域 BIM 的应用现状 … 4
    1.4 工程建设各阶段 BIM 应用情况 ………………… 14
    1.5 BIM 开发应用典型案例 …………………………… 16
    1.6 项目采用全寿命周期 BIM 管理系统的优势与
        组成分析 …………………………………………… 74

第2章 公路工程项目 BIM 技术应用方案 ……………… 97
    2.1 BIM 技术应用目标 ………………………………… 97
    2.2 BIM 应用组织机构 ………………………………… 105
    2.3 BIM 在公路工程项目中应用的建模标准流程 … 110
    2.4 分类编码 …………………………………………… 112
    2.5 数据存储 …………………………………………… 115
    2.6 建模基本规定 ……………………………………… 177
    2.7 模型应用 …………………………………………… 178
    2.8 交付和审核 ………………………………………… 181
    2.9 BIM 技术软件平台选择 …………………………… 189

第3章 公路工程项目全寿命周期 BIM 智慧化管理系统
        ……………………………………………………… 193
    3.1 项目协同 …………………………………………… 193
    3.2 BIM 数据集成与管理平台建设 …………………… 196
    3.3 BIM 多元数据（库）标准的构建 ………………… 219
    3.4 公路 BIM 三维模型构建技术 …………………… 221

3.5 公路 BIM 关键技术 ……………………………………… 224
3.6 公路 BIM 的应用 ………………………………………… 229
3.7 BIM 技术建设高速公路工程的价值验证 …… 236
3.8 全寿命周期 BIM 智慧化管理系统应用开发 ……… 238

第4章 工程项目管理信息系统与 BIM 结合应用方案 … 246
4.1 工程项目管理信息系统概述 ……………………… 246
4.2 工程项目管理信息系统的应用价值 ……………… 248
4.3 工程项目管理信息系统总体功能架构 …………… 249
4.4 工程项目管理信息系统功能设计 ………………… 250
4.5 基于 BIM 的工程项目管理信息系统设计构想 295

第5章 BIM 应用保障机制 …………………………………… 302
5.1 建立系统运行保障体系 …………………………… 302
5.2 编制 BIM 系统运行工作计划 …………………… 302
5.3 建立系统运行例会和检查制度 …………………… 303
5.4 模型维护与应用机制 ……………………………… 303
5.5 BIM 模型的应用计划 ……………………………… 304
5.6 实施全过程规划 …………………………………… 304
5.7 协同平台准备 ……………………………………… 306

第6章 结　语 ………………………………………………… 308
6.1 公路工程项目 BIM 智慧化管理实施建议 …… 308
6.2 BIM 智慧化管理系统下阶段工作重点 ……… 309
6.3 数据安全措施 ……………………………………… 310

参考文献 ……………………………………………………… 312

第 1 章 绪 论

1.1 BIM 技术概述

1.1.1 BIM 的由来

20 世纪 70 年代，受全球石油危机的影响，美国整个建筑业都在考虑如何提高行业生产效益的问题。在此背景下，1975 年，美国佐治亚理工学院的查克·伊斯特曼（Chuck Eastman）教授在其研究课题"Building Description System"（建筑物描述系统）中提出"a computer based description of a building"（基于计算机的建筑物描述方法），并以第一作者的身份撰写了世界上第一篇 BIM 论文 *An Outline of the Building Description System*（《建筑物描述系统的框架》）。最初，查克·伊斯特曼将 BIM（Building Information Modeling，建筑信息模型）定义为"一种涵盖建筑项目在其整个生命期内所有形貌特征、功能要求及组件性能信息的综合模型"，"该模型中应包括工程进度、建造过程及其控制信息"。他认为 BIM 是通过数字技术对建筑工程项目中的各个关键信息进行建模，从而实现建筑工程项目的数字化，进而解决建筑工程各个阶段所存在的信息不对等或是不完整的问题，实现工程项目的可视化、可控性和高效率，即 BIM 便于实现建筑工程的可视化和量化分析，提高工程建设效率。

1.1.2 BIM 技术概念

按照我国《建筑信息模型应用统一标准》（GB/T 51212—2016）规范的定义，建筑信息模型（BIM）即在建设工程及设施全生命期内，对其物理和功能特性进行数字化表达，并依此设计、施工、运营的过程和结果的总称，简称 BIM 模型。

BIM 技术是一种多维（三维空间、四维时间、五维成本、N 维更多应用）模型信息集成技术，可以使建设项目的所有参与方（包括政府主管部门、业主、设计、施工、监理、造价、运营管理、项目用户等）在项目从概念产生到完全拆除的整个生命周期内都能够在模型中操作信息和在信息中操作模型，从而根本上改变从业人员依靠符号文字形式的图纸对项目进行建设和运营管理的工作方式，实现在建设项目周期内提高工作效率和质量以及减少错误和风险的目标。

BIM 的含义总结为以下三点：

（1）BIM 是以三维数字技术为基础，集成了建筑工程项目各种相关信息的工程数据模型，是对工程项目设施实体与功能特性的数字化表达。

（2）BIM 是一个完善的信息模型，能够连接建筑项目全生命周期不同阶段的数据、过程和资源，是对工程对象的完全描述，可提供自动计算、查询、组合拆分的实时工程数量给建设项目各参与方普遍使用。

（3）BIM 具有单一工程数据源，可解决分布式、异构工程数据之间的一致性和全局共享问题，支持建设项目全生命周期中动态的工程信息创建、管理和共享，是项目实时的共享数据平台。

1.1.3　BIM 的特点

基于对国内 BIM 应用和实际发生影响效果的比较，我们可以总结出国内 BIM 技术应用具有如下特点：

（1）国内对 BIM 的认知和应用主要集中在设计阶段，包括方案设计、初步设计和施工图设计三个环节，协同设计的理念已经在一些大型项目中得到体现。

（2）BIM 技术的主要应用是进行三维设计，以及在施工前准备阶段解决管线综合问题，因此 BIM 的价值和影响也局限于设计和施工阶段，针对 BIM 信息的深层挖掘较少，与其他专业分析软件的配合不够，信息利用率较低。

（3）在施工阶段应用 BIM 的实践尚少，项目交付使用后，运营和维护方对模型和信息数据的使用率低，建筑信息的可持续利用价值还没有得到系统性开发。

（4）市场对 BIM 技术的需求具有扩展趋势，各行业已经具备开展 BIM 技术应用示范工程条件，以及循序渐进推进 BIM 在交通基础设施建设的全寿命期中应用的软硬件技术基础、人力资源和实施氛围。

1.2　BIM 的发展历史

根据记载，最早关于 BIM 的概念是一个叫建筑描述系统（Building Description System）的工作原型。它是由美国佐治亚理工学院建筑与计算机专业的查克·伊斯特曼（Chuck Eastman）博士在 1975 年发表于《AIA 杂志》（现已停刊）上的一个概念：建筑信息模型包含了不同专业的所有的信息、功能要求和性能，是把一个工程项目的所有信息，包括在设计过程、施工过程、运营管理过程的信息全部整合的一个模型。

20 世纪 70 年代末至 80 年代初的欧洲，特别是在英国，类似的研究与开发工作也在同时进行着。在 20 世纪 80 年代初，此项方法途径在美国通常被称为建筑产品模型（Building Product Model）；而在欧洲，尤其是在芬兰，它被称为产品信息模型（Product Information Model）。（这两个词组中的"产品"一词都是被用来区别于"过程"模型的。）所以，将"建筑产品模型"与"产品信息模型"综合起来就产生了"建筑信息模型"这一词组。

1986 年，罗伯特·艾什（Robert Aish）在发表的一篇论文中，第一次使用"Building Information Modeling"一词，他在这篇论文中描述了今天我们所知的 BIM 论点和实施的相关技术，并在该论文中应用 RUCAPS 建筑模型系统分析了一个案例来表达他的概念。

从 20 世纪 70 年代一直到 90 年代初，尽管当时全球主要绘图工作站研发制造商 DEC、SGI、SUN、HP、IBIM 等都致力于硬件上开发建筑计算机辅助绘图、设计与仿真系统，但碍于硬件成本过高、软件功能不足、计算机 16 位 CPU 内存不足以及绘图运算处理效能低等因素，全球建筑产业使用计算机仿真建筑建造只能作为实验室研究对象，很难在工程实际应用中发挥作用。

进入 21 世纪以后，随着计算机软硬件水平的迅速发展以及人们对建筑生命周期的深入理解，BIM 技术得以不断发展前进。自 2002 年 BIM 这一方法和理念被提出并推广之后，BIM 技术变革风潮便在全球范围内席卷开来。

1.3 中国交通基础设施建设领域 BIM 的应用现状

据交通运输部数据，我国 2018 年年末公路总里程突破 14 万千米，新增公路通车里程 8.6 万千米，其中高速公路 6000 千米，新建改建国省干线公路 2 万千米。2019 年预期目标是要完成公路水路固定资产投资 1.8 万亿元左右，新改建农村公路 20 万千米。

作为现代化科学管理的重要手段之一，标准化、信息化、智能化建设是交通运输行业的基础性工作，在高速公路建设管控中推进标准化建设、完善标准体系、促进标准实施，能够大力推进高速公路建设的现代化管理，更好地推动信息化、智能化技术、生态节能与减排降耗技术与传统基础设施建设管理理念的深度融合。

当前，我国高速公路建设管理大多还是基于传统的管理模式，难免在建设过程中出现人力、材料、资金等浪费，同时会出现因考虑不周造成的返工甚至延误工期等现象。随着信息化的不断发展，建筑信息模型技术应运而生，该技术的应用能够极大促进标准化建设在建筑、交通等领域的发展。目前，在多数发达国家，BIM 技术已经在建筑领域得到了较为深入的研究及工程应用，而工民建行业由于其模型相对规则、构件化程度高、项目数量较多，故这一行业也出台了较多 BIM 技术标准。

BIM 技术在建筑领域的成功应用使得高速公路建设全寿命周期的 BIM 应用理念也被提了出来，但目前在我国公路建设中 BIM 技术应用还不够成熟，主要原因如下：

（1）高速公路建设项目不同于房屋建筑等，工程影响因素多，不同工程工况各异。

（2）工程管理人员习惯传统管理模式，对于新型管理模式接受较慢。

（3）新型的 BIM 专业管理人才匮乏，BIM 技术的应用水平较低。基于 BIM 技术的高速公路全生命周期建设管理是未来的发展方向之一。

社会经济正在飞速发展，城市之间的联系也越来越紧密，在目前这样的趋势下，对于公路建设的需求也越来越多，对道路工程的要求也越来越高，对施工技术要求较大、难度较高并且项目耗时较长的就是国道和省道的建设，并且目前国内在建设、施工这一类项目时，缺少行之有效、执行力较强的管理方针和措施。

BIM 技术进入中国已有十多个年头，虽然在中国交通行业中仍处于起步阶段，但发展速度很快，许多企业有了非常强烈的 BIM 意识，出现了一批 BIM 应用的标杆项目。同时，BIM 的发展也逐渐得到了政府的大力支持。

1.3.1　国家相关政策解读

近年来，我国交通基础设施建设管理逐步完善，高速公路作为交通基础设施中最主要的部分之一，为进一步贯彻"使交通成为发展的先行官"的发展要求，在高速公路建设管理过程中也需要坚持创新协调等发展理念，不断更新高速公路建设管理理念，从全生命周期视角系统规划高速公路建设。《交通运输标准化"十三五"发展规划》提出，"'十三五'是交通运输转型升级、提质增效的关键期"，应"加快综合交通运输体系建设，提高交通运输服务品质"，以确保公路养护及物流业降本增效、补齐交通基础设施短板取得积极成效。

习近平总书记多次对"美丽中国"作出明确指示和形象描述，要求"还自然以宁静、和谐、美丽"，"既要创造更多物质财富和精神财富以满足人民日益增长的美好生活需要，也要提供更多优质生态产品以满足人民日益增长的优美生态环境需要"，"让居民望得见山、看得见水、记得住乡愁"。

绿色文化是绿色发展的价值选择，绿色文化包含了对人与自然关系的认识、生态伦理道德思想和可持续发展智慧等内容，实践绿色发展理念离不开绿色文化的积极作用。习近平强调，中国要实现"两个一百年"的奋斗目标，必须大力弘扬绿色文化，让绿色意识、观念和价值深入人心。

《习近平关于交通运输论述摘编》是推动交通运输持续健康发展的科学理论指引，涉及统筹推进"五位一体"总体布局中的各个方面，他科学地回答了新时代交通运输发展目标、发展目的、发展定位、发展环境、发展主线、发展基础、发展重点、发展动力、根本保证等一系列重大问题，充分体现了交通运输在党和国家发展大局中的发展先行官的历史新定位，赋予了建设交通强国的历史新使命。交通人要从服务经济建设、政治建设、社会建设、文化建设、生态文明建设的高度认识总书记重要论述的丰富内涵和重大意义，把总书记重要论述精神转化为推动交通运输改革发展稳定的实际行动，在统筹推进"五位一体"总体布局中发挥应有的作用。

中共中央、国务院 2019 年 9 月 19 日印发的《交通强国建设纲要》指出：到 2020 年，完成决胜全面建成小康社会交通建设任务和"十三五"现代综合交通运输体系发展规划各项任务，为交通强国建设奠定坚实基础；从 2021 年到本世纪中叶，分两个阶段推进交通强国建设；到 2035 年，基本建成交通强国；到本世纪中叶，全面建成人民满意、保障有力、世界前列的交通强国。要构建安全、便捷、高效、绿色、经济的现代化综合交通体系，打造一流设施、一流技术、一流管理、一流服务，建成人民满意、保障有力、世界前列的交通强国，为全面建成社会主义现代化强国、实现中华民族伟大复兴中国梦提供坚强支撑。要推广新能源、清洁能源、智能化、数字化、轻量化、环保型交通装备及成套技术装备。广泛应用智能高铁、智能道路、智能航运、自动化码头、数字管网、智能仓储和分拣系统等新型装备设施，开发新一代智能交通管理系统。提升国产飞机和发动机技术水平，加强民用航空器、发动机研发制造和适航审定体系建设。推广应用交通装备的智能检测监测和运维技术。加速淘汰落后技术和高耗低效交通装备。要大力发展智慧交通。推动大数据、互联网、人工智能、区块链、超级计算等新技术与交通行业深度融合。推进数据资源赋能交通发展，加速交通基础设施网、运输服务网、能源网与信息网络融合发展，构建泛在先进的交通信息基础设施。构建综合交通大数据中心体系，深化交通公共服务和电子政务发展。推进北斗卫星导航系统应用。要构建现代化工程建设质量管理体系，推进精品建造和精细管理。强化交通基础设施养护，加强基础设施运行监测检测，提高养护专业化、信息化水平，增强设施耐久性和可靠性。强化载运工具质量治理，保障运输装备安全。

《交通强国建设纲要》高度重视交通绿色发展，在分阶段目标中，提出到2035年，智能、平安、绿色、共享交通发展水平明显提高；到本世纪中叶，基础设施绿色化水平位居世界前列；还专门提出了促进资源节约集约利用、强化节能减排和污染防治、强化交通生态环境保护修复三大任务，并要求深化交通运输与旅游融合发展，推进旅游风景道等发展，完善客运枢纽、高速公路服务区等交通设施旅游服务功能。作为国家基础运输主骨架和与人民群众联系最紧密的交通运输方式，公路的绿色发展与交通强国目标实现息息相关。绿色公路大力推动理念创新、技术创新、管理创新和制度创新，将绿色发展理念贯穿到公路设计、建设、运营全过程，不仅推动生态保护修复、水气污染防治、能源高效和新能源利用、信息化智能化标准化建设等方面的技术研究与应用，更加推动总体设计、路基路面、桥梁隧道、交通工程等各公路专业技术革新与工程品质升级，为内含绿色品质的交通强国建设提供重要支撑。

对于BIM信息化、智慧化管理技术的发展，国务院住房和城乡建设部、交通运输部和相关省市都给予了高度重视，印发了相关的文件，其主要内容详如表 1-3-1 所示。

表 1-3-1　中国 BIM 相关文件和政策

发布单位	发布时间	发布信息	政策要点
住房和城乡建设部	2011-05	《2011—2015 年建筑业信息化发展纲要》	提出"十二五"期间建筑业信息化的发展目标
	2013-08	《关于征求关于推荐 BIM 技术在建筑领域应用的指导意见（征求意见稿）意见的函》	明确 BIM 技术应用的推广阶段与步骤
	2014-07	《关于推进建筑业发展和改革的若干意见》	推进建筑信息模型（BIM）等信息技术在工程设计、施工和运行维护全过程中的应用
	2016-08	《2016—2020 年建筑业信息化发展纲要》	加强 BIM 技术在基础建设领域的作用，提升公路水运工程建设品质，落实全生命期管理理念
交通运输部	2017-01	《推进智慧交通发展行动计划 2017—2020 年》	为提升公路水运工程建设品质，落实全生命期管理理念，经交通运输部同意，决定在公路水运工程中大力推进 BIM 技术的应用
	2018-03	《关于推进公路水运工程 BIM 技术应用的指导意见》	到 2020 年，相关标准体系初步建立，示范项目取得明显成果，公路水运行业 BIM 技术应用深度、广度明显提升

续表

发布单位	发布时间	发布信息	政策要点
辽宁省住建厅	2014-04	《2014年度辽宁省工程建设地方标准编制/修订计划》	提出将于2014年12月发布《民用建筑信息模型(BIM)设计通用标准》
北京质监局、北京市规划委员会	2014-05	《民用建筑信息模型设计标准》	提出BIM的资源要求、模型深度要求、交付要求是在BIM的实施过程中规范民用建筑BIM设计的基本内容
山东省人民政府办公厅	2014-07	《山东省人民政府办公厅关于进一步提升建筑质量的意见》	明确提出推广建筑信息模型(BIM)技术
广东省住建厅	2014-09	《关于开展建筑信息模型BIM技术推广应用工作的通知》	提出BIM技术应用的阶段计划以及目标
陕西省住建厅	2014-10	《陕西省级财政助推建筑产业化》	提出重点推广应用BIM施工组织信息化管理技术
上海市人民政府办公厅	2014-10	《关于在本市推进建筑信息模型技术应用的指导意见》	BIM技术试点和应用的推进阶段与步骤
重庆市建委	2016-04	关于加快推进建筑信息模型(BIM)技术应用的意见	分阶段、有步骤地推进重庆市BIM技术应用工作

交通运输部要求，行业主要设计单位具备运用BIM技术设计的能力。BIM技术应用基础平台研发有效推进。建设一批公路、水运BIM示范工程，技术复杂项目实现应用BIM技术进行项目管理，大型桥梁、港口码头和航电枢纽等初步实现利用BIM数据进行构件辅助制造，运营管理单位应用BIM技术开展养护决策。

为了解决目前公路工程项目设计、建设以及运营各阶段信息传递手段落后和效率低下等问题，公路作业应以 BIM 技术为基础，研发公路三维数字建模技术，构建全项目道路、桥涵构造物的三维模型；同时结合公路特点研究制定信息数据编码规则，创建公路 BIM 多元信息数据库，实现公路 BIM 平台；并在此平台上通过研究数据融合挖掘、模拟仿真等技术，开发公路工程项目设计方案优化、工程量统计、建设进度推演、几何尺寸质量校核、预防性适时养护等多项功能，实现公路全寿命周期的管理和应用。

BIM 技术的特征、优点多种多样，可以直观地呈现问题、分析问题、解决问题。我们可将这些特征与优点结合到实际的施工过程中，最终形成一个多层次的、有效的管理方案，这也会为公路建设注入新的血液、新的活力。通过将 BIM 技术本身的特征、优点与实际工程情况相结合，可摸索 BIM 技术在公路建设项目中的运用。

1.3.2　BIM 研发情况

近年来，BIM 作为一种全新的理念和技术，在实现优化建造流程、辅助建造协同、解决建设行业低效率问题和提高建筑的全生命期管理等方面越来越得到国家、行业和企业专家及技术人员的认可。目前，各相关高校、科研院所、勘察设计、大型施工企业都按照国家、住房和城乡建设部、交通运输部要求组建了本单位的 BIM 技术研发与推广应用团队。下面以中交第一公路勘探设计研究院有限公司（以下简称中交一院）作为国内交通行业 BIM 代表性研发单位给予以点代面的介绍。

中交一院作为工程设计行业的龙头企业，在国内公路行业 BIM 技术整体落后的情况下，紧抓国家政策机遇，占领行业的制高点。中交一院于 2016 年成立专职研发机构——BIM 技术研发与应用中心，聚焦城建与基础设施 BIM 技术研究、BIM 标准规范体系制修订、全生命周期 BIM 软件解决方案的研发及应用，探索形成以三维设计为核心，支持全生命周期管理的全专业 BIM 解决方案，探索新的更富有效率的生产组织模式，全面提升设计技术和管理水平，提高创新能力及工作效率，打造公司新的核心竞争力，为企业战略发展服务，助推交通行业数字化进程。

BIM 中心的主要职责是：制订有关 BIM 技术的发展规划、顶层设计、技术路径规划、技术研发及其相关软件引进与再开发、标准规范体系研究与制修订、平台建设与维护，形成 BIM 技术服务能力；公司内 BIM 及协同设计平台的推广应用、制度建设、技术服务与管理；BIM 相关业务市场的生产经营；等。BIM 研究方向如图 1-3-1 所示。

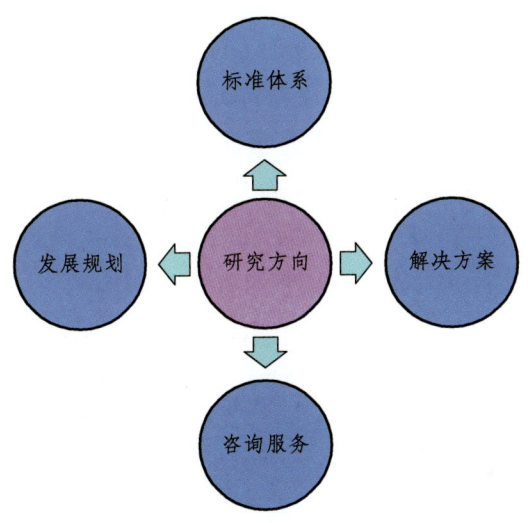

图 1-3-1　BIM 研究方向

1.3.2.1　发展与规划

中交一院 BIM 技术的发展计划分三个阶段实施。

（1）近期将以应用引导研发，通过二次开发，实现基于 BIM 模型的设计出图及本地化，并初步建立 BIM 设计流程，实现主要专业的 BIM 三维设计。

（2）中期目标是实现三维协同设计。在各专业 BIM 三维设计实现的基础上，结合中交一院的协同设计平台，将目前文件级别的协同模式提升到数据内容协同的水平。

（3）远期目标是拓展建设、管理阶段的 BIM 技术应用。结合中交一院多年建管养信息化经验和积累，围绕 BIM 打造新的管理模式和信息化解决方案，高效实施预防性养护理念，全面助推公司内业务发展，培育和打造中交一院新的核心竞争力。

1.3.2.2 标准体系建设

在 BIM 中心成立初期，公司领导高瞻远瞩，积极跟踪行业技术政策，抢先申请并承担中国交建企业公路 BIM 标准和交通运输部《公路工程信息模型统一标准》《公路工程设计信息模型应用标准》两部行业 BIM 标准的制修订工作。

目前，公司承担的 3 部交通运输部行业 BIM 标准被交通运输部列入重点工作计划，并提前 11 个月高质量完成了标准的送审工作，目前已进入总校阶段。此外，公司承担的 2 部中国交建企业标准也按计划提交了报批稿，主编的深圳市地方标准也已进入大纲评审阶段。

中交一院承担的 BIM 相关标准如表 1-3-2 所示。

表 1-3-2 中交一院承担的 BIM 相关标准

交通运输部行业标准	《公路工程信息模型应用统一标准》	主编
	《公路工程设计信息模型应用标准》	主编
	《公路工程信息模型施工应用标准》	参编
中国交建企业标准	《公路工程信息模型统一标准》	主编
	《公路工程设计信息模型应用标准》	主编
地方标准	《深圳市交通建设工程道路信息模型设计交付标准》	主编
多行业标准	《促进多行业工程数据标准融合研究》	公路行业

1.3.2.3 软件体系建设

在软件解决方案研发上，公司从项目实际需求出发，整合了原有桥易、数字公路等方向的研发力量，并通过外部招聘方式，引进软件技术开发人员，组建研发队伍。

在软件平台选择上，公司通过多方考察比选，最终选取 Bentley 系列软件作为 BIM 基础平台，并与其签署了《中国公路市政交通领域 BIM 技术应用与研发战略合作协议》，旨在充分发挥各自优势，加快推进中国交通领域 BIM 技术平台的研发和应用。

CNCCBIM OpenRoads 道路工程 BIM 正向设计软件已于 2018 年正式发布，经过大范围的试用和反馈，得到了行业内初步认可，为 CNCCBIM 系列软件的推广打响了第一枪。此外，部门还针对梅观、机荷等项目特点，研发了桥梁、隧道、景观 BIM 建模工具，有效地满足了项目的需求，提高了中交一院在公路与市政领域的设计效率、产品质量和项目影响力，为后期开发建设与养护阶段的 BIM 管理平台、完善项目全生命周期的 BIM 应用做好技术支撑。

1.3.2.4 完成成果

（1）标准方面，中交一院主编的两部行业标准和企业标准均已通过了交通运输部和中交集团的总校评审，进入报批阶段。

（2）软件方面，中交一院自主研发的 CNCCBIM 平台道路专业也已正式发布，行业领先的公路交通领域全生命周期 BIM 解决方案即将发布。

（3）典型项目应用方面，中交一院已经成功地将已有技术成果应用于深圳市梅观高速公路工程项目，并启动在青藏高速、贵州都匀至安顺高速等典型项目中的应用。

1.3.3 BIM 运营管理现状和问题

建筑运营管理离不开控制运营的成本、应变突发意外事件和对各个运营项目的总体把控。但是传统项目建筑运营管理存在管控能力低下、运营信息化水平低下、缺乏主动应变意外突发事件的能力等问题，主要体现以下几个方面：

1.3.3.1 劳动力和能源耗费成本大

传统的建筑运营管理把侧重点放在员工的管理协调上，通过恰当的方法和策略，根据岗位职能去建立部门，不断地改进和创新管理的流程和模式，制订合适并详细的管理策划方案对项目进行高效的管理。其竞争力主要依靠运营团队的决策，其必然会对团队的核心人物提出更高的要求，这样的人才在培训及人员流失上是企业需要面对的压力。在技术层面，传统的运营管理在能耗统计和监测上还有短板，很难实现设备智能化控制和能耗的实时监测，这样使得设备的能耗管控总是存在滞后性，带来的问题是难以实施节能减排。

1.3.3.2 业主对建筑运营管理重要性认识不够

目前，公司的管理高层渐渐认识到建筑运营管理对于提高公司效益、节约成本等的作用，但具体措施上滞后，资金投入少，缺少支持运营发展的战略，并且运营管理岗位者难进入公司管理层和战略决策层来为公司制定相关方面的政策支持，不利于运营部门的发展。

1.3.3.3 信息丢失严重

传统的信息保存手段是图纸和文档，但很多资料是从设计方、施工方等各个参与方获得的，还有大量设计变更单等，信息传递和沟通容易出现丢失和遗漏。一方面，图纸都是 CAD 图等，需要专业的设计人才才能理解，提高了管理成本；另一方面，信息处于分散状态，很难进行更新和关联，没有较好的整合和智能化的管理平台，这使得管理者在要了解建筑信息时，需要查找图纸而且图纸容易出现不全的现象，过程费时、管理效率低。

1.4 工程建设各阶段 BIM 应用情况

BIM 技术的应用主要体现在项目从设计到施工、运行维护的所有阶段中，在工程设计过程中，策划、设计是一个很重要的阶段，它反映了该项目的建设目的、意图等。与此同时，它更是项目建设过程中的方向标，为建设提供明确的方向和目的，项目完成后的验收成果也需要参照设计过程中的结果。设计阶段得出的方案是否科学、是否合理等对整个项目工程的成败都起着决定性的作用。

我国有很多部门，如交通主管部门、运输管理部门等，都把设计阶段作为所有阶段中的首要阶段，从提高公路的设计水平，到提高公路建设施工管理水平，再到推行道路保养、维护信息化等。由此可见，设计技术以及能力在 BIM 技术的应用、推广中有着不可或缺的重要性。

公路全生命周期的项目数据类型繁多、数据量大，而数据信息是 BIM 建设的灵魂，更是高速公路管理分析的基础，将 BIM 技术成功地应用到高速公路建设、养护、运维期的管理中，不仅能提高管理效率、管理水平，还能通过所建立的集成信息模型，构件信息共享平台，提高不同部门间协同工作的能力。因此，通过研究 BIM 技术在市政和高速公路全生命周期中的应用，有助于进一步提升我国基础设施建设领域的信息化水平，特别是研究 BIM 技术在市政和高速公路重要结构物运营管理阶段的参数化智能应用，构建基于综合服务功能基础设施监控系统的运营管理平台，对综合服务功能基础设施运营管理水平有重要意义。

从国内现状案例情况分析，BIM 技术应用的焦点环节主要集中在方案研究、模型碰撞检测、复杂建筑物三维设计实现、工程量概算和虚拟建造等方面，尚未与企业投资建设与经营管理有机结合，体现其最大的优势。

如何将 BIM 技术与传统的工程项目管理信息系统相结合，实现企业项目管理经营数据与 BIM 无缝对接，让工程项目设计、施工、运营的全过程管理可视化，是本书探索研究的方向之一。

由于 BIM 技术尚处于发展初期，目前国内交通基础设施建设领域大都是项目级别的单点应用，最频繁的应用是碰撞检查、工程量计算、方案优化与模拟、资料数字化等等，各阶段应用情况如图 1-4-1 所示。

从图中可以看出，中国建筑业对 BIM 充满了热情，并在企业层面和项目层面都体验到了 BIM 的宝贵价值。

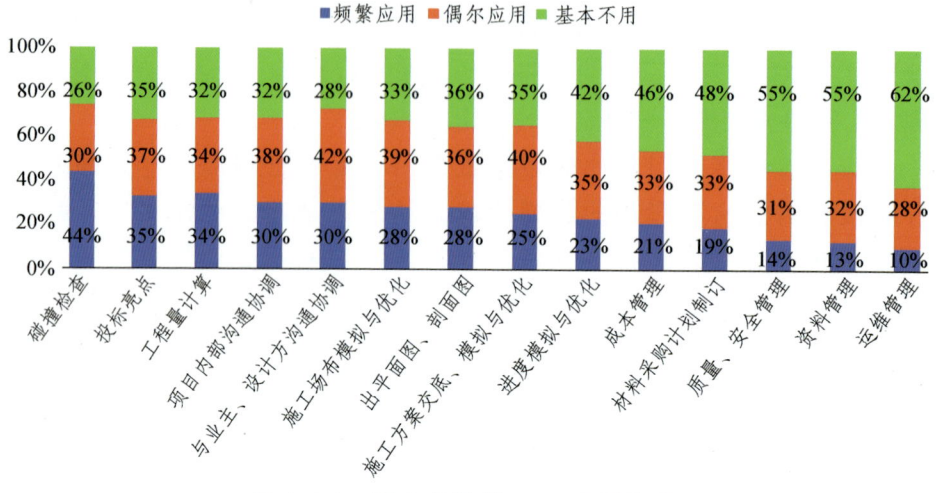

图 1-4-1　国内各阶段 BIM 应用情况

1.5　BIM 开发应用典型案例

目前，全国各地都在开展 BIM 研发和推广应用工作，四川的仁沐新、九绵高速公路、沿江高速公路、成乐改扩建高速公路等项目已全面使用 BIM 进行设计和建设管理，广巴广陕连接线枢纽互通、雅康二郎山隧道至康定互通段和营达高速公路新店枢纽互通等项目的关键工程在利用 BIM 开展设计优化和建设管理方面取得了很好的效果。下面介绍几个国内典型项目的 BIM 实施情况。

1.5.1　雅康高速公路康定升航互通

雅康高速公路小天都隧道出口（K129+000）至菜园子采用四车道高速公路标准建设，设计速度 80 km/h，路基宽度 24.5 m，桥涵设计汽车荷载等级采用公路-I 级，其他技术指标按《公路工程技术标准》（JTG B01—2003）执行。

康定升航互通位于康定城区东北侧升航村附近，主要连接雅康高速公路、康新高速公路及 G318 线，其紧邻金升电站，位于瓦斯沟右岸，地形狭窄，地质条件极其复杂。该互通距泸定互通 61 km，距康定榆林互通 17.78 km，是康定城区及周边城镇上下高速公路的主要出入口。康定互通采用了"半直连变异 Y 形+服务区"合并设置的方案。

康定升航互通+服务区方案主要受康定市城市规划、G318、金升电站、军区油库及瓦斯沟影响，受控因素多，布设困难，同时场地地形狭窄、地质条件复杂（3 处大型岩堆体、4 处泥石流沟）、地震烈度高（地震设防烈度为 9 度）。推荐方案采用"半直连变异 Y 形+服务区"合并设置，该方案互通功能齐全，符合主流向交通，匝道线形指标高；与 G318 平交口位置较好，对交通组织有利；服务区功能齐全。该方案的平面布置和 BIM 效果如图 1-5-1 和图 1-5-2 所示。

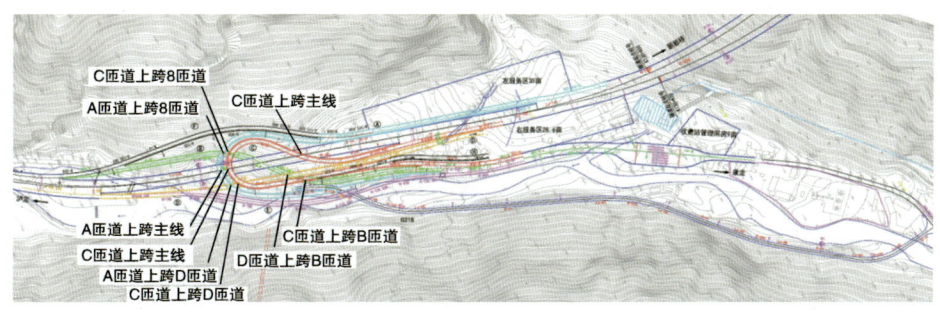

图 1-5-1　雅康高速公路康定升航互通综合体平面布置

图 1-5-2　雅康高速公路康定升航互通综合体 BIM 效果

1.5.1.1 地形、气候、气象

项目所在区域地处川西高原山地与东部盆地西缘山地接触带的大雪山中段(折多山)。地形上大致以兰尼巴、玉龙西至折多山垭口西侧一线为界分为两大部分:以东为高山、极高山,以西为高原。大雪山东坡的高山、极高山山岭高峻,大渡河深切,地表破碎,谷坡陡峭,山谷相对高差 1 000～3 000 m;大雪山西坡的高原,海拔多在 4 500 m 左右,河谷下切较浅,顶面开阔平缓、水草丰茂。项目主要地貌类型为侵蚀构造高山、极高山峡谷地貌,局部河谷地带零星分布河流堆积地貌,但范围很小。根据斜坡海拔高程和切割深度,可将区内地貌类型划分为极高山区、高山区和峡谷区。

项目区处于康定市升航村,为折多河与雅拉河的下游。其中折多河与雅拉河汇合处平均流量 39.2 m³/s,最小月平均流量 13.9 m³/s,最大月平均流量 85.5 m³/s,洪水流量 220 m³/s。汇合处最高量水位 2 490.38 m,常年变化幅度 1.2 m,洪水位变化幅度小于 2 m。城区 I 级台地(河滩地)地下水源于河水和雨水,深 0.8～1.5 m,水位变化幅度在 1 m 左右。II 阶台地地下水源于高山湖泊和雨雪水,深 2～3 m,水位变化幅度小。沿河谷地带尚有多处温泉,水温高且水量大,有利用地热的良好条件。

1.5.1.2 地层岩性

据现场调查及钻探揭露,工作区出露地层主要有第四系全新统人工填筑层(Q_4^{e})、崩坡积层(Q_4^{c+dl})、坡洪积层(Q_4^{dl+pl})及澄江—晋宁期花岗岩($\gamma^{o2(4)}$)。

1.5.1.3 地质构造与地震

工程区位于松潘—甘孜造山带和扬子准地台大地构造单元之间,印支运动奠定了本区的基本构造格局。晚新生代以来,伴随着青藏高原持续抬升和高原物质向东蠕散的影响,高原东部地区表现出地壳抬升、变形与缩短、块体的旋转与侧向挤出等复杂的变形过程,导致研究区内的

断裂均具有不同程度的第四纪活动性和频繁的地震活动。工程区域大地构造单元划分示意如图1-5-3所示。

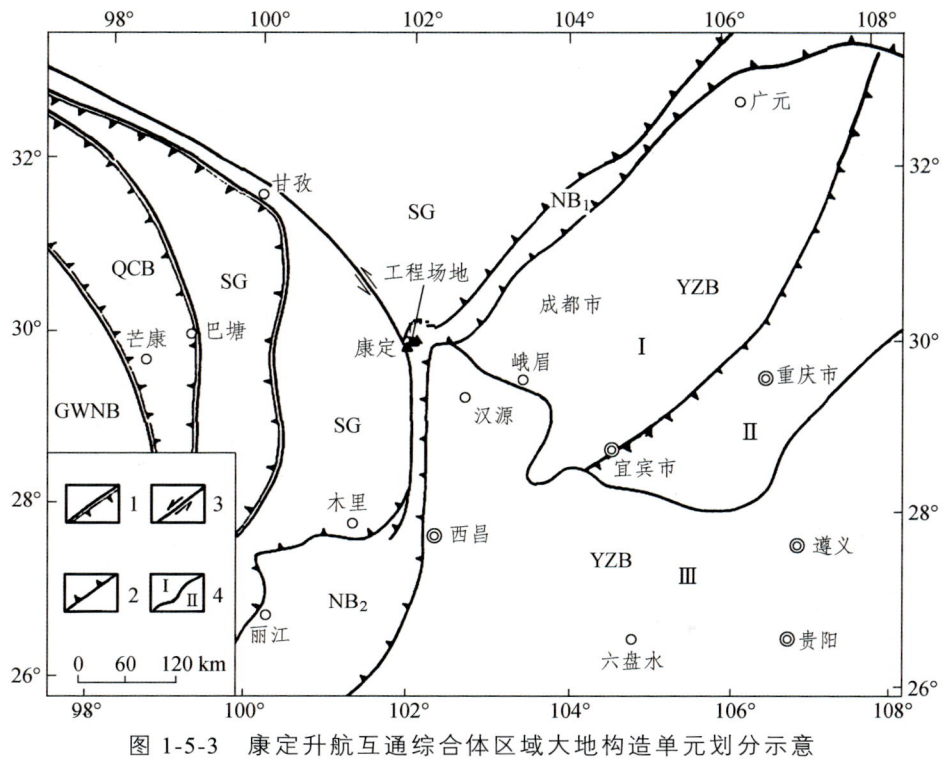

图1-5-3 康定升航互通综合体区域大地构造单元划分示意

地震及地震动参数：项目区及其近邻区的鲜水河—折多山北西向构造带是四川省重要的地震发生带。据四川省地震局资料，该地震带内曾发生≥7级地震8次。另据成都地震队资料统计，四川省发生的7级以上地震，近半数发生在鲜水河—折多山地带内。在该带记录的最大地震为1786年6月1日于康定—泸定磨西间发生的7.75级地震，2014年11月22日康定M6.3级地震就发生在色拉哈—康定断裂上。项目位于康定市升航村，根据《雅康高速公路康定过境连接线工程场地地震安全性评价报告》（许可证号：中震安证甲字第024号），其工作场地的危险性概率分析结果如表1-5-1所示。

表 1-5-1 雅康高速公路康定过境连接线工程场地地震危险性概率分析结果

地震动参数	工程场地	50 年超越概率			
		10%	5%	2%	1%
基岩水平峰值加速度 /（cm·s^{-2}）	跑马山 1 号隧道进口	341	464	647	809

结合 2015 年出版的《中国地震动加速度反应谱特征周期区划图》及《中国地震动峰值加速度区划图》（GB 18306—2015），项目区域地震动峰值加速度为 0.30g，动反应谱特征周期为 0.40 s，对应地震基本烈度为Ⅷ度，工程设防烈度为Ⅸ度。

1.5.1.4 水文地质条件

工程区按含水岩组不同，主要划分为松散岩类孔隙水及基岩裂隙水、可溶岩溶隙—裂隙水两大类型。

工程区不良地质主要为泥石流、崩塌岩堆及危岩，如图 1-5-4 所示。升航泥石流沟堆积区面积约 1.12×10^4 m²，平均厚度约 25 m，体积约 28×10^4 m³。据现场调查访问，升航沟 1950 年、1995 年、2012 年内均发生过泥石流。根据《雅（安）康（定）高速公路泸定—康定段施工图路线地质灾害专项调查专题报告》：升航泥石流属于低频暴雨型泥石流，以黏性泥石流活动为主；泥石流易发程度为"易发"等级，泥石流活动强度为"强"；单沟泥石流危险性评价结果为中度危险。

（a）泥石流沟

（b）崩塌岩堆

图 1-5-4 康定升航互通综合体升航泥石流沟、崩塌岩堆

（1）升航泥石流沟大规模泥石流爆发频率低，但小规模的爆发程度属于易发，对以填方形式通过的线路影响较大。

（2）崩塌岩堆。

项目区属高山峡谷地貌，发育多处崩积体块石岩堆。

其中隧道口岩堆粒径以 1~3 m 为主，填充砂砾土，块石岩性以闪长岩、花岗岩为主，无磨圆、无分选，空隙较大，目前整体稳定性较好，但在开挖及爆破条件下，较易发生滑动，为大型岩堆。

A 匝道挖方所在岩堆及瓦斯河 1 号桥台附近岩堆皆以花岗岩块石为主，粒径为 0.5~3 m，表层松散，无填充，自然坡比达 1:1.25。该类块石岩堆自身稳定性较差，较易发生滑动。

（3）危岩。

项目区属高山峡谷地貌，山顶上岩浆岩出露较广，大面积分布，主要由花岗岩组成。裂隙发育，坡度较陡，容易发生崩落现象。项目区块石岩堆大部分为危岩崩落而成。危岩体对靠山侧左服务区、A 匝道、主线等均具有一定威胁性。

1.5.1.5　勘察设计软件使用

全路采用数字化地形图，运用 HintCAD 软件进行路线设计，采用 BIM 进行方案研究和方案论证；经过 10 多次的优化完善，使所选路线方案技术标准掌握适度、线形顺适、经济合理；全路路线平面图等采用 HintCAD 软件由计算机成图，路线纵断面图、公路用地图采用 HintCAD 软件由计算机成图。公路路基横断面设计采用 HintCAD 软件，路基岩土工程设计采用理正软件设计计算，桥梁设计采用桥梁博士、桥梁大师软件，地质设计采用理正岩土软件，其他设计图表采用 AutoCAD 或 Office 由计算机成图制表。本项目外业平面控制和中桩放线测量采用 GPS 全球定位系统，地形图测绘采用航空摄影测量及数字化成图技术。

1.5.1.6　高烈度地震区综合体互通桥梁设计

（1）桥梁设计原则。

康定升航互通是甘孜州康定市与雅康高速公路、康新高速公路连接的重要节点工程，在桥梁设计过程中，除了贯彻执行"安全、耐久、适用、环保、经济和美观"的原则外，还根据项目特点，采用以下原则：

① "工厂化""装配化""标准化"的原则，提高桥梁施工效率，缩短工期。

② "可到达、可检查、可维护"的原则，提高桥梁的使用年限。

③ "科技创新、节约投资"的原则，降低钢结构桥梁的自重和造价。

（2）桥梁方案。

升航特大桥及康定升航互通的匝道桥均采用了钢箱-混凝土组合梁桥，桥梁总长为 4.565 km，地震设防烈度为 9 度。工程区域地震烈度高，温差变化幅度大，地形地质条件差。设计从材料、结构、体系三个方面着手，一是采用强度高、延性好的钢材，二是采用结构轻、耐久性好的新型双边钢箱+工字梁-混凝土组合结构桥梁，三是选用结构简支桥面连续的长联体系，有效解决了高烈度地震山区高墩桥梁的建设问题。新型双边钢箱+工字梁-混凝土组合结构桥梁平均用钢量 350 kg/m^2，每平方米节约用钢量约 210 kg，桥梁总面积为 54 051 m^2，上部结构总用钢量为 18 918 t，合计节约 10 810 t，节省造价 1.58 亿元。2019 年四川省公路规划勘察设计研究院有限公司取得该新型钢混组合结构的发明专利。其典型横断面如图 1-5-5 所示。该工程桥梁总体设计 BIM 效果如图 1-5-6 所示。

全桥钢结构均在工厂内匹配制造，运输到现场安装，工厂化程度高，架设施工快，有效避免了极端天气对施工造成的不利影响。根据地形条件和结构特点，钢梁分别采用汽车吊、架桥机安装，先安装纵向钢梁，再安装横梁，以钢底板作为模板浇筑桥面板混凝土，无须额外模板。

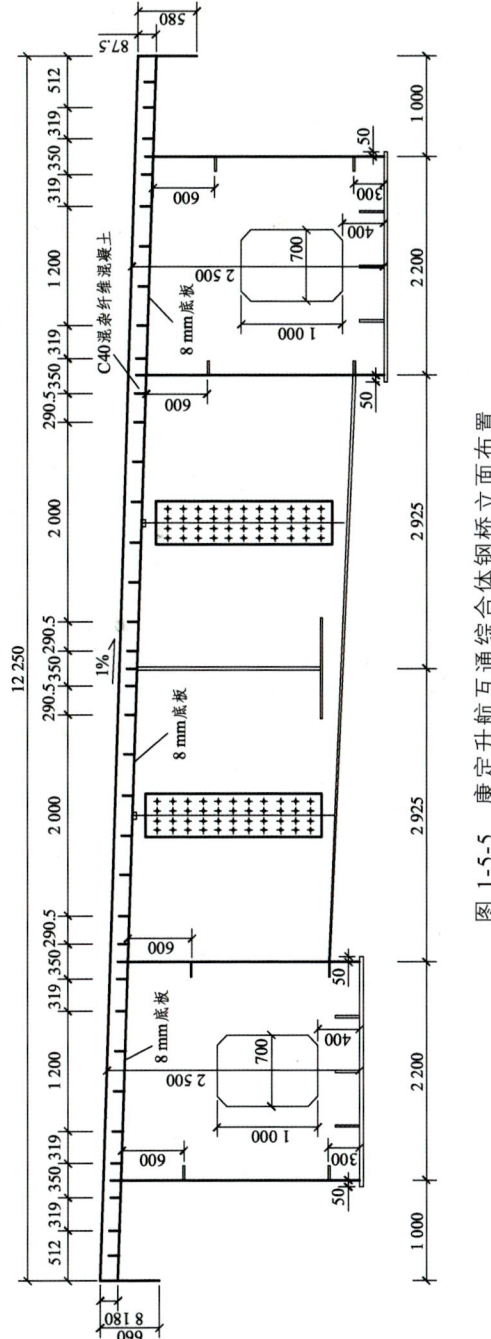

图 1-5-5 康定升航互通综合体钢桥立面布置

（a）

（b）

图 1-5-6　雅康高速公路超级复杂综合体升航互通桥梁总体设计 BIM 效果

1.5.2　梅观高速市政化改造项目

深圳梅观高速公路清湖南段市政道路工程位于深圳市中部综合组团，为高速公路市政化改造项目，是国内第一条在运营期内通过政府回购方式取消收费的高速公路。路线全长约 8.5 km，共设置 8 处互通式立交，设置桥梁共计 37 座，景观天桥 11 座，两侧辅道设综合管廊总长约 17.6 km，总投资约 95.9 亿元。该项目地理位置如图 1-5-7 所示。

第1章 绪论

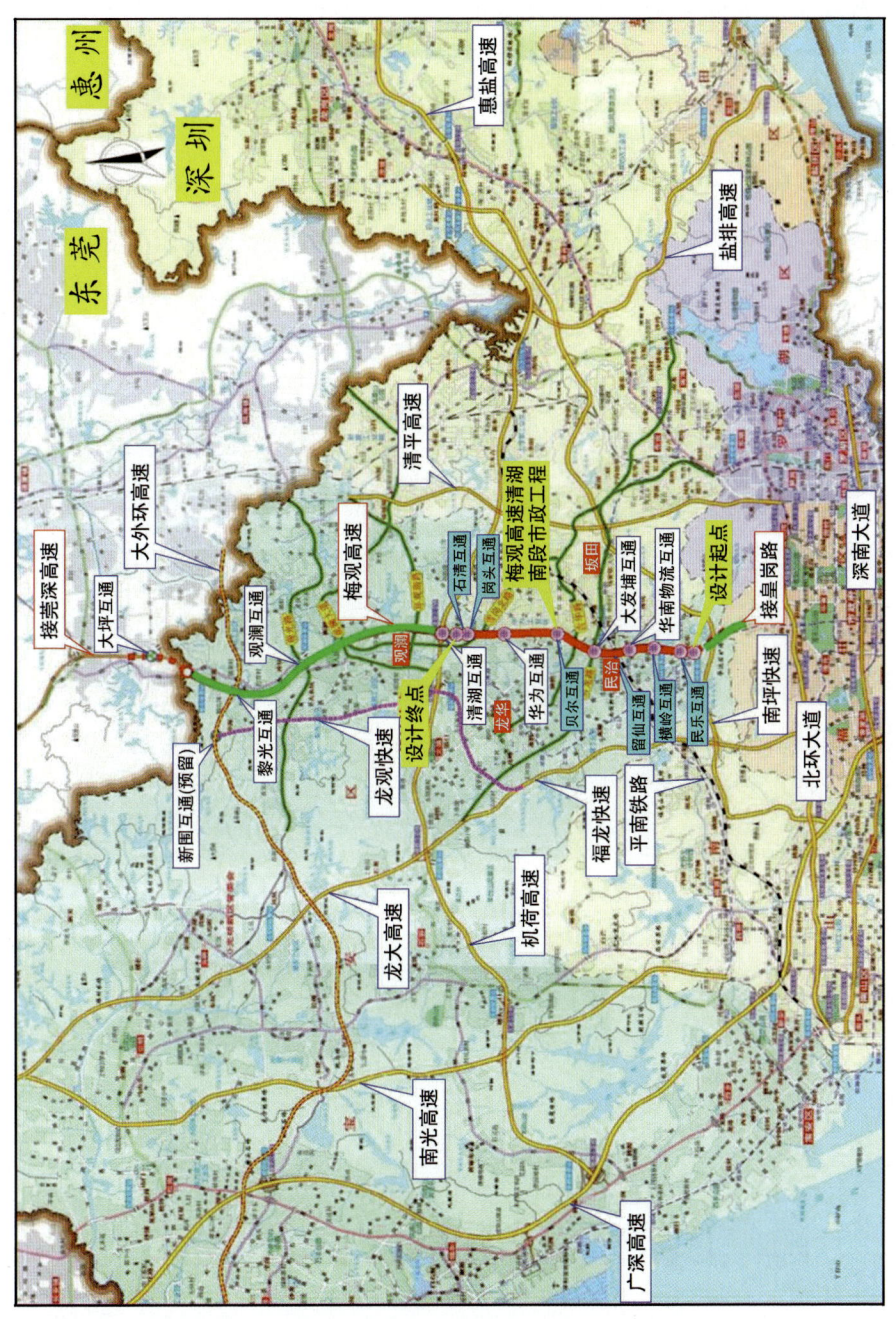

图 1-5-7 项目地理位置

梅观路改造采用城市快速路标准，设置双向 8 车道主路，设计速度 80 km/h，双向 6 车道辅路，设计速度 40 km/h，标准断面总宽为 90 m。本次设计应用内容主要分为两部分，一是原高速公路改造扩建为城市快速路主路，二是两侧新建城市快速路的辅道。

项目路线走向受两侧用地限制，地下管线密布、征地拆迁难度大、施工交通组织复杂，项目实施中稍许不慎，都会造成较大经济损失和社会影响，传统设计手段难以满足要求，采用 BIM 技术可有效解决项目难题。该项目的 BIM 设计示意如图 1-5-8 ~ 图 1-5-24 所示。

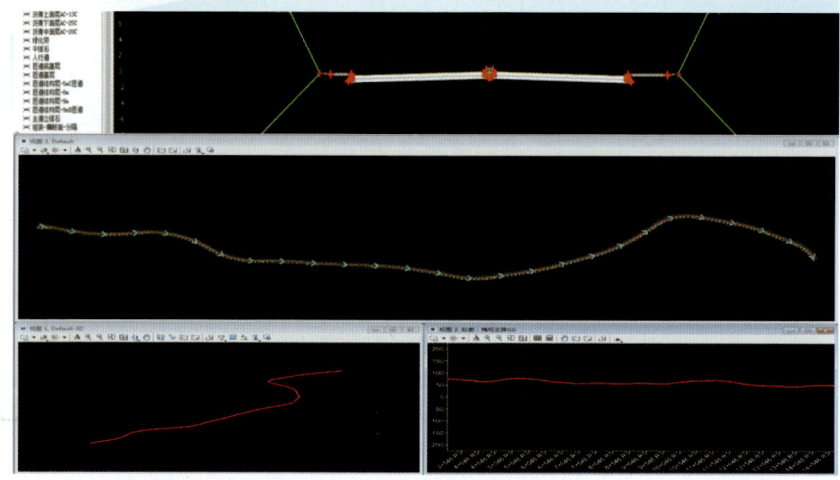

图 1-5-8　路线平纵横设计

图 1-5-9　道路模型

图 1-5-10　三维桥梁设计

（a）

（b）

图 1-5-11　钢箱梁、钢-混凝土组合梁

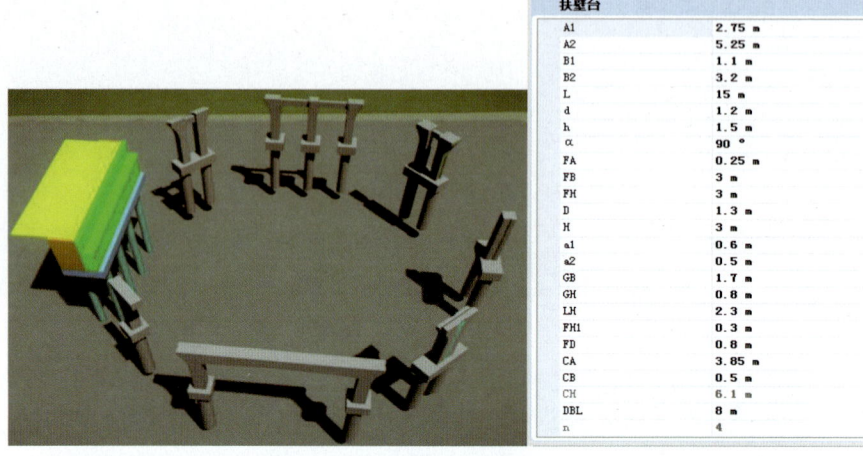

图 1-5-12　参数化桥墩、桥台

图 1-5-13　桥梁 BIM 模型

第 1 章 绪 论

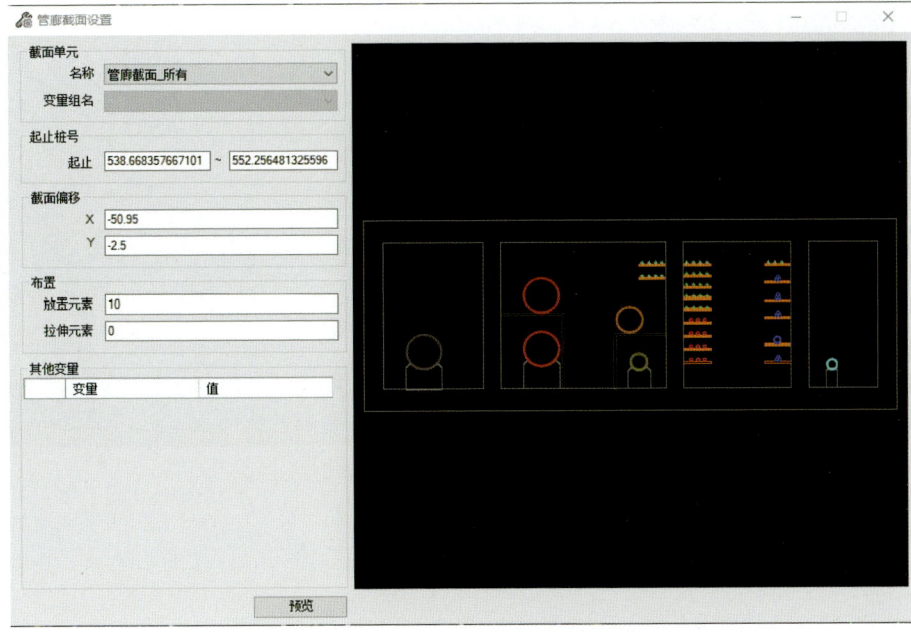

图 1-5-14　综合管廊断面

图 1-5-15　管廊及管道 BIM 模型

图 1-5-16　天桥 BIM 模型

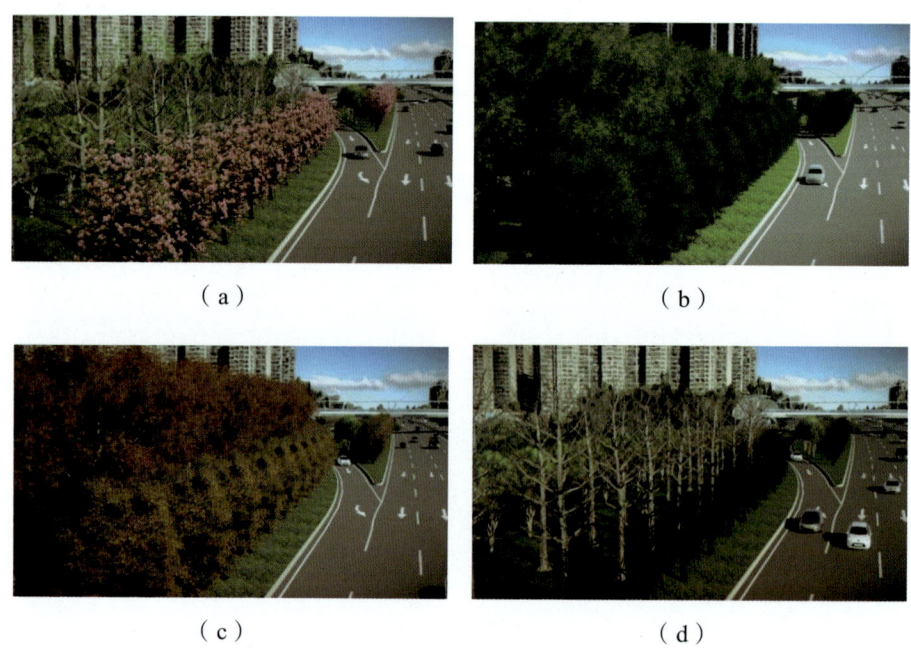

（a）　　　　　　　　　　　　　　　（b）

（c）　　　　　　　　　　　　　　　（d）

图 1-5-17　景观绿化 BIM 模型

（a）　　　　　　　　　　　　　　（b）

图 1-5-18　立交桥方案优化比选

图 1-5-19　桥梁方案优化比选

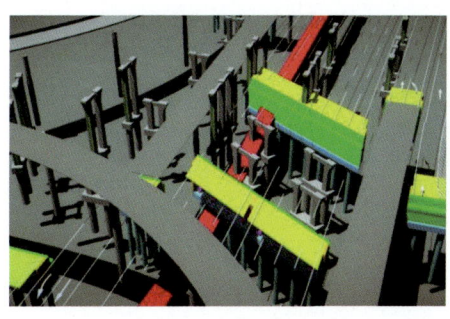 

（a）　　　　　　　　　　　　　　（b）

图 1-5-20　综合管廊的方案优化

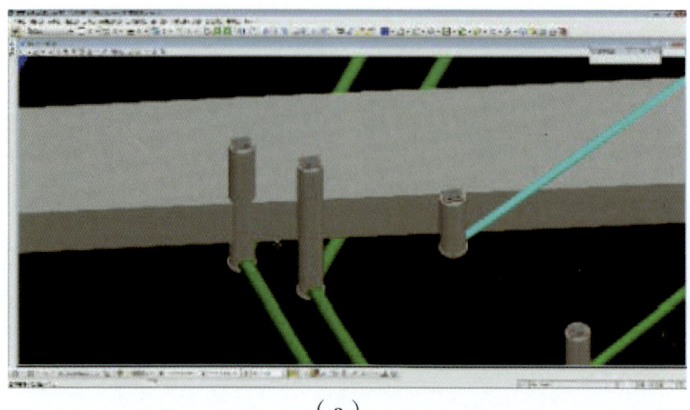

(a)

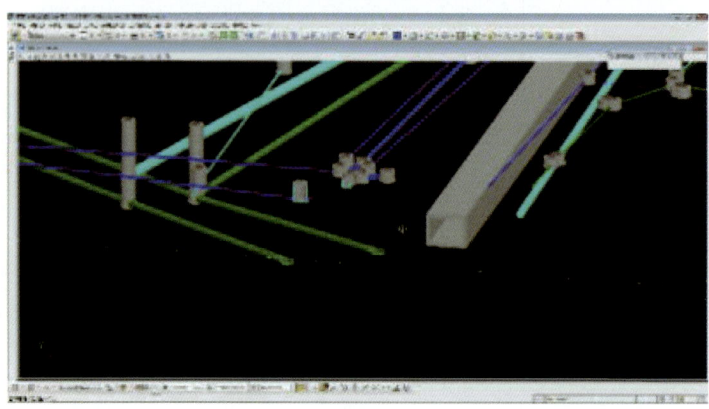

(b)

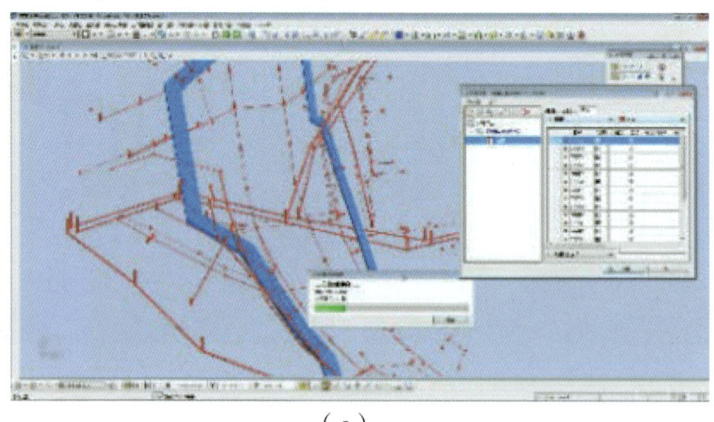

(c)

图 1-5-21　管线迁改方案比选优化

第1章 绪 论

（a）

（b）

图 1-5-22　总体方案对比

图 1-5-23　BIM 技术在征地拆迁方面的应用

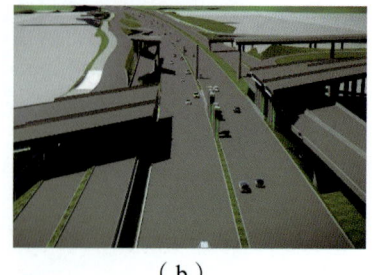

（a）　　　　　　　　　　　　（b）

图 1-5-24　施工期交通疏解

1.5.3　营达高速新店枢纽采用 BIM 开展设计优化

1.5.3.1　项目概况

营山至达州高速公路项目（以下简称"营达项目"）是《四川省高速公路网规划（2014—2030 年）》的重要东西联络线达州至阆中（S26）的一段，是国家三大战略库和长江经济带的战略项目，是四川省"十三五"高速公路重点建设项目，也是连接相邻市州的重要通道。项目起于南充市营山县新店镇，接已建成巴广渝高速和规划中的阆中至营山高速公路，止于达州市石板镇，接已建成的达渝高速。

为满足服务营达高速与巴南广高速的交通流转换，根据交叉公路的特性，结合地形条件，设置新店枢纽。新店枢纽位于南充营山县新店镇龙顶村附近（交叉中心桩号 K25+296.987=巴南广 NRK108+452.233），为营达高速公路的起点，与已建成的巴南广高速公路相交。

主线采用双向四车道，设计速度为 80 km/h，路基宽为 24.5 m，路面类型为沥青混凝土路面。枢纽区域内主线最小平曲线半径为 1 100 m，最大纵坡 1.9%，最小竖曲线半径为 30 000 m，平纵指标均满足枢纽设置条件。被交巴南广高速公路采用双向四车道，设计速度为 80 km/h，路基宽为 24.5 m，路面类型为沥青混凝土路面。枢纽区域内巴南广高速平曲线最小半径为 1 215 m，最大纵坡为 1.4%，最小竖曲线半径 30 000 m，平纵指标均满足枢纽设置条件。

地质气候概况：新店枢纽区域地貌属构造剥蚀地貌单元，基岩为侏罗纪中统沙溪庙组泥岩、砂岩、粉砂岩，上覆第四系全新统冲洪积、坡洪积、残坡积层，厚度为 0～10 m。区域内主要工程地质问题为顺层边坡、软基以及斜坡路堤等。枢纽所在地位于亚热带湿润季风气候区，年平均降水量 1 085 mm。

枢纽区控制物分布情况：新店枢纽与巴南广高速交叉中心距巴南广高速原新店互通主线设计止点 K107+800 约 652.23 m，距巴南广高速龙顶观隧道口起点 K109+250 约 797.8 m。除巴南广高速公路外，新店枢纽所在位置还有多条机耕道，场地内河沟遍布，建筑物以多次拆迁安置民房居多。

1.5.3.2 施工图设计方案

受龙顶观隧道和新店互通的制约，新店枢纽与新店互通进行复合设计。结合本枢纽所处的地形和实际情况，施工图对初步设计方案进行优化，如图 1-5-25、图 1-5-26 所示。

图 1-5-25 营达高速公路新店枢纽互通施工图设计总平面图

（a）

（b）

图 1-5-26　营达高速公路新店枢纽互通施工图匝道布置方案平面 BIM 示意

新店枢纽施工图方案采用"对角象限半苜蓿叶+半定向"组合式立交方案，主线上跨巴南广高速公路。主线至巴南广高速的两条半定向左转匝道分别上跨巴南广高速公路和营达项目主线。新店枢纽施工图方案将初步设计 P、Q 匝道取消，采用在巴南广高速公路上设置集散车道的方式归并匝道，有效地减少了主线的出入口数量，降低了对主车流的干扰，并解决了车流混杂、设置交通标志困难的问题。这样整个互通整体的指标变化不大，但是使立交更加紧凑，减小了占地。

1.5.3.3 新店枢纽变更设计方案

营达高速公路施工图设计批复、施工单位进场后，营达公司、施工单位提出新店枢纽施工图设计的"三层立交"方案施工难度较大、周期较长，弃渣场征地特别困难，为加快施工进度，降低桥梁施工难度、环保压力和控制投资，提出变更方案。根据"确保安全，匝道线形设计与服务水平匹配，充分利用隧道和路基挖方弃渣，节约工程造价，降低施工难度，尽可能避免二期工程实施对运营高速公路的封道施工影响，节约用地"等设计优化原则，在比较方案的基础上进行调整，调整后的平面示意图如图1-5-27所示。枢纽变更设计方案采用"对角象限双环外弯半苜蓿叶"组合式立交方案，主线上跨巴南广高速公路。取消巴南广左幅集散车道，将交通流交织转移至车速较低的匝道上，降低对主线车流的影响。G、C匝道合流后与巴南广高速并行，在廖山大桥之后汇入巴南广高速，无须加宽廖山大桥左幅，节省了相应的费用；在廖山大桥中部附近设置下地匝道并与主线提前下地匝道合流，避免了匝道功能重叠现象。主线至巴南广高速的两条半定向左转匝道连续下穿巴南广高速公路和营达高速主线，以减小桥梁规模，降低施工难度，节约成本。

营达公司组织设计及BIM团队开展了10余次设计方案优化，设计优化后投资临时占地大大节省，驾驶员舒适度更高、视觉效果更好，如图1-5-28、图1-5-29所示。

根据枢纽交叉位置，新店枢纽设计施工分两期进行。从交叉位置至达州方向为一期工程，交叉位置至仪陇方向为二期工程。一期工程包含K25+296.987之后主线段落、B匝道、C匝道、E匝道、F匝道起点至FK0+385.974、GK1+231.067至G匝道设计终点、H匝道、X匝道及Y匝道（一期二期共用，纳入一期工程全部实施）；二期工程包含K25+296.987之前、A匝道、D匝道、F匝道FK0+385.974至终点、G匝道起点至GK1+231.067。

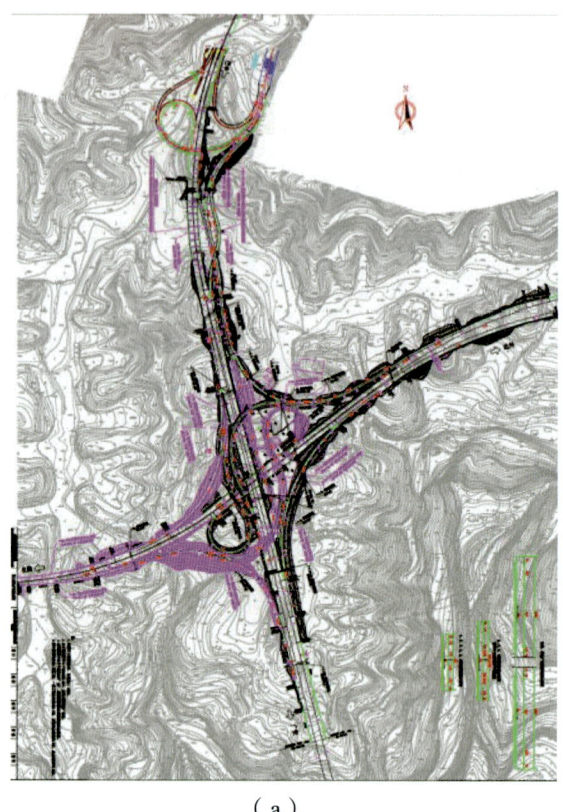

（a）

（b）

图 1-5-27　营达高速公路新店枢纽互通施工图变更方案平面图

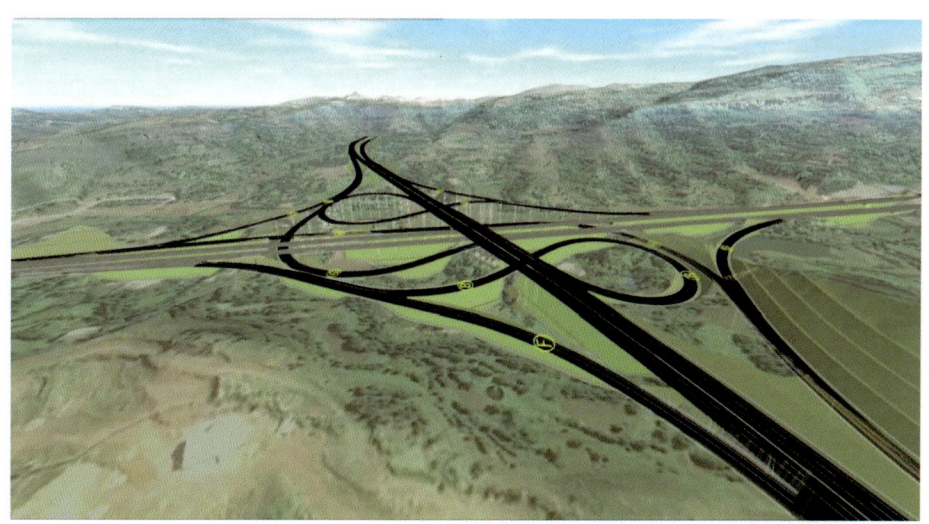

图 1-5-28 营达高速公路新店枢纽互通匝道变更方案（比较方案）
（G、H 匝道由三层上跨改为一层上跨，减少桥梁长度和施工难度）

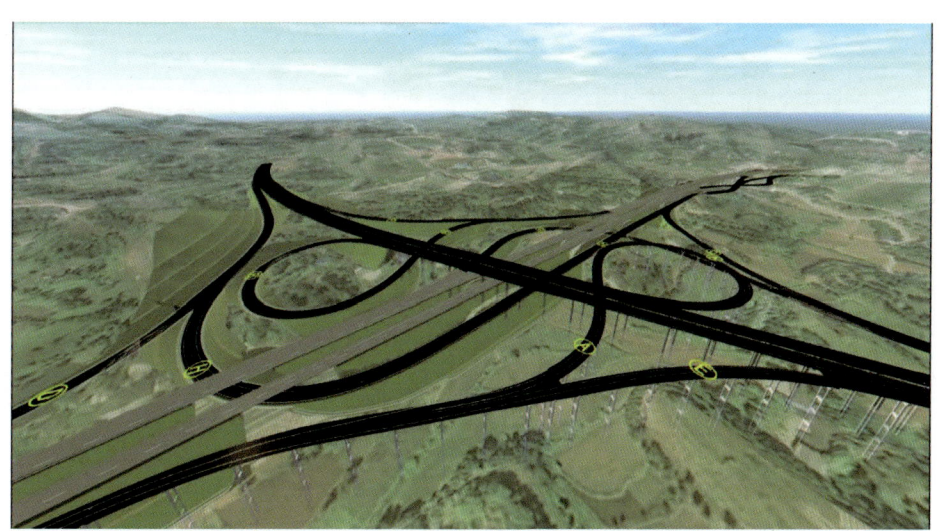

图 1-5-29 营达高速公路新店枢纽互通匝道变更方案二（推荐方案）
（G、H 匝道由上跨改为下穿，利用弃方将桥梁全部改为路基）

变更前后主要工程量及工程造价对比如表 1-5-2 ~ 表 1-5-4 所示。

表 1-5-2　新店枢纽施设方案与变更方案占地对比

项　目	占地/hm²		占地增减/hm²
	施工图方案	变更方案	施设减变更
一期工程永久占地（含旧路）	25.88	31.13	－5.25
二期工程永久占地	7.49	7.19	0.30
合　计	33.37	38.32	－4.95
隧道和路基挖方弃渣临时用地（耕地）	8	0	8

注：本表中将 XY 匝道的 50%新增占地分别计入一期工程和二期工程。

表 1-5-3　新店枢纽施设方案与变更方案主要工程量对比（一）

项　目	挖方/m³	填方/m³	排水防护/m³	软基处理/km
施工图方案	745 312	666 731	33 410.6	1.283
变更方案	866 889	1 074 715	42 565.8	1.415
施设减变更	－121 577	－407 984	－9 155.2	－0.132

表 1-5-4　新店枢纽施设方案与变更方案主要工程量对比（二）

项　目	巴南广改造长度/m	主线长度/km	主线桥梁长度/m	匝道有效长度/km	匝道长度/km	匝道桥长/m
施工图方案	1.850	1.810	400	4.133	6.025	1 648.6
变更方案	1.850	1.810	240	5.566	8.055	602
施设减变更	0	0	160	－1.433	－2.030	1 046.6

变更设计总投资由原估算 5 亿元（根据营达与阆营高速公路工可报告数据）减少为 3.1 亿元，其中：一期工程较原批复一期工程建安费减少约 0.7 亿元（不含减少物价上涨费近 0.5 亿元），二期工程减少约 1.2 亿元。变更减少高墩钢箱梁桥约 300 m（其中主线 38 m+46 m，匝道 2×50 m+2×55 m）、高墩现浇匝道桥梁约 1 000 m，利用路基挖方和隧道弃方约 110 万立方米（全部减少了弃渣占用耕地和对环境的影响）。

二期工程先期实施部分是为了减少对巴广渝高速和营达高速一期工程运营的影响，是需与一期工程统筹安排同期实施的部分二期工程。

1.5.4 藏区高速公路 3D GIS+BIM 建设期智慧管理平台系统

本系统以雅康和汶马高速公路重大节点工程为依托，研发雅康和汶马高速公路 3D GIS+BIM 建设期智慧管理平台，在雅康高速公路二郎山隧道至泸定特大桥段 BIM 应用开发依托工程基础上，选取汶马高速控制性工程狮子坪隧道进行建设期平台的应用示范。本平台的应用示范为藏区高速公路建设期间施工动态信息管理的智能化、网络化提供了实践基础，具有重要的现实价值和理论意义。

研发基于 3D GIS 技术+BIM 技术的建设期智慧管理平台，并选取狮子坪隧道进行示范应用，为后续全线的建设期信息化、智能化管理提供了一定的经验，为其他类似工程提供了指导，推动了 3D GIS+BIM 技术在高速公路建设期管理等方面的综合应用，进一步提升了高速公路建设管理的信息化水平，对打造交通行业品质工程、促进智慧交通建设发展、提高我国高速公路建设管理水平具有十分重要的意义。

1.5.4.1 管理规定

藏区高速公路的智慧管理云平台系统根据国家相关政策规定，研究了政策导向和行业规范。本管理参考国家、行业规范如下：

《工程测量规范》GB 50026—93

《建筑变形测量规程》JGJ/T 8—97

《建筑基坑支护技术规程》JGJ 120—99

《混凝土质量控制标准》GB 50164—92

《公路工程结构可靠度设计统一标准》GB/T 50283—1999

《水泥混凝土路面施工及验收规范》GBJ 97—87

《公路隧道设计规范》JTG D70—2004

《公路工程技术标准》JTG B01—2003

《公路交通安全设施实施细则》JTG/T D81—2006

《道路工程制图标准》GB 50162—92

1.5.4.2 雅康高速公路运营管理系统框架设计

1. 框架设计

通过与设计和施工阶段的信息有序协调和衔接，BIM 技术的应用可以使管理部门在运营过程中对高速公路进行实时、可视、高效的检测和养护运营管理。雅康高速运营管理系统采用 B/S 架构与三层架构（3-tier architecture），图 1-5-30 所示为系统的总体架构，共分为三个层级，一个体系。

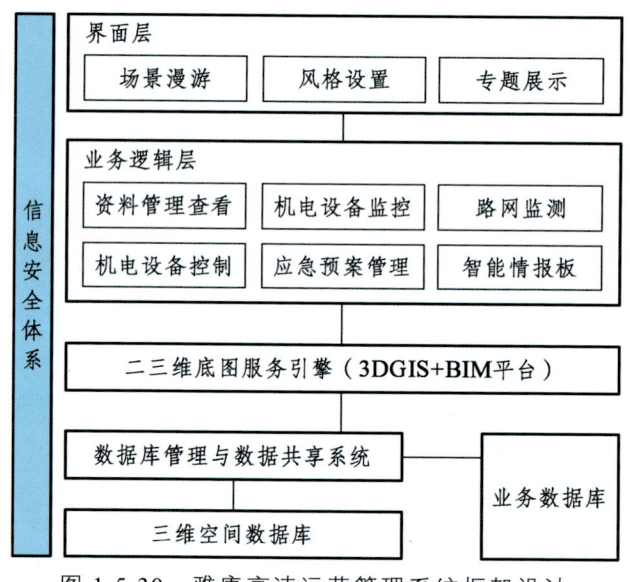

图 1-5-30 雅康高速运营管理系统框架设计

2. 系统特点

基于 3D GIS+BIM 技术的运营管理系统融合多个科研成果，是为解决高速公路监控运营过程各种问题，保障高速公路运营动态信息的全方位掌握，解决高速公路在突发事件发生时及时发现、快速响应、有效联动与处置问题，为有效服务于高速公路运营"安全、稳定、舒适、高效"

而建立的一套专门针对高速公路运营管理的平台系统。该平台能够做到提高管理效率、节约能源、确保行车安全，为积极预防、处理事故提供可靠的保障。同时，合理有效利用高速公路路段及隧道内各机电设备，使营运管理更加有序可行。以人为本的人性化设计提倡智能化高效的营运管理。

（1）组态化的系统。

系统自主创新采用组态化方式，提供可扩展、可修改的通信结构和隧道控制画面，以满足不同隧道对系统扩展性的要求，提供了通信结构组态、通信设备不同协议下的驱动组态机制、监控画面的任意组态修改、预案的任意编辑与修改、策略的任意编辑与修改等。它以构筑统一的隧道监控平台为目标，适应各隧道不同通信结构、不同通信协议、不同通信设备的需要。该组态软件模型具有极高的技术难度和水平，提供了不同高速公路隧道、监控计算机、隧道通信控制装置的组态，能适应监控计算机和隧道通信控制装置网络设备的灵活扩展。监控系统采用了模块化结构，具有实时性、可靠性、安全性、高效性的特点。

（2）智能化的系统。

系统为适应多级监控（中心、本地和远程级）提供了统一的、友好的、易操作的用户界面。系统具有多路段、多条隧道、多座桥梁同时控制、监控的能力。监控系统具有与各子系统实现联动的特点，能提供智能化的分析提示和控制参考功能，提供了正常、交通管制、交通阻塞、道路养护与维修、污染物浓度超标、火灾情况下的相应多种联动处理预案，这些预案根据相应的控制原则由专家评审和编辑后提供，具有权威性、实用性。

（3）网络化的系统。

系统采用标准的、可路由的工业统一网络标准 TCP/IP 协议，能不间断地对隧道内所有机电设备进行可靠控制和无缝监控，且具有极高的运行可靠性和稳定性、安全性。同时，系统能综合所有机电设备、各串口设备及电力设备、各子系统监控计算机等，提供全方位综合化联动控制。

（4）综合化的系统。

系统能充分考虑到机电设备管理与维护的要求，能提供智能监控和机电设备管理与维护一体化系统的远期解决方案。系统提供了多种控制级别和控制权限，可在不同的控制级别和控制权限下进行安全的监控。系统能提供对各个子系统事件及报警的联动处理。

3. 系统功能设计

在高速公路日常正常运营情况下，系统能够通过高速公路沿线的外场设施（各种监控设备、检测仪等）及时、准确、完整地监控、监视高速公路路段及隧道的交通、照明、通风、CCTV视频、紧急电话与广播、火灾、电力等工作情况。其具体包括：能够实时监视高速公路沿线路段及隧道的交通运行状况、交通车流、气象数据，及时发布交通诱导命令；能够实时监视隧道内照明设备工作情况，并提供各种照明自动控制方案；监视隧道内环境数据和通风状况，并提供各种隧道通风自动控制方案，既节约能耗，又营造一个良好的隧道行车环境；系统能够与CCTV视频监控系统、紧急电话与广播系统、火灾监控系统、电力监控系统、视频事件检测系统、DVR硬盘录像机视频系统进行有效报警联动，消除各个系统之间的"信息孤岛"，做到对各个子系统的联动响应、数据共享，并能与监控中心电视墙等设备进行联动控制，形成一套流程化的报警及事件联动机制，成功解决了高速公路各系统间信息的集成、共享、联动问题。

在高速公路重大应急事件发生（隧道火灾、重大交通事件、重大灾害等）情况下，能够通过系统建立的预案体系、各种专家级应急事件联动控制预案和处置流程，对高速公路路段及隧道的各种机电设备进行联动控制，提供交通诱导、发布、救援方案，为高速公路管理公司可靠、安全运行提供强有力的保障。系统在处置应急事件的过程中，做到了对应急事件的快速发现，应急事件发现后的及时响应、快速上报。系统能够实现应急事件的流程化导航，保障报警信息与监控系统及时有效联动，并能提供详细的应急事件处置流程，对事件的救援信息、交通诱导信息进行及时发布和共享。

（1）图形化、组态化的用户界面。

该系统提供了统一的、友好的、易操作的用户界面，监控画面上的各静态和动态元素通过图形编辑器可组态、动态配置；监控界面设备图标以不同颜色、不同的动画效果区分显示设备的正常、故障及工作状态，产生"所见即所得"的监控效果。系统图形化设计理念为：图形化显示、图形化的控制、图形化的所得、图形化效果预览。在 BIM 模型中点击后的设备信息显示如图 1-5-31 所示。

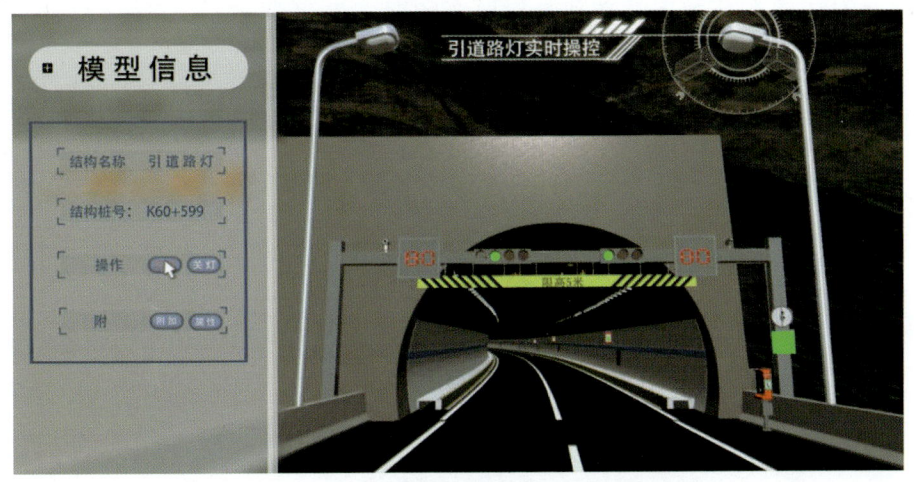

图 1-5-31 BIM 模型点击后设备信息显示

（2）可靠、全面的 3D GIS 电子地图图形化的路段监控。

路段监控系统基于精确位置的高速公路周边基础信息、精确位置专题信息资源，对整个路网重点监控设备的位置布置、整个路网区域对象的空间位置信息、属性数据及救援、调度资源位置及详细配置信息进行展示。采用 3D GIS 电子位图反映高速公路沿线设施的地理信息：能生成以显示详细路线图为基础的路况背景图；静态显示包括地形、地物、道路、河流、地面构造物及沿线的有关设施，如服务区、管理所、养护工区、医院等；提供所有路段的重点对象静态信息查询，包括路段断面、隧道、立交、桥梁、收费站等位置和桩号、配置信息等，以电子地图图形显示,可进行各种电子地图图形化操作;能够在电子地图上动态显示重点监控对象的交通拥堵状况、道路封闭管制状况、交通事件事故状况、灾害事件状态、道路养护维修状况,这些路段路况信息可通过手动、自动(通过系统获得火灾、通过交通量运算得到拥堵状况等)、其他系统获取;提供对路段所有机电设备的数据采集和控制,如车辆检测仪、可变情报板、限速标志、气象仪、摄像机等;提供对路段所有机电设备数据信息的查询、报表、统计、汇总、打印等数据分析功能。

BIM 模型与数据管理和数据融合如图 1-5-32 所示。

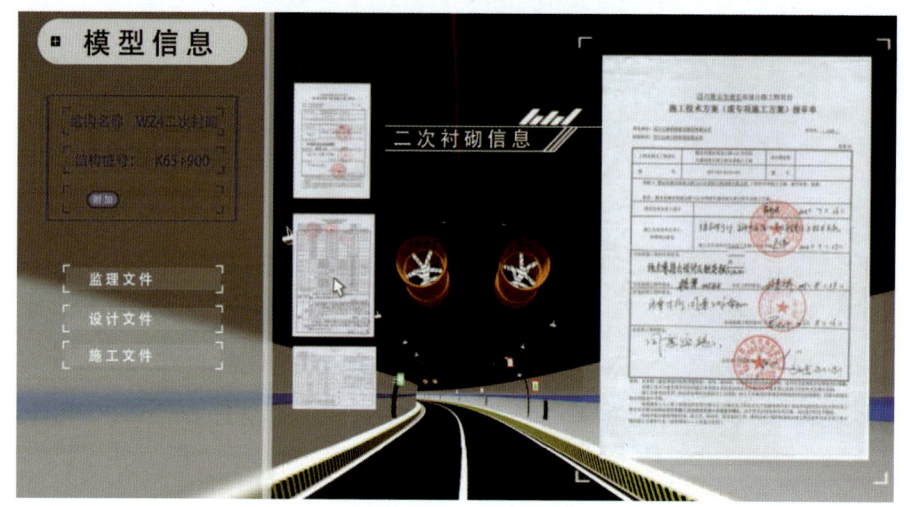

图 1-5-32　BIM 模型与数据管理和数据融合

(3) 基于 BIM 模型的路段、单体隧道、隧道群无缝监控。

依托 BIM 模型对数据的管理及 3D 可视化的特性,强调整体联动监控概念,能够在一个 3D GIS+BIM 的界面上实现对路段、隧道群、毗邻隧道的整体监控,能够实现对隧道内通风、照明、交通、CCTV、紧急电话、有限广播、火灾等子系统机电设备进行有效监视,能不间断对机电设备进行可靠控制和无缝监控,有极高可靠性和稳定性。在模型中对隧道的监控如图 1-5-33 所示。

第 1 章 绪 论

图 1-5-33 隧道人工巡检

（4）视频集成整合。

系统通过 BIM 模型与视频监控设备进行集成整合，实时对视频进行图形化查看、历史视频回放。集成视频监控后能够在各类事件发生时自动弹出视频窗口，并自动切换电视墙、监视器，如图 1-5-34 所示。

图 1-5-34 BIM 模型与现场机电设备交互及控制（路段监控实时查看）

（5）多种灵活的手动、自动控制模式和自动控制策略。

对照明、通风、交通进行符合控制原则的策略设计，提供多种控制

- 47 -

模式选择，其中：照明提供按季节时间自动控制、光强检测仪自动控制、季节+光强综合自动控制、程序计划任务自动控制；通风则提供前馈式、后馈式、CO/VI检测仪、程序计划任务自动控制；交通则提供手动和程序计划任务自动控制。同时，有权限的操作员可以对各种自动控制策略的详细参数进行配置和修改，即自动控制策略的组态功能。BIM模型与现场机电设备交互及控制如图1-5-35所示。

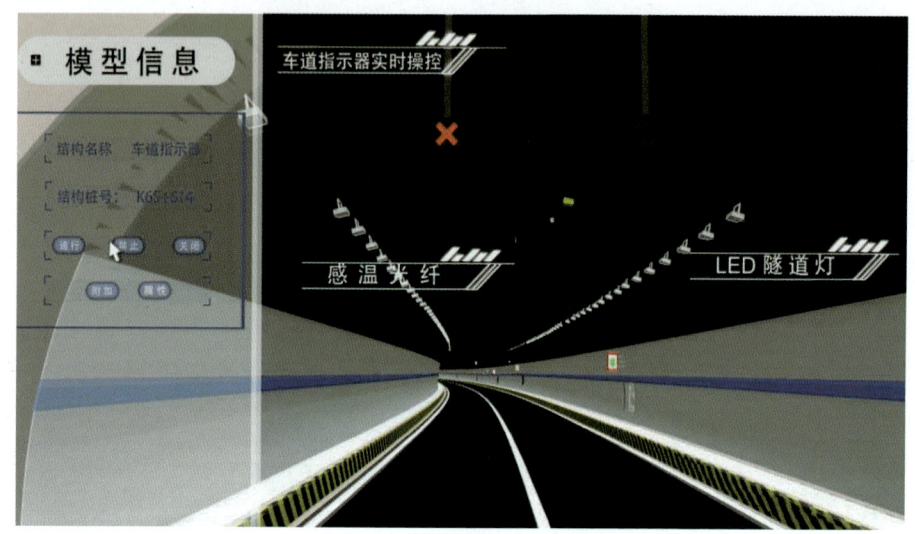

图1-5-35　BIM模型与现场机电设备交互及控制（车道指示器操控）

（6）多控制手段：单控、预案（群控）、隧道群联动控制预案。

在系统的图形化监控界面和BIM模型上可进行单个设备控制，也可通过预先编制的控制预案进行群控。系统提供了简单易用的图形化照明、交通、通风日常整体控制向导；系统还提供了正常情况下、交通管制、交通阻塞、道路养护与维修、污染物浓度超标、交通事件、火灾发生情况下的相应多种联动处理预案，这些预案根据相应的控制原则由专家评审和编辑后提供，具权威性、实用性。系统提供的联动控制预案既可是单隧道，也可在路段、隧道群、毗邻隧道之间进行联动控制。同时，有足够权限的操作员能够对控制预案进行图形化编辑与修改，可编辑自定义预案，即预案组态功能，如图1-5-36所示。

第 1 章 绪 论

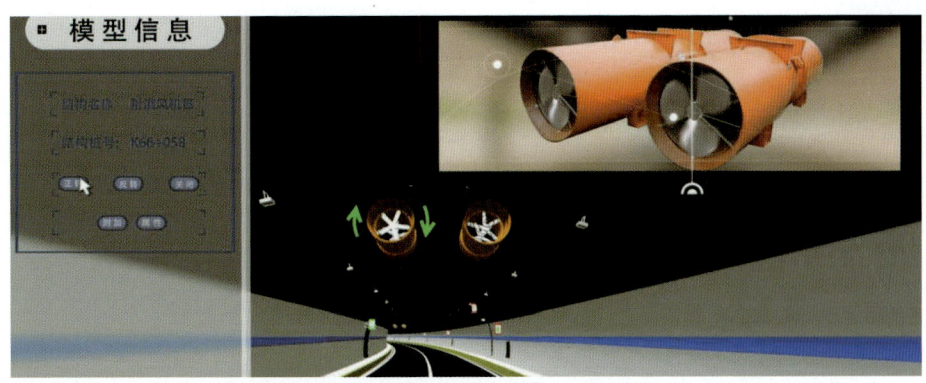

图 1-5-36　BIM 模型与现场机电设备交互及控制（风机正反转）

（7）情报板的智能发布。

为了提高操作员的工作效率，系统提供有可变情报板的批量发布功能，可对不同类型的情报板，自动适应发布内容，可进行批量追加和撤销，如图 1-5-37 所示。根据不同类型的情报板可进行自动排版和分页，可在保留原有内容的基础上进行追加发布，可对上次发布内容批量撤销。

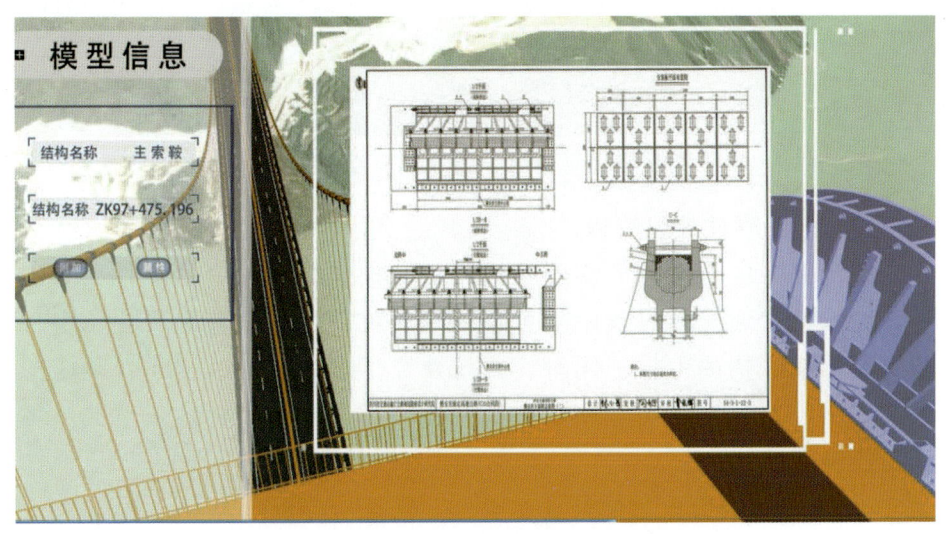

图 1-5-37　BIM 模型与数据管理和数据融合

（8）多子系统间的联动响应、数据共享。

系统能提供对各个子系统事件及报警的联动处理，包括：与图像事件检测子系统的事件报警联动、与视频监控子系统的报警切换联动、与 DVR 硬盘录像机报警录像联动、与火灾监控子系统的报警联动、与电力监控子系统的信息联动、与收费系统报警联动、与紧急电话和广播子系统的信息联动。系统与子系统的数据联动后，能够与监控中心电视墙设备进行联动控制，自动切换监视器、DLP 大屏、LED 字幕机显示、DVR 录像等，形成一套流程化的报警及事件联动机制，如图 1-5-38 所示。

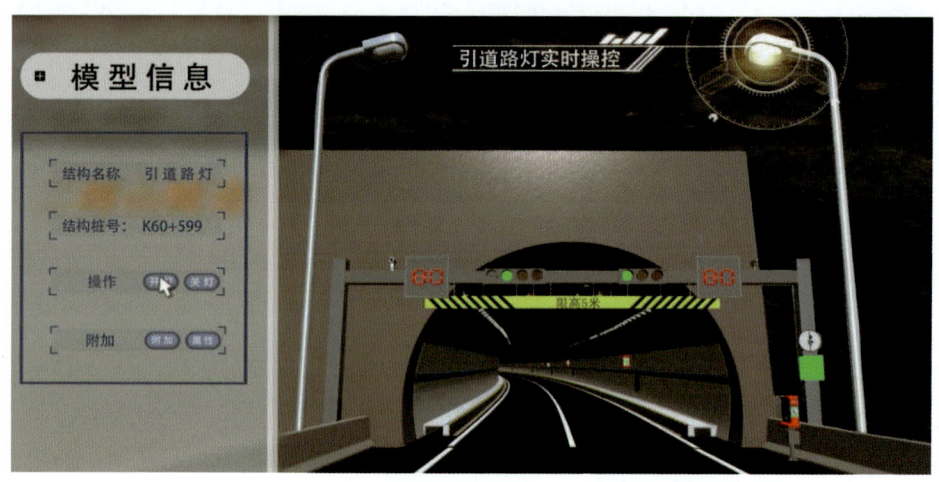

图 1-5-38　BIM 模型与现场机电设备交互及控制（路灯开启、关闭）

（9）应急事件处置流程。

系统提供应急事件的调度指挥流程，提供详细的应急事件处置流程、救援、交通疏导过程中的各种信息，流程化的服务保证应急事件的及时响应、快速上报。同时，系统建立了预案体系，提供各种应急事件联动控制预案，能够在应急事件发生后进行路段、隧道群的整体联动控制。

（10）完整的历史数据及日志查询、统计、分析。

系统能把实时设备数据和操作员操作的所有信息，包括设备检测值数据、操作记录数据、事件记录数据、预案执行记录数据、设备通信记录数据等数据写入数据库中，由数据分析模块对数据进行统一查询管理分析。数据分析软件具有把实时设备数据和操作员操作的所有信息形成记录，并满足查询、统计、分析、报表、打印等数据分析的功能。

（11）值班管理模块。

系统提供值班管理模块，监控人员能够通过该模块对来访人员、重大事件进行信息化登记、编辑，同时提供对值班人员各类记录信息的查询、统计。

（12）多种控制优先级、控制权限级分配、预留标准化的数据接口。

系统架构适应多级网络架构，提供多种控制优先级别和权限级，可在不同的控制级别和权限下进行安全监控。采用类似于 Windows 的组控制权限管理，可按功能项分配用户功能，同时长远考虑了与上级总中心的联网、二次开发的拓展、新系统接入等方面，预留了标准化的数据接口，方便进行扩展和数据提供。

（13）大屏展示功能设计。

高速公路监控涉及各类数据的获取与展示，如交通流量、设备状态、气象、能耗、污染物等。这些数据种类多，在系统上的分布散，查看不便，利用率较低。为更清晰地展示这些数据，故将同一类数据集中到一个页面形成专题图来展示，通过专题图可以直观地掌握整个路段和隧道的相关情况，也可以接入其他业务板块的数据，如收费系统、养护系统等，将各个板块的数据在保证内容清晰且简明的前提下动态并有效地展示出来。

（14）系统专题图功能。

采用专题图把复杂的数据图形化，呈现给用户的是一个图形化的展示界面，能够一目了然地得到想要的信息。通过专题图能够直观展示各类型的数据，通过智能化分析，把分析结果进行图形化显示，增强了系统的智能化程度。专题图分为 8 种，分别为：通风专题图、照明专题图、交通流量专题图、设备故障专题图、电力能耗专题图、气象专题图、事件黑点分析专题图、综合汇总性专题图。

（15）隧道平台通风照明节能智能监控。

系统将通风、照明节能模型植入系统中让平台软件更加智能化，节能增效。系统中主要包括了如下应用：隧道智能照明实施方案及优化配置、隧道照明节能控制技术及应用研究、隧道多竖/斜井及射流风机通风节能控制技术的应用。

（16）隧道营运安全保障及防灾监控。

平台系统植入营运安全及防灾，包括各种情况下的防灾救援预案和各类应急流程，应急事件灾害发生情况下运营安全得到保障，救援及调度指挥更加流程化。系统中主要包括了：火灾报警、灭控火等消防设施的整体状态监测技术、重大灾害事故下二郎山特长隧道及沿线道路协同监控、二郎山特长隧道应急救援预案。

（17）机电设备故障实时监测与维护管理数据交互共享、一体化。

路段及隧道机电设备管理和维护系统根据监控系统提供的数据和操作输入数据在BIM模型中进行融合，根据研究形成包含设备管理、设备维护、设备工作状态的一体式解决方案，并产生相应的管理和维护报表、管理建议、维护计划等方案，并把这些设备信息和设备情况送至监控系统作为控制参考和约束条件。在BIM模型中进行深度数据集成：与机电设备在线故障监测系统在BIM模型中进行集成、一体化，在线监测的故障设备自动进入故障列表进行派单维修，维修结束以在线监测的判别原则为准，自动考核，数据共享交互；与建路段及隧道监控系统在BIM模型中进行设备故障数据与交互，提供机电设备故障信息登录、故障列表及时展示。

（18）基于互联网技术的移动监控系统。

将现有监控管理"移动化""可视化""综合化"，让管理者的办公管理更加自由方便。让雅康高速公路公司管理者通过移动设备，随时随地进行移动信息化路网监控，包括：3D GIS+BIM雅康高速整体情况查看、高速公路运行路况查看、车流量情况查看、隧道内各类机电设备运行监控、外场设备监控、移动视频监控等。

运营平台2D GIS界面切换如图1-5-39所示。

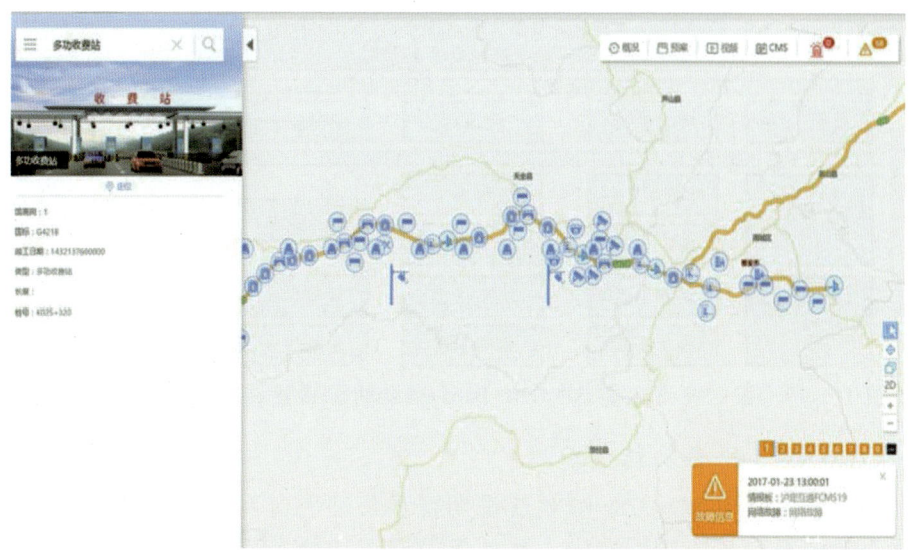

图 1-5-39　运营平台 2D GIS 界面切换

（19）大数据的数据挖掘和辅助决策。

大数据的多维度挖掘分析，使得灾害防治结合，做到事前预防得当，事后治理及时。大数据深入挖掘分析及多元化系统组件服务延续定制，包括：交通拥堵分析、交通事件事故预判分析、隧道内行车安全分析、灾害及救援方案分析、交通智能诱导等深入交通及设施状况的分析，将大数据的价值深入挖掘并造福于真实的场景应用。

通过整合挖掘系统车流量数据、车辆类型组成比例有效地反映各路网车辆负荷状况和高速公路的运力组成及演变，对管理部门服务质量的提高、指导运营管理、路网的规划、资源的有效使用、路面的科学保养都具有重要的参考意义，为领导提供决策参考。

1.5.4.3　建设期智慧管理平台功能架构

通过查阅文献、专家咨询等研究手段，结合雅康、汶马高速公路建设期的管理需求，本节分析梳理了藏区高速公路智慧云管理平台的功能架构。平台功能分为 5 个模块，分别是项目导航、项目概况、标准库、模型配置和 BIM 应用，如图 1-5-40 所示。

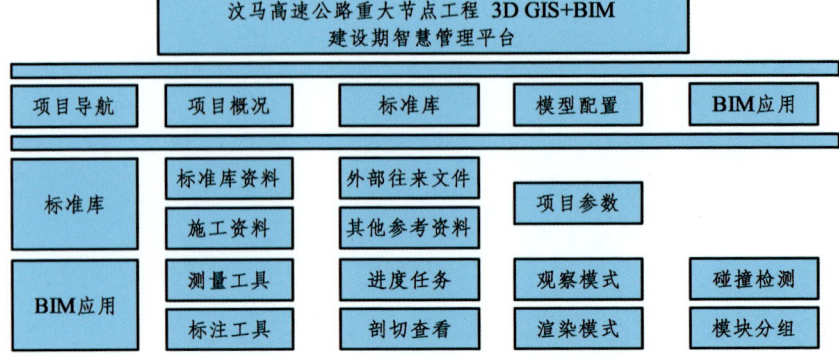

图 1-5-40 藏区高速公路 3D GIS+BIM 建设期智慧管理平台系统功能架构

1.5.4.4 平台功能展示

狮子坪隧道 3D GIS+BIM 建设期智慧管理平台系统基于高速公路智慧云管理平台系统应用改进，此处仅简要对功能进行介绍和展示。

（1）项目导航。

项目导航主要是展示项目整体位置情况，查看项目周边地图信息。此处不再赘述。

（2）项目概况。

本模块主要介绍项目名称、项目编码、开工时间、竣工时间、建筑规模、项目工期、工程地点、施工单位、设计单位以及建设单位等基本信息。对项目进行简单的介绍，浏览图片、视频和表格了解项目的基本信息，如图 1-5-41 所示。

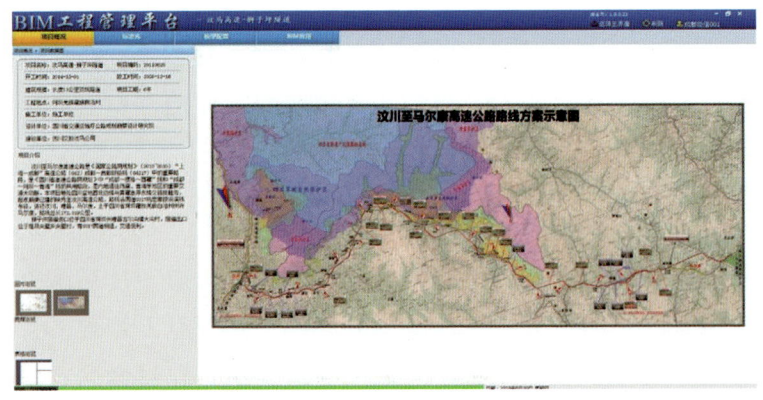

图 1-5-41 项目概况界面

(3)标准库。

该模块主要包括标准库资料、施工相关资料、外部来往文件、其他参考资料以及项目参数。标准库资料包括设计相关资料,其中包含了 C14 标段、C15 标段、C16 标段。施工相关资料包括施工总平面图、施工技术交底资料、施工组织设计资料、专项施工方案以及施工工艺。内容和前文所述类似,此处不再重复。

(4)模型配置。

模型配置模块既可通过添加模型对模型进行导入,也可进行模型的配置,进而可进行各种工程量的设置以及预设任务的设置。模型文件包括汶马高速-狮子坪隧道、主洞模型(BIM)、通风横洞模型(BIM)、样板段模型以及其他模型,如图 1-5-42 所示。

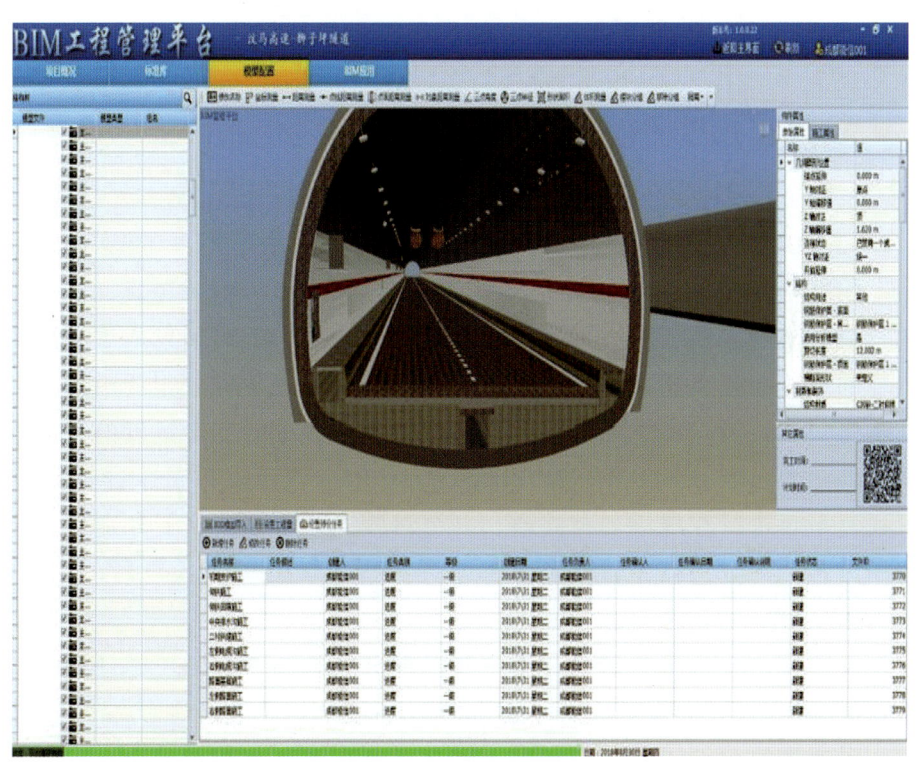

(a)

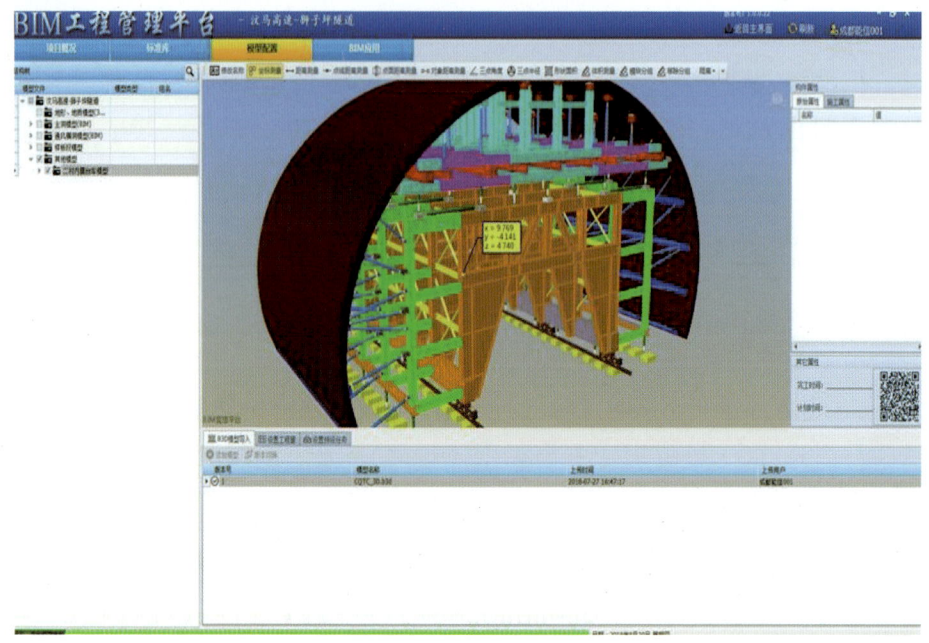

（b）

图 1-5-42　模型配置界面

（5）BIM 应用。

BIM 应用模块主要包括菜单、隔离、剖切查看、测量工具、标注工具、渲染模式、观察模式、碰撞检测以及模块分组。可通过三维视图对工程的进度任务、质量任务、安全任务以及其他任务有着很明晰的了解与观察，通过对三维视图的观察，不同颜色的部分代表着进度的完成程度，包含计划中、滞后未完成、滞后已完成、按期完成和未计划已完成，可通过平台进行在线添加与修改，以及对施工的模拟。以下分别对 BIM 应用的各个部分进行介绍。

① 菜单。

菜单模块包括单独布局与集中布局部分，如图 1-5-43（a）所示。

② 隔离。

隔离模块包括隔离选中对象、隔离非选中对象、隐藏选中对象、隐藏非选中对象、取消隐藏和取消隔离，如图 1-5-43（b）所示。

③ 剖切。

查看模块包括自由剖切、XY 剖切、YZ 剖切、ZX 剖切，如图 1-5-43（c）所示。

④ 测量。

工具模块包括坐标测量、两点距离、点线距离、点面距离、对象间距离、三点角度、三点圆半径、表面面积以及对象体积，如图 1-5-43（d）所示。

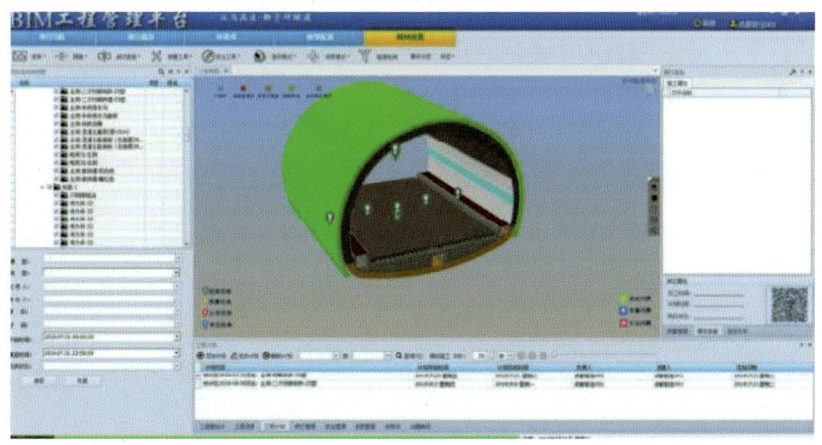

（a）菜单

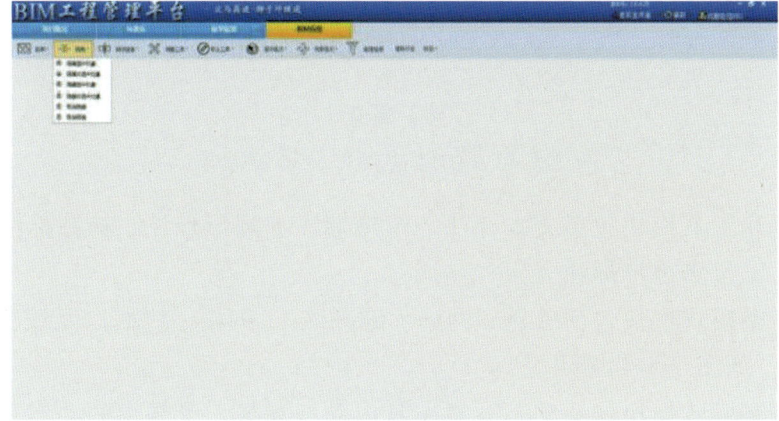

（b）隔离

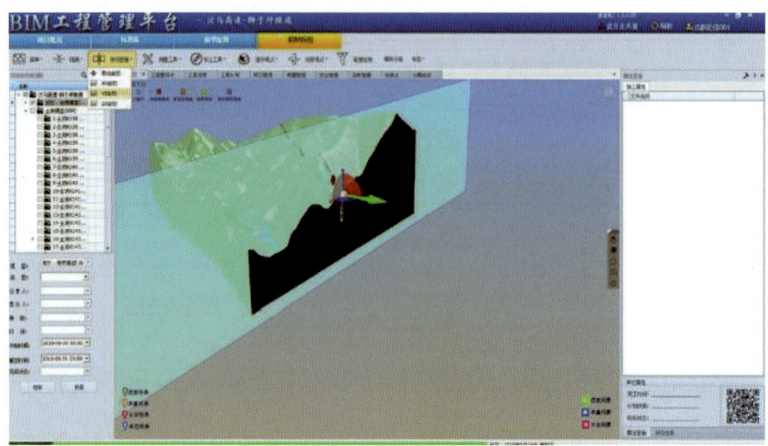

（c）剖切

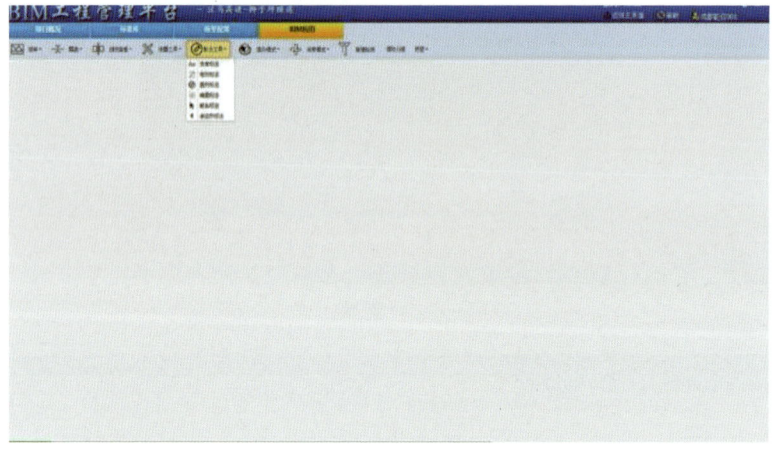

（d）测量

图 1-5-43　BIM 应用部分功能展示

　　标注工具模块包括文本标注、矩形标注、圆形标注、椭圆标注、箭头标注以及多边形标注。

　　渲染模式模块包括着色、网格（隐藏线）、网格、线框以及线框（隐藏线），如图 1-5-44 所示。

　　观察模式模块包括动态观察、自由动态观察、受约束的动态观察、自由漫游观察以及真实漫游观察。

第1章 绪　论

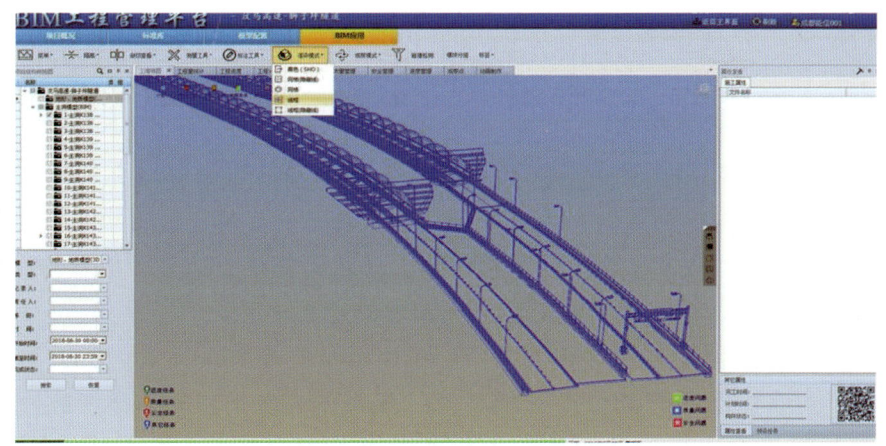

图 1-5-44　渲染模式界面

1.5.4.5　主要成果

（1）专利。

本课题研究着手现实问题，开拓创新，积极进行技术攻关，通过相关研究已申请国家发明专利 2 项。在建立狮子坪隧道 BIM 模型和建立汶马高速 3D GIS 模型时，通过系统研究及技术攻关，研发了"一种基于 Revit Dynamo 参数化隧道模型快速建模方法"和"一种基于 CASS 和 CATIA 的 3D GIS 地形模型快速建模方法"，解决了建模过程中的难题。目前"一种基于 Revit Dynamo 参数化隧道模型快速建模方法"和"一种基于 CASS 和 CATIA 的 3D GIS 地形模型快速建模方法"均已申请国家发明专利。

（2）软件著作权。

信息化、智能化、网络化能够有效地提升高速公路建设期管理效率，本课题设计开发相关软件 2 项，并已申请软件著作权。课题依托汶马高速公路，通过相关研究调研，并进行技术攻关，开发了"成都能信工程咨询有限公司应用于汶马高速公路的智慧管理云平台系统软件 V1.0"（简称"智慧管理云平台系统软件"）和"成都能信工程咨询有限公司应用于汶马高速公路重大节点工程 3D GIS+BIM 建设期智慧管理平台系统软件 V1.0"（简称"3D GIS+BIM 建设期智慧管理平台系统软件"），在此基础上进行建设期应用软件的集成与应用示范。

目前"智慧管理云平台系统软件"和"3D GIS+BIM 建设期智慧管理平台系统软件"已申请软件著作权。

（3）示范工程效果。

本课题将汇集研究成果应用于汶马高速关键性控制节点工程狮子坪隧道项目，为藏区高速公路的建设期综合管理的信息化、智能化、网络化建设提供了实践基础。该示范工程对我国高速公路建设期管理信息化、智能化和网络化，具有重要的现实价值和理论意义。

同时，示范项目通过研发应用于雅康、汶马高速公路重大节点工程的 3D GIS+BIM 建设期智慧管理平台，预期还将产生显著的经济效益。与常规建设期应用软件相比，本智慧管理平台将预期节约管理成本约 20%，为后续藏区高速公路项目的建设期信息化、智能化管理提供了一定的经验，为其他类似工程提供了指导，推动了 3D GIS+BIM 技术在高速公路建设期管理等方面的综合应用，进一步提升了高速公路建设管理的信息化水平，对打造交通行业品质工程，促进智慧交通建设发展、提高我国高速公路建设管理水平具有十分重要的意义。

高速公路方便了人们的出行，也连接了各地的物流，带来了巨大的社会效益和经济效益。高速公路的结构越来越复杂、途经地形更具挑战，因此对高速公路运营的要求也越来越高。基于 BIM 技术的高速公路运营管理，是利用信息化技术对高速公路进行实时、全面的运营管理，不仅提高了管理的效率和水平，节省了运营的成本，更提高了高速公路的安全性能，保证了高速公路的正常、稳定运营，也为人们的安全出行提供了有力的保障。

① BIM 技术是一种理念，是贯穿建筑项目的全生命周期的一种管理方法，它提供了可视化三维模型、强大的信息数据库以及协同工作平台等，使建筑项目设计、施工和运营的效率都得到了很大的提升。

② 在研究了现代计算机网络技术的基础上，构建了基于 BIM 技术的高速公路全生命周期管理系统框架，该框架提出了基于 BIM 技术的数据层、模型层和模块层，三者对于构建高速公路运营管理系统框架有很大的指导意义，为更加有序、高效的高速公路运营管理指明了道路。

③ 由于信息化技术的高速发展,传统的高速公路运营管理模式已经不能满足人们对高速公路管理的要求了。基于 BIM 技术的高速公路精细化运营管理和基于 BIM 技术的协同工作平台对高速公路的运营管理提供了现代化的手段和方法,同时 BIM 技术应用于运营方案的优化、高速公路能耗水平的实时监测、对高速公路安全性能的保障、应急预案、设备实时监控调整及对运营数据的整理和分析等,也极大地提高了高速公路的运营管理水平和效率。

④ 通过以雅康、汶马高速公路项目参数化运营管理平台为例,并以其为研究背景,探索、研究、初步建立了基于 BIM 参数化智能技术的藏区高速公路运营管理系统平台,为我国高速公路的实际运营管理提供了新的思路。

1.5.5 广陕广巴连接线高速公路基于 GIS 和 BIM 的数字公路平台

1.5.5.1 研发的背景

高速公路工程项目管理分为三个阶段:前期阶段、建设阶段、营运阶段。各阶段的任务和重点各有不同,但是又相辅相成,无论处于哪个管理阶段都应该管理思路一致、相互考虑、资料共享。前期阶段应该选择合理、可行、经济、便于实施的方案,考虑各种结构类型的选取,应尽量就地取材,实现项目的经济性、安全性。这个阶段的重点是设计方案优化比选,方案的节约才是最大的节约,实现设计方案、投资双控。如果将该平台应用于项目建设前期阶段,则采用卫星影像技术及三维虚拟现实技术,以实景形式体现出工程地质地貌特征,实现设计方案优化比选以达到节约投资的目的;而营运阶段则通过实施的设计、施工、运营管理的大数据系统分析,适时开展小修、推迟中修、尽可能避免大修,在确保设施设备安全正常运行的基础上,减少运行成本和养护支出。

广陕广巴高速公路连接线建成效果如图 1-5-45 所示。

图 1-5-45　广陕广巴高速公路连接线建成效果

建设阶段的重点涵盖工程建设质量、安全、投资和形象进度、廉政五个方面，其中质量、安全、廉政为保证指标，而投资和形象进度则作为具体的控制指标。

项目建设管理作为过程控制的主要内容，必须适时、动态掌握投资、进度完成情况，并根据计划安排做对比，当环境、条件、偏差较大时，我们可以根据施工现场实际情况随时调整计划安排、节点目标，增加保证措施，从而保证年度目标任务的顺利完成。

高速公路工程项目的三维立体模型在项目前期、建设、营运的每一个阶段都可以通过三维立体模型来模拟表达。运用虚拟现实技术、全球地理信息系统使得该平台在前期设计阶段可以展示出设计方案的立体模型；在建设阶段可以展示出建设进度的立体模型；在营运阶段可以展示出设施设备的立体模型及运行状态。

对于工程建设管理，大家都有很好的办法进行过程管控，且方式方法各有千秋，但在上述质量、安全、投资和形象进度四个方面分别通过软件进行管理，将工程建设管理的全过程集成在一个平台上，形成匹配实景的三维立体模型（可分别显示实际完成的形象进度图像），对重、难点的工点、拌和场、预制场、试验室进行网上视频监控还是第一次。广

巴公司通过对目前国内的工程管理系统研究，通过近 4 年的时间建成了系统运行平台，本平台还在不断地修改完善之中。

1.5.5.2 基于 GIS 和 BIM 的数字公路平台开发的过程

广巴公司会同陕西公众软件公司对该系统平台进行了持续的探索研究，其开发的过程：第一步是将施工图、设计图分桩号，按照分项、分部工程对工程细目和工程量清单进行一一拆分；第二步是将拆分后的数据进行网上录入，建立起全路的三维立体模型；第三步是根据分辨率不同、价格不同，选择购买性价比相对较高的卫星影像资料，以达到平台三维立体模型与卫星实景地图相匹配的效果；第四步是根据项目管理相关原则、要求，按照公司管理制度对要实现及要求达到的工作目标任务进行有针对性的开发研究。

广陕广巴高速公路连接线采用数据地形图技术和卫星影像技术示意如图 1-5-46 所示。

图 1-5-46　广陕广巴高速公路连接线采用数据地形图技术和卫星影像技术

1.5.5.3 基于 GIS 和 BIM 的数字公路平台的构成

广巴公司结合当前先进的信息技术和项目管理的实际需要，不断创新,采用了基于互联网的云计算、物联网、地理信息技术、虚拟现实技术,依托广陕广巴高速连接线研究开发了广巴公司基于 GIS 和 BIM 的数字公路平台。平台内容如图 1-5-47 所示。

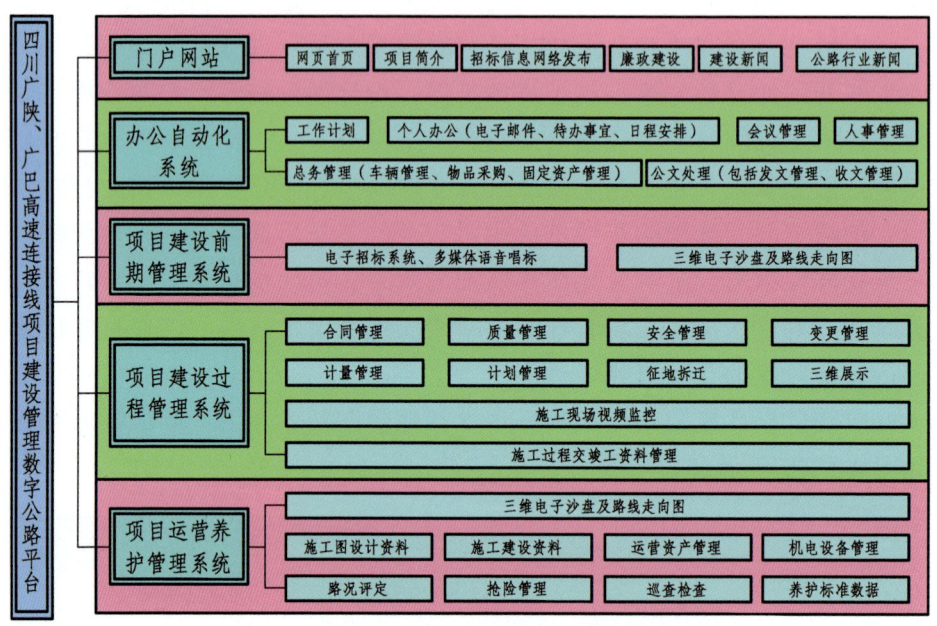

图 1-5-47　广陕广巴高速公路连接线数字公路平台架构

（1）项目建设前期管理系统。

通过三维电子沙盘和路线走向图展示项目设计效果,同时对设计方案进行优化比选,力求节约、应用电子招投标系统、多媒体语音唱标,使招标工作高效准确。

（2）项目建设过程管理系统。

该系统包含网站、办公 OA 系统、投资管理、三维进度管理、变更路线的选型对比、质量管理、安全管理、施工现场视频实时监控及竣工资料管理。

（3）项目运营养护管理系统。

该系统包含运营养护系统、资产管理、机电设备管理、路况评定、抢险管理、巡查养护,通过三维系统随时查找某工程部位的设计图纸、征拆数据、质量资料、保养记录等信息，对于在建设过程中产生的施工缺陷信息可以进行技术追溯等。

（4）针对后期高速公路营运管理过程中对该平台的应用，广巴公司也进行了认真思考，并提出了营运管理平台应用开发具体思路如下：

① 设计文件等各种档案资料的查询。

② 模拟立体图像，反映全路设施设备的运行状况，反映各种设备的备件库存情况。

③ 视频监控（监控平台的衔接）。

④ 全路养护、检测、维修情况，在立体模型中可以直观显示。

⑤ 其他设想和要求。按照广巴公司对该平台的使用情况，关于档案管理、竣工资料、工程结算、设计图纸，过程管理可以一并考虑在本平台中同步完成，目前已陆续在平台中进行专项模块建设并对已建立完毕的模块进行数据录入，工程建设完成后移交营运管理单位以方便后期管理，并可溯源工程建设的过程，如图 1-5-48 所示。

图 1-5-48　广陕广巴高速公路连接线 BIM 模型关联竣工资料

1.5.5.4　基于 GIS 和 BIM 的数字公路平台实施效果

（1）项目前期阶段。

广巴公司在广陕、广巴高速公路连接线前期（工可）阶段，提出了利用原二专路嘉陵江桥位的比选方案，提交设计单位作为补充方案纳入工可报告中，最终被专家和厅审查同意批复为推荐方案。与原推荐方案相比，推荐方案节约投资约 3 亿元，避免了与西成客专、兰渝铁路、广元客（货）运站等十条铁路线的干扰，也避免了在铁路中设置互通式立交（图 1-5-49）。采取该方案极大地降低了征拆工作难度，减少了施工干扰，减少了征地拆迁及安全措施费用。

图 1-5-49　广陕广巴高速公路连接线路线走向（红线为原设计路线）

（2）建设管理阶段的应用。

① 投资和形象进度方面。

投资和形象进度的完成情况，以前是采用人工统计的方式进行填报，一定程度上存在虚报，后期抢工期阶段十分被动，甚至可能造成全线目标任务无法完成。而将该平台应用于投资和形象进度管理过程后，投资和形象进度完成情况以计量支付表（需要分项分部工程的合格质检资料）中数据来源进行直观体现；而计量支付表中数据又按照工程量清单分桩号、分项、分部进行统计。运用该平台可以从计量支付中自动抽取数据，形成实际完成的三维立体图形，从而避免人为因素的影响。通过实际完成的三维立体图形展示与原计划安排进行比较后，当采集数据自动生成的柱状图及曲线图偏差较大时，我们可根据施工现场实际情况适时调整计划安排、节点目标（图 1-5-50、图 1-5-51）。例如：广陕、广巴连接线 LJ1 合同段瓷窑铺互通 P 匝道因跨铁路施工不能按时提交架梁通道、部分设计图纸未按时提交、施工方案调整及受征地拆迁等多方面因素影响，通过该平台实际完成工程量与计划安排的对比，及时重新调整目标任务，在 LJ1 合同段嘉陵江左岸增加一个预制场，并由相邻 LJ2 合同段协助 LJ1 合同段增加一台拌和楼，扩大原预制场容量，并完成 B、C 匝道约合 2 000 余万元的 262 片小箱梁预制，因该项工作任务及时调整，确保了阶段性目标任务的按时完成。

图 1-5-50　广陕广巴高速公路连接线电子沙盘（标注了重点结构物）

图 1-5-51　广陕广巴高速公路连接线通过 BIM 模型颜色展示形象进度

② 计量支付方面。

计量支付受质检资料（混凝土的凝期、强度检测指标等）影响，计量完成情况与工程实际完成情况相比较一般要滞后约 5%，按照该平台进行网上计量，能够自动生成各项真实数据，计量控制也更加保守可靠。该平台整合了计量支付所有报表，能够在工程建设末期直接汇总各项数据，节省了大量统计报表工作时间，提高了各项数据的真实性，降低了因繁杂的数字工作产生的错误率。该平台运用于网上计量还可以适时追踪办理计量支付的签署流程，无论是施工单位计量资料上报不及时，还是相关单位或部门拖延审批时间，都能够及时追踪并对工作开展不力的相关单位进行违约处罚。采用分桩号、分项、分部计量可有效避免超计量的问题，办理竣工结算时将更加方便。

③ 视频监控及视频会议方面。

广陕、广巴高速公路连接线重点路段及工点的形象进度、施工及运营状态还可以通过 24 h 视频监控更直观地表达，随时可以上网查看，大大提高了工作效率，节省了管理成本，且不受气候、施工便道条件的限制，并可保存影像数据备查。

在召开各项适时会议方面，广巴公司还采取了可实现多方异地同步的视频会议进行远程专家会诊，改变了传统到现场察看的方式。通过查看视频监控、三维立体模型和到现场察看的比较，采取远程专家会诊反而更加直观，范围、视野更加开阔。这样一来，不但可以减少出差、路途行程耽误等，还能提高办事效率，达到事半功倍的效果，更节省人力、物力，坐在办公室一样能迅速研究、解决问题。

④ 变更设计方面。

与投资及形象进度完成有关、影响较大的一个因素就是变更设计，因为有三维立体模型与实景地形影像，在研究变更设计方案和做工作汇报时就更加直观和方便、利于决策和研究，缩短变更设计图纸的周期，从而提前和保证了投资与形象进度目标任务的完成。比如：

a. 广巴公司在上西坝互通式立交已提交施工图的基础上，为充分利用广陕高速公路 $12 hm^2$ 已征地及预留的桥梁工程，尽可能降低互通规模、节约工程投资、减少征地拆迁数量，提出了上西互通的调整方案，并于 2014 年 12 月 4 日经省交通运输厅审查通过，新方案较原方案节约占地 4 hm² 多，减少新征地 13 hm² 多，节约征地拆迁及建安投资近 8 000 万元，地方连接线工程节约一座 2 000 余米的桥梁 1 100 余万元，如图 1-5-52、图 1-5-53、表 1-5-5 所示。

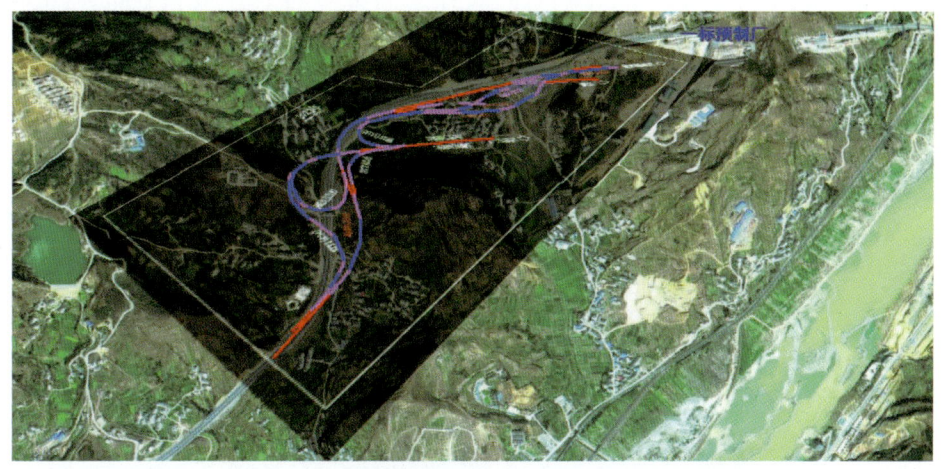

图 1-5-52　广陕广巴高速公路连接线上西互通推荐方案

图 1-5-53　广陕广巴高速公路连接线上西互通优化推荐方案

表 1-5-5　上西互通拆迁新旧方案征拆费用对比表

项目	占用土地面积			拆迁房屋数量			专项设施拆迁数量		合计/万元
	数量/hm²	单价/(万元·hm⁻²)	金额/万元	数量/hm²	单价/(万元·hm⁻²)	金额/万元	数量/处	金额/万元	
新方案	8.53	375	3 200	33	1125	2 475			5 675
旧方案	24.33	375	9 125	48	1350	4 320	3	1500	14 945
差额									9 270

备注：① 新方案可利用原广陕路高速已征用地 15.33 hm²。
② 旧方案拆迁房屋楼层高、质量好，拆迁难度极大。
③ 旧方案要拆除鞭炮厂、养殖场、苗圃各一处。

b. LJ1 合同段 D 匝道双桩式桥墩因占用原二专路，为地方道路迁改创造了有利条件，减少了占地面积，故改为 T 形桥墩，如图 1-5-54、图 1-5-55 所示。

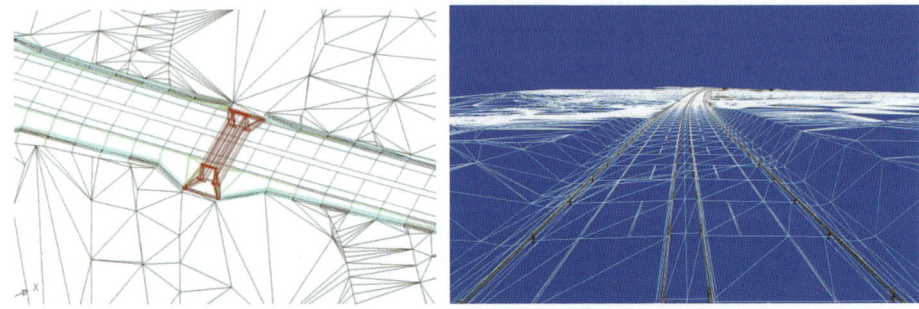

图 1-5-54　广陕广巴高速公路连接线构造物三维模型示意

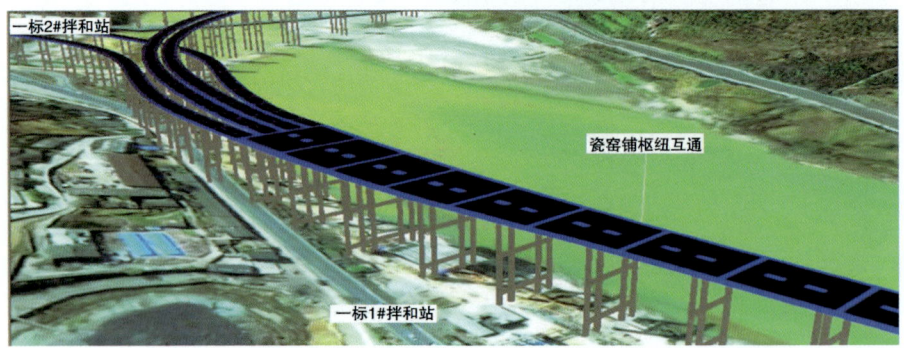

图 1-5-55　广陕广巴高速公路连接线门型墩改为 T 型桥墩

1.5.6 道隧集团广安工程有限公司施工信息化系统

道隧集团广安工程有限公司隶属于道隧集团工程有限公司（公司释义"道通天下，隧贯山河"），是集团公司1998年改制时所设立的三个子公司之一，是具有独立法人的经济实体，先后承接了雅康高速公路飞仙关特长隧道、汶马高速公路C22标段、国道318、国道215等灾后重建工程施工任务共100余项。随着经营规模的稳步扩张，在董事长的带领下，公司自2016年8月启动了管理信息化建设项目，通过信息化建设进一步规范管理并提高管理效率，对施工项目进行全过程控制。公司实施施工标准化、信息化和精细化管理，并围绕工程施工成本管理，对施工过程中的合同、产值进度、资金收支、成本核算进行全程管控，避免合同资金超支超付，实现施工成本"算得清、管得住"的目标，最终提高项目单产，提升公司整体盈利能力和市场竞争力，如图1-5-56～图1-5-58所示。

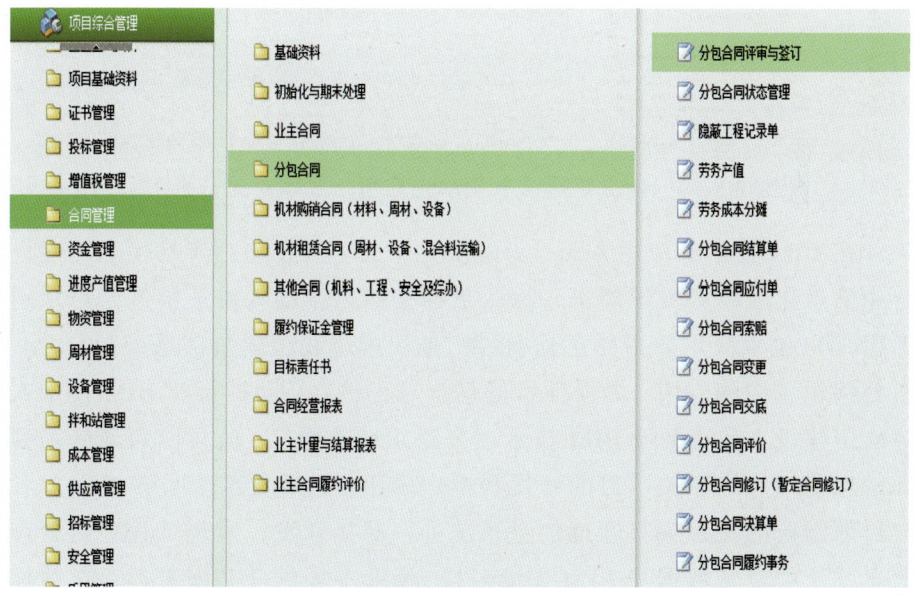

图1-5-56 施工管理信息化系统应用（合同模块）

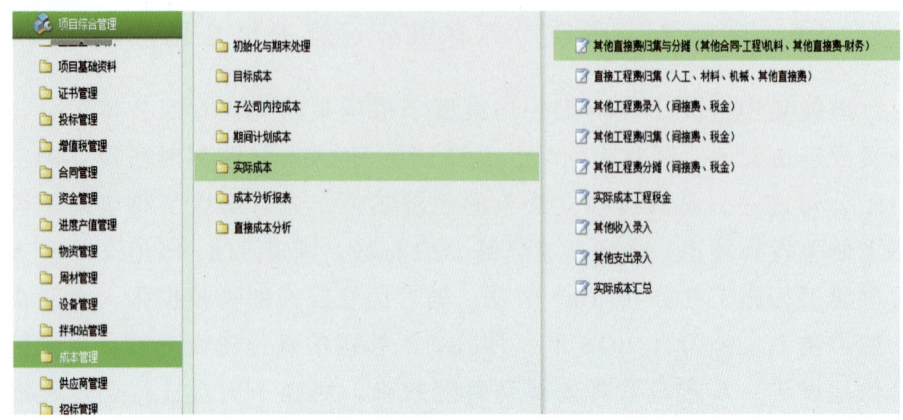

图 1-5-57　施工管理信息化系统应用（成本模块）

					完成情况		成本			差异分析		
	计量单位	总工程量	单价	金额	工程量	产值	责任成本	计划成本	实际成本	产值-实际成本	责任成本-实际成本	计划成本-实际成本
1												
2												
3	总额	10,000,000.00000000	1.00000000	10,000,000.0000	34,873,872.00000000	34,873,872.0000	34,873,872.0000	34,908,745.8720	-16,427,893.2868	51,301,765.2868	51,301,765.2868	51,336,639.1588
4	总额								494,859.2600	-494,859.2600	-494,859.2600	-494,859.2600
5	总额								24,018.3900	-24,018.3900	-24,018.3900	-24,018.3900
6	总额	1.00000000	1,469,415.00000000	1,469,415.0000					233,352.0600	-233,352.0600	-233,352.0600	-233,352.0600
7	总额	1.00000000	587,766.00000000	587,766.0000	0.30000000	176,329.8000	176,329.8001	176,349.5046	81,909.0000	94,420.8000	94,420.8001	94,440.5046
8	总额	1.00000000	8,816,489.00000000	8,816,489.0000	0.34000000	2,997,606.2600	2,997,606.2588	2,997,941.2450	2,903,319.7600	94,286.5000	94,286.4988	94,621.4850
9	总额											
10	总额	1.00000000	3,000,000.00000000	3,000,000.0000	1.00000000	3,000,000.0000	2,999,999.9987	3,000,335.2560	7,913,669.3130	-4,913,669.3130	-4,913,669.3143	-4,913,334.0570
11	总额	1.00000000	2,000,000.00000000	2,000,000.0000	1.00000000	2,000,000.0000	1,999,999.9966	2,000,223.5000	1,671,492.1200	328,507.8800	328,507.8766	328,731.3800
12	总额	1.00000000	4,400,000.00000000	4,400,000.0000	0.59000000	2,596,000.0000	2,596,000.0005	2,596,290.1048	2,477,901.4000	118,098.6000	118,098.6005	118,388.7048
13	总额	1.00000000	4,800,000.00000000	4,800,000.0000	1.00000000	4,800,000.0000	4,800,000.0005	4,800,536.4030		4,800,000.0000	4,800,000.0005	4,800,536.4030
14	总额											
15	总额								6,524,190.1400	-6,524,190.1400	-6,524,190.1400	-6,524,190.1400
16	总额	1.00000000	2,000,000.00000000	2,000,000.0000	1.00000000	2,000,000.0000	1,999,999.9991	2,000,223.5000	3,055,355.4400	-1,055,355.4400	-1,055,355.4409	-1,055,131.9400
17	总额								336,327.0500	-336,327.0500	-336,327.0500	-336,327.0500
18	总额	1.14000000	6,183,396.00000000	7,049,071.4400	0.72248740	4,467,425.6990	4,467,425.6978	4,467,849.8434	3,450,198.7100	1,017,226.9890	1,017,226.9878	1,017,651.1334
19	总额	1.00000000	2,000,000.00000000	2,000,000.0000								
20	总额	1.00000000	1,500,000.00000000	1,500,000.0000								
21												
22	m2	1,000.00000000	1.50000000	1,500.0000	-1,597.00000000	-2,395.5000	-2,395.5000	-2,179.9580	5,092,314.2877	-5,094,709.7877	-5,094,709.7877	-5,094,494.2457
合计				##############		##############	##############	##############	440,201,079.8312	6,795,579.0928	5,624,150.3628	1,089,368.9417

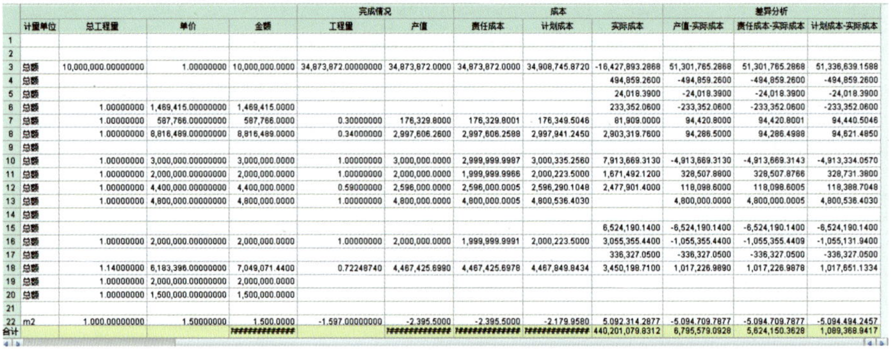

图 1-5-58　施工管理信息化系统应用（成本对比分析）

在 BIM 技术的应用方面，为落实党中央、国务院对新时代全国建设行业信息化改革的发展要求，深入贯彻交通运输部《关于推进公路水运工程 BIM 技术应用的指导意见》精神，加快推进我国建筑信息模型（BIM）在公路领域中的应用，加强项目信息全过程整合，助推行业 BIM 技术人才队伍建设，有效保障 BIM 技术在公路领域的推广，公司已启动施工管理信息化系统等相关项目的开发和推广应用（主要内容详见第 4 章），并与目前运行的工程项目管理信息系统进行对接开发，实现工程项目管理信息系统中经营数据与 BIM 无缝对接，为业主提供全套施工数字化数据和图表，达到工程项目管理可视化、项目运营管理全寿命周期成本最省的目标。

1.5.7　莆炎高速三明段 YA20 合同段沙溪大桥

莆炎高速三明段 YA20 合同段沙溪大桥设计施工总承包项目以中交公路规划设计院有限公司为联合体牵头单位，中交第二航务工程局有限公司为联合体成员单位，该项目总投资额约 7 亿元，施工工期 24 个月，项目于 2018 年 11 月开工。

沙溪大桥位于三明市三元区莘口镇，线路横跨 205 国道、沙溪河及月亮湾 4A 级风景区。沙溪大桥为双向六车道高速公路标准，设计速度 100 km/h。大桥右幅桥长 1 398 m，左幅桥长 1 408 m，桥梁宽度 33.5 m。主桥采用钢桁组合梁连续刚构，跨径布置为（100+176+176+100）米，下部结构采用空心薄壁墩，最大墩高超过 110 m；引桥采用 40 m 跨径标准钢板组合连续梁，下部结构根据墩高情况采用桩柱式桥墩或空心薄壁墩。沙溪大桥为山区桥梁，大桥跨越国道 G205、鹰厦铁路以及地方景区，桥位施工场地有限、构件运输困难、环保压力大。

设计阶段采用 BIM 技术进行正向设计，建立了全桥设计阶段模型数据库（图 1-5-59），由三维模型形成二维图纸，完成了全桥近千张施工图。该项目两次施工图评审均得到了业主与专家的高度评价（图 1-5-60），他们一致认为本项目 BIM 应用是真正意义上的正向设计，已达到国内领先水平。此外，在施工阶段，搭建了项目管理平台，将设计阶段的模型数据用于施工管理，实现了 BIM 应用的数据传递和数据同源，大大提升了项目管理效率。

图 1-5-59　钢桥 BIM 设计效果图

图 1-5-60　BIM 施工管理平台研讨会

1.6　项目采用全寿命周期 BIM 管理系统的优势与组成分析

公路工程项目应用全寿命周期 BIM 管理系统以成都市东西城市轴线（成渝高速公路绕城收费站—龙泉驿区界）建设项目为依托项目，按照该项目的招标文件要求，系统分析其内容、优势、项目各个阶段的工作要点等，并对公路工程项目 BIM 技术应用方案、公路工程项目全寿命周期 BIM 智慧化管理系统、工程项目管理信息系统与 BIM 结合应用方案分章节详细介绍具体的实施方案。

1.6.1　依托项目概况

成都城市轴线研究是在成都迈入"双城"时代，并建构"双核联动、多中心支撑"功能体系的城市总体格局下，为深入研究城市轴线，发挥轴线区域的核心优势，打造具有天府特色的成都"中央轴带"空间，统筹城市轴带空间秩序，引领城市各区域发展的空间序列的背景下开展的。目前，基于《成都市城市总体规划（2016—2035 年）》提出的"规划延展市域功能和文脉传承理念的'双十字'轴线"理念，"东西城市轴线"西起灌口镇，东至成龙简快速市域边界，全长约 135 km，东中轴部分通

第 1 章 绪 论

过驿都大道向东采用新增隧道形式穿过龙泉山，连接简州新城核心区，经成龙简快速直通简阳。

成都市东西城市轴线（成渝高速公路绕城收费站—龙泉驿区界）位于龙泉驿区，全长约 24 km，主要建设内容包括：新建城市主干路，新建互通立交，穿龙泉山隧道，新建市政管网、慢行通道、景观绿化、照明、交安、驿站等附属设施，计划于 2021 年 2 月底完工达到通车条件。本标段为东西城市轴线（成渝高速公路收费站—龙泉驿区界）工程勘察-设计-施工总承包三标段。项目建设规模估算建安工程费约 28 亿元，包含新建城市主干路，新建互通立交，新建市政管网、2 座单洞上/下行长度均约 1.6 km 的 4 车道和 2 座单洞上/下行长度均约 1.2 km 的 4 车道穿山隧道（双向八车道）、慢行通道、景观绿化、照明、交安等附属设施（具体建设内容及规模数量以审定的规划建设方案为准），如图 1-6-1 所示。

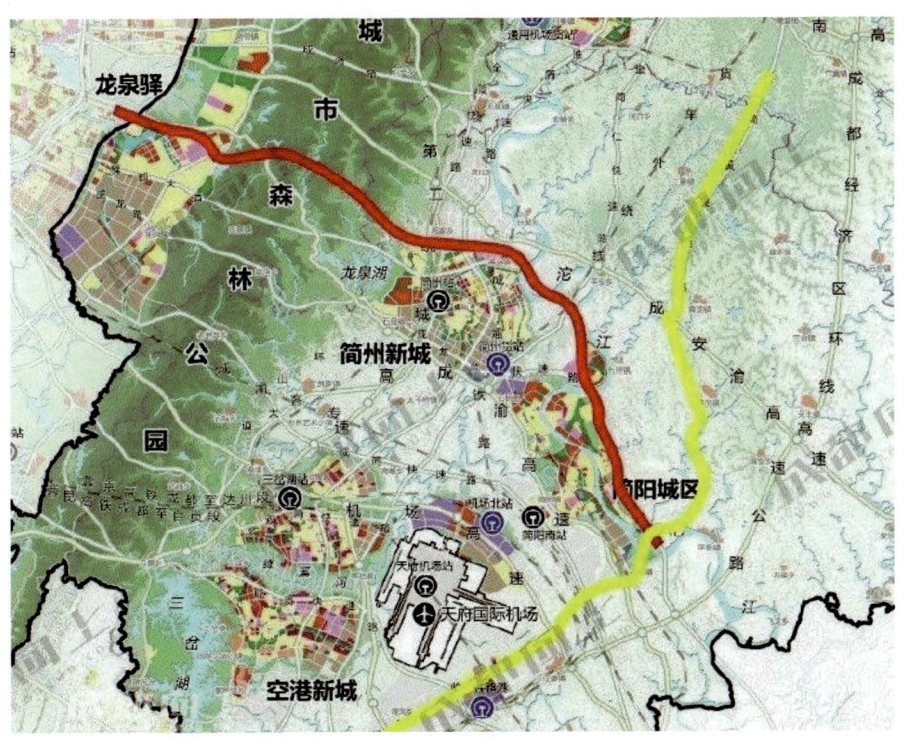

图 1-6-1 成都市东西城市轴线规划示意图

（1）勘察、设计服务期：勘察、设计成果文件提交时间满足招标人的进度安排。

（2）施工工期：2021年2月28日前具备通车条件（除穿龙泉山隧道暂无隧道施工工期要求外），具体开工时间以招标人或监理人书面通知为准。

成都市政府建立健全了与高质量发展相适应的体制机制，以推动生态效益、经济效益和社会效益相统一，突出两方面：一是质量效益好，就是坚持质量是强市之基、立业之本和转型之要，牢固树立品牌意识，始终把提质增效放在经济工作的首位，不断提高质量水平和附加值，推动经济增长和质效水平相统一，提高企业经济效益；二是发展可持续，就是摒弃短期行为，更加注重长期利益和整体利益，将发展速度和开放强度控制在资源、环境和社会可承受范围内，切实防范化解重大风险，努力实现生态效益、经济效益和社会效益相统一。努力优化提高资源产出效率，以标准化建设努力提升产品服务供给质量，以高水平对外开放努力汇聚国际国内资源和市场活力，以乡村振兴战略实施努力实现城乡协调发展，以民生社会事业改善努力实现发展成果共享，加快建设成为美丽宜居公园城市，业主要求按照市政府规划要求把东西轴线项目打造成为全寿命周期智慧旅游市政公路项目。

成都东西轴线规划项目断面布置如图1-6-2所示。其道路建成效果图如图1-6-3所示。

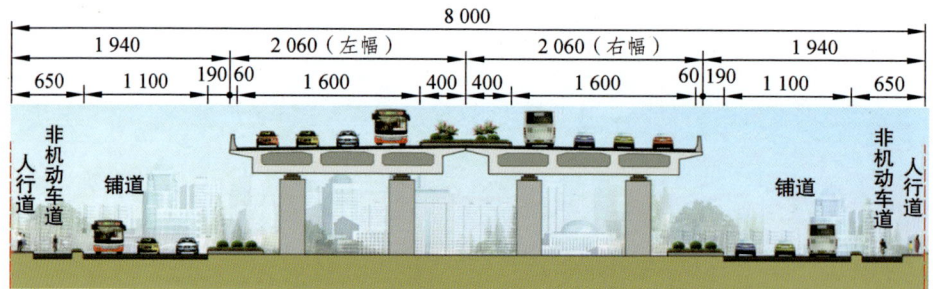

图1-6-2　成都市东西城市轴线规划断面布置图

图 1-6-3　道路建成效果图

1.6.2　项目应用 BIM 技术方案要求与实施策划

1.6.2.1　招标文件的技术标准和要求（BIM 部分）

（1）总体要求：本项目应将 BIM 技术（建筑信息模型）应用于设计及施工全过程，并在项目移交时一并移交 BIM 成果用于后期运维管理。

（2）BIM 应用要求：根据建设主管部门要求，本项目须按照建筑信息模型（BIM）技术应用以及工业化、装配式建设要求进行设计。BIM 技术应用应持续项目全过程，即从项目方案设计至实施完成，包含项目全专业，并提交供运维使用的 BIM 成果。BIM 技术应用应采用主流设计平台，确保后期成果资料的有效传递，同时应满足如下要求。

① 应保证 BIM 技术平台、模型文件格式等与发包人、总体设计单位的要求一致或兼容。

② 应保证 BIM 模型交付的准确性。

③ 交付的 BIM 模型几何信息和非几何信息应有效传递。

④ 交付的 BIM 模型应满足设计各阶段、各专业模型等级的深度。

⑤ 交付物中 BIM 模型和与之对应的信息表格和相关文件共同表

达的内容深度，应符合现行《市政公用工程设计文件编制深度规定》的要求。

⑥ 交付物中图纸和信息表格宜由 BIM 模型生成。

⑦ 交付物中的信息表格内容应与 BIM 模型中的信息一致。

⑧ 交付的 BIM 模型建模坐标应与真实工程坐标一致。一些分区模型、构件模型未采用真实坐标时，宜采用原点（0，0，0）作为特征点，并在工程使用周期内不得变动。

⑨ 勘察工作应提交既有管线探查成果的三维模型，以确保交付物 BIM 模型中包含既有管线信息（包含但不限于管线坐标、种类、管径、高程等信息）。

⑩ 基坑支护设计应提交相应三维模型，确保交付物 BIM 模型与设计信息一致。

⑪ 交付的 BIM 模型应与前期的倾斜摄影成果形成有效的融合，应体现项目修建前后沿线道路变化信息，以及所在区位的城市形态信息（包含但不限于城市建设及非建设信息、绿地信息、红线信息、周边主要路网信息）。

⑫ 满足建设单位及行政主管部门的要求。

⑬ 满足国家和行业相关规范及规定的要求。

1.6.2.2 本项目拟响应的内容及达到的效果

运用 BIM 技术可提高信息化管理水平，提高管理工作效率。在设计施工全过程中对方案设计、深化设计、施工工艺、工程进度、施工组织及协调配合方面高质量运用 BIM 技术进行模拟管理，实现工程项目管理由 2D 向 3D~5D 发展，可提高本工程信息化管理水平，提高工程管理工作效率，最终形成包含本工程全生命周期施工管理数字化信息的模型，并与各个信息化子系统有机结合、实现数据互联互通、相互融合，能有效指导、指挥建设与运营各个阶段的工作。

（1）BIM 与现代测绘技术有效结合，通过 BIM 模型与无人机倾斜影像、机载激光点云数据、正射影像资料的结合，真实高效地反映出项目位置原有的结构物与新建结构物关系，有力地解决传统工程建设面临的难题。

（2）BIM模型直观形象地展示出设计方案及与周边构筑物的位置关系，避免设计方案与已有构筑物之间的冲突，对方案的可行性起到关键作用。

（3）BIM三维设计可优化传统二维设计空间结构物之间的相互关系，有效地提高设计质量，并且确保设计方案的准确性与可行性。

（4）关键工点的设计方案，采用BIM技术进行多方案对比研究，进行车流、视距、净高等分析，为方案的比选提供参考，减少方案比选时交流沟通的困难，直观地表现出每一个方案的优缺点。

（5）利用BIM技术可以在关键、复杂的方案中结合实景地理信息，综合比较，选择最优布设方案。

（6）利用BIM与实景模型、VR等技术相融合，极大地发挥先进技术的组合效应，相关方可在虚拟的"真实环境"中讨论方案，有利于方案沟通和决策。

（7）开发项目全寿命周期BIM管理系统，制定从设计、施工、验收到运维各个阶段的数据格式、标准，建立各个单项工程数据模型，赋予各个模型各个阶段的图纸、施工与养护数据，为智慧化运维、预防性养护提供系统、完整的数据共享信息。

1.6.3 BIM的自身优势

1.6.3.1 沟通平台可视化

BIM的可视化将传统的二维模型转变为三维模型，将传统图纸上的线转化为三维空间的构件，可以清楚地展示项目的平面图、剖面图、立面图。在BIM建筑信息模型中，我们可及时发现设计错误，提高设计效率，使各方不再想象建筑，可以直观地看到建筑，更加清晰地表达建筑信息，方便沟通，减少建筑在设计、施工、运维过程中的沟通障碍，减少因错误理解造成的施工错误，减少返工，降低成本。

1.6.3.2 平台可协调

工程项目在设计时，往往由于各专业顾问之间的沟通不到位，而出现各专业系统的碰撞问题，例如建筑与结构的梁柱位置、结构与机电的开孔出梁等。像这样的碰撞问题的协调解决就只能在问题出现之后再进行解决吗？不是，透过 BIM 的协同平台就可以提前处理问题，用 BIM 建筑信息模型就可在建筑物建造前期对各专业的碰撞问题进行协调，生成协调数据，提出合理的解决方案。这是 BIM 技术在设计中的避误能力，也是 BIM 协调性的体现。在深化设计阶段应用 BIM 技术可进行碰撞检查，发现构件布置不当的地方，并进行修改协调建筑各构件布置，避免设计中出现的错误，提高设计质量。

1.6.3.3 计算机仿真性

可以通过 BIM 对设计上需要进行模拟的项目进行模拟试验，例如节能模拟、紧急疏散模拟、日照模拟、热能传导模拟等；对于招标、投标及施工阶段可以进行 4D 模拟（基于 3D 模型的时间控制），可进行流程模拟、空间规划、成本分析、冲突检查、设施维护、数量估算、资源分配等工作。依工程需求目的的不同而执行不同的作业，需求不同时，模型与信息自然就不一样。在确定目的与需求后，建筑师即可开始建立初步模型，待制定建筑与结构模型后，再交由电气与机械工程师进行 MEP（Mechanical, Electrical & Plumbing，机械、电气和管道）模型的建置，经会议确定分工及其流程后，各专业工程师即可自行进行 BIM 模型建置工作。完成各 BIM 模型经整合后，依靠专业人员的判断与沟通协调，即可检测模型彼此间发生重叠之处。同时还可以进行 5D 模拟（基于 4D 模型的造价控制），从而实现成本控制。还可以针对地震时人员逃生及消防人员疏散等进行逃生模拟演练。

1.6.3.4 模型可优化性

BIM 平台构建起来的信息模型，均是可优化的。优化受三项因素制约：信息、复杂程度和时间。没有准确的信息得不出合理的优化结果，

BIM模型提供了建筑物实际存在的信息，包括几何信息、物理信息、规则信息，还提供了建筑物变化以后的实际存在。复杂到一定程度，参与人员本身的能力无法掌握所有的信息，必须借助一定的科学技术和设备。现代建筑物的复杂程度大多超过参与人员本身的能力极限，BIM及与其配套的各种优化工具提供了对复杂项目进行优化的可能。BIM模型的优化有两点方向：

（1）项目方案优化：通过5D模拟，将设计和投资回报分析结合起来，实时计算出造价的变化，同时设计和保留多个设计方案，便于建设单位选择更好的设计方案。管线综合也是优化性的表现，通过管线综合可以减少设计错误，实现管线合理布置。

（2）特殊项目的优化：幕墙、屋顶、大空间的异型设计，这些异型设计施工难度大和施工问题多的地方，进行优化后可以带来显著的工期和造价改进。

1.6.3.5 输出种类多样性

设计单位除了要实现项目可视化外，常会遇到业主需要建筑模拟效果图的要求，但是效果图需花相当多的时间制作或外包给专业团队进行制作，并不是通过模型自动生成的。而BIM平台下的信息模型，可以根据不同的需求，将信息导出为多种形式。例如，为方便将图纸报有关部门进行审批，BIM技术的又一特点——可出图性得以展现，BIM技术相关软件可出具传统的二维图纸、管线布置图、碰撞检查图、建议改进方案等，使二维图纸和三维模型很好地衔接起来。同时，也可以将模型中非图形数据信息以报告的形式输出，如设备表、构件统计表、工程量清单、成本分析等。无论对模型中的什么信息进行修改，都可在报告中即时、准确全面地反映，极大地提高了劳动效率。另外，BIM技术相关软件之间有信息接口，可以方便地将模型导入其他软件，避免了重复建模。

1.6.4 BIM与CAD比较的优势

CAD（Computer Aided Design，计算机辅助设计）技术将建筑师、

工程师们从手工绘图推向计算机辅助制图，实现了工程设计领域的第一次信息革命。但是此信息技术对产业链的支撑作用是断点的，各个领域和环节之间没有关联，从整个产业整体来看，信息化的综合应用明显不足。BIM 是一种技术、一种方法、一种管理，既包括建筑物全生命周期的信息模型，同时又包括建筑工程管理。BIM 可将两者进行完美的结合来实现集成管理，它的出现将可能引发整个 A/E/C（Architecture/Engineering/Construction）领域的第二次革命。

BIM 技术较二维 CAD 技术的优势如表 1-6-1 所示。

表 1-6-1　CAD 与 BIM 技术比较优势

面向对象	CAD 技术	BIM 技术
基本元素	基本元素为点、线、面	基本元素如墙、窗、门等，不但具有几何特性，还具有建筑物理特征和功能特征
修改图元位置或大小	需要再次画图，或者通过拉伸命令调整大小	所有图元均为参数化建筑构件，附有建筑属性；在"族"的概念下，只需要更改属性，就可以调整大小尺寸、样式、材质、颜色等
各建筑元素的关联性	各个建筑元素之间没有相关性	各个构件是相互关联的，例如：删除一面墙，墙上的窗和门跟着自动删除；删除一扇窗，墙上原来的位置会自动恢复为完整的墙
建筑物整体修改	需要对建筑物各投影依次进行人工修改	只需要依次修改，则与之相关的平面、立面、剖面、三维视图、明细表等都自动修改
建筑信息的表达	提供的建筑信息非常有限，只能将纸质图纸电子化	包含了建筑的全部信息，不仅提供可视的二维和三维图纸，而且提供工程量清单、施工管理、虚拟建造、造价估算等更加丰富的信息

1.6.5 项目实施各阶段 BIM 应用要点

1.6.5.1 规划阶段

在规划阶段采用建筑信息模型（BIM）流程，有助于优化项目的走廊选择，明确功能定位和主要服务对象，缩短设计、分析和进行变更的时间。最终可以评估更多假设条件，利于高层抉择。

1.6.5.2 勘测阶段

多年来，国内外学者陆续将 BIM 技术及 GIS、GPS、北斗技术引入到公路勘测中，勘测和设计工具可以自动完成许多耗费时间的任务，有助于简化项目工作流程。使用 BIM 可以在更加一致的环境中完成所有任务，包括：直接导入原始勘测数据、最小二乘法平差、编辑勘测资料、自动创建勘测图形和曲面；能够以等高线或三角形的形式来展现曲面，并创建有效的高程和坡面分析。

1.6.5.3 设计阶段应用

1. 设计企业应用 BIM 的主要内容

（1）方案设计：使用 BIM 技术除了能进行造型、体量和空间分析外，还可以同时进行能耗分析和建造成本分析等，使得初期方案决策更具有科学性。

（2）初步设计：建筑、结构、交通、机电等各专业建立 BIM 模型，利用模型信息进行能耗、结构、声学、热工、日照等分析，进行各种干涉检查和规范检查，以及进行工程量、造价等统计。

（3）施工图设计：各种平面、立面、剖面图纸和统计报表都从 BIM 模型中得到。

（4）设计协同：设计有十几个甚至几十个专业需要协调，包括设计计划、互提资料、校对审核、版本控制等。

（5）设计工作重心前移：目前设计师 50%以上的工作量用在施工图设计阶段，BIM 可以帮助设计师把主要工作放到方案研究和初步设计阶段，使得设计师的设计工作集中在创造性劳动上。

2. 公路工程的设计阶段 BIM 主要工作

（1）道路建模。利用 BIM 可以帮助我们更高效地设计道路和高速公路工程模型，例如创建动态更新的交互式平面交叉路口模型。同时可以利用内置的部件（其中包括行车道、人行道、沟渠和复杂的车道组件），根据常用设计规范更迅速地设计环岛，包括交通标识和路面标线等。或者根据设计标准创建自己的部件。由于施工图和标注将始终处于最新状态，所以可以使设计者集中精力优化设计。

（2）工程量计算与分析。利用复合体积算法或平均断面算法，可更快速地计算现有曲面和设计曲面之间的土方量。使用生成的土方调配图表，可用以分析适合的挖填距离、要移动的土方数量及移动方向，确定取土坑和弃土堆的可能位置。从道路模型中可以提取工程材料数量，进行项目成本分析。

（3）自动生成施工平面图。如标注完整的横断面图、纵断面图和土方施工图等。使用外部参考和数据快捷键可生成多个图纸的草图。这样，在工作流程中便可利用与模型中相同的图例生成施工图纸。一旦模型变更，可以更快地更新所有设计图。

（4）轻松处理变更与评审。因为数据直接来自模型，所以报告可以轻松进行更新，更迅速地响应设计变更。如今的工程设计流程比以往更为复杂，设计评审通常涉及非 CAD 使用者，但同时又是对项目非常重要的团队成员，可以利用更直观的方式让整个团队的人员参与设计评审。

（5）多领域协作。道路工程师可以将纵断面、路线和曲面等信息直接传送给结构工程师，以便其在软件中设计桥梁、箱形涵洞和其他交通结构物。

1.6.5.4 施工阶段应用

目前，BIM 的应用在欧美发达国家正在迅速推进，并得到政府和行业的大力支持。如美国已制定国家 BIM 标准，要求在所有政府项目中推广使用。此外还制定了 IFC（Industry Foundation Classes）标准和 BIM 技术，并开始推行基于 BIM 的 IPD（Integrated Project Delivery，集成项目交付）模式。IPD 模式是在工程项目总承包的基础上，把工程项目的主要参与方在设计阶段集合在一起，着眼于工程项目的全生命期，基于 BIM 协同工作，进行虚拟设计、建造、维护及管理。如今，引入 IPD 理念和应用 BIM 技术，已成为当前国内施工企业打造核心竞争力的重要举措。目前，施工企业应用 BIM 的主要内容为：

（1）碰撞检查，减少返工。利用 BIM 的三维技术在前期进行碰撞检查，直观解决空间关系冲突，优化工程设计，减少在建筑施工阶段可能存在的错误和返工，而且优化净空，优化管线排布方案。最后施工人员可以利用碰撞优化后的方案，进行施工交底、施工模拟，提高施工质量，同时也提高了与业主沟通的能力。碰撞检测运用的软件主要是 Autodesk Naviswork。

（2）模拟施工，有效协同。三维可视化功能再加上时间维度，可以进行进度模拟施工，随时随地直观快速地将施工计划与实际进展进行对比，同时进行有效协同。这样项目参建方都能对工程项目的各种问题和情况了如指掌，从而可减少建筑质量问题、安全问题，减少返工和整改。利用 BIM 技术进行协同，可更加高效地进行信息交互，加快反馈和决策后传达的周转效率。利用模块化的方式，在一个项目的 BIM 信息建立后，下一个项目可类比地引用，达到知识积累的目的，同样的工作只做一次。施工模拟软件主要是 Bentley Navigator。

（3）三维渲染，宣传展示。三维渲染动画，可通过虚拟现实让客户有代入感，给人以真实感和直接的视觉冲击，配合投标演示及施工阶段调整实施方案。建好的 BIM 模型可以作为二次渲染开发的模型基础，大大提高了三维渲染效果的精度与效率，给业主更为直观的宣传介绍，在投标阶段可以提升中标概率。

（4）知识管理。保存信息模拟过程可以获取施工中不易被积累的知识和技能，使之变为施工单位长期积累的知识库内容。

另外，通过基于 BIM 的碰撞检测与施工模拟，可进行结构构件及管线综合的碰撞检测和分析，并对项目整个建造过程或重要环节及工艺进行模拟,可以提前发现设计中存在的问题,减少施工中的设计变更,优化施工方案和资源配置。目前常用的碰撞检测与施工模拟软件主要是 Autodesk Naviswork 和 Bentley Navigator。

1.6.5.5 运维养护阶段应用

2019 年 10 月 1 日上午,正在全国人民庆祝中华人民共和国成立 70 周年的时候,台湾宜兰县的南方澳跨海大桥发生了垮塌。南方澳大桥是一座双叉式单拱的钢拱桥,跨越南方澳渔港,主跨 140 m,桥宽 15 m,于 1987 年建成。在跨中有一个吊索出现了突然断裂,当一个拱桥的吊索出现断裂时,会伴随着较大的声音,同时原来在吊索中存在的内力会突然释放出来,相当于突然在拱桥上施加一个瞬时的外力。这个瞬时的荷载,会让拱桥产生较大的冲击与振动。如果其他吊索也存在一定的病害,就会被突然拉断。桥面设计时仅考虑悬吊在吊索上。当吊索出现断裂时整个桥面就会出现承载力不足而开裂甚至向下垮塌的现象,随着桥面的向下垮塌,主梁变形进一步加大,在跨中部位出现了非常大的弯矩,最终在跨中形成了一个塑性铰,进而出现桥面折断。

随着桥面的进一步向下垮塌,原来水平的直梁变成了弯曲的曲梁,进而造成桥面系在水平向的长度发生了变化,并将主拱圈拉离了支座,造成主拱圈滑入水中。随着主拱圈的进一步垮塌,整个桥梁落到了海面,出现较大的水花。随着拱桥碰到支撑物(渔船)或海床,桥面系开始停止运动,但上部的拱圈在巨大的动能作用下继续向下运动,进而将主拱圈的薄弱环节折断。拱桥的吊索,实际上处于很恶劣的工作环境中。当车辆或其他荷载经过时,吊索不仅是承担主拱圈与桥面系的振动,还要承受自身的横向振动。与此同时,由于空气中含有大量的水分(包括部分酸雨),造成吊索及其锚固构件出现腐蚀,实际的使用寿命只有 10 ~ 20 年。桥梁界的同行们通过很多手段可以检测到吊索、拱脚、水下基础、桥面等病害。吊索等各个部位的检测、监测与预防性养护,引起了业界对加快养护工作信息化监测、监控、及时养护管理的高度重视。

多年来,国内外学者陆续将 BIM 技术及 GIS 技术引入到公路信息化管理中，在公路建设、路政执法和资产管理方面取得了较好的效果。美国联邦公路局将 GPS、GIS 及多媒体视频等技术应用到公路资产管理，可以迅速定位查看损坏的公路资产视频，保证了道路的安全性。

目前，我国公路养护系统一般采用传统的二维地图显示方位信息。公路系统内包括运营、路政、养护等多个部门，各个部门有各自的信息系统，彼此之间的数据也是由各自部门维护，它们采用不同的数据格式和交换格式，这导致数据无法整合到统一的地理数据平台上进行有效共享，从而使得部门之间难以实现高效协同。

高速公路智慧化运营维护是在高速公路重要结构物传统养护管理的基础之上，引入基于 BIM 的信息化、网络化、参数化的技术手段，建立各管养参与方共享的协同管理平台。其主要思路如下：实现结构物基本数据的继承与共享，结构物信息由设计阶段传递到施工阶段，最终传递到运营阶段；建立协同工作数据库集成各参与方的项目信息，实现数据的共享、传递与操作权限，引入可优化的结构物运营期相关参数。结构物建设、运营、养护等各阶段的信息都需要信息载体，以所建立的 BIM 模型为载体，对各阶段的信息进行整合形成信息模型。根据所建立的信息模型实现运营阶段的设施设备管理、用户管理、方案优化、养护进度控制、防灾减灾等功能。基于国内外高速公路运营管理的先进经验总结，结合当前 BIM 的发展趋势，在对公路及其重要控制性工程进行深入研究分析的基础上，构建基于参数化智能技术的高速公路运营管理平台，以优化高速公路的运营管理。其主要内容如下：

（1）国内外高速公路的运营管理方案及平台。

知己知彼，方可运筹帷幄。通过梳理分析国内外高速公路运营管理方案及平台，总结其在机构设置、平台搭建等方面的先进经验，为本课题构建雅康高速公路参数化智能管理运营平台提供逻辑框架设计及系统平台构建等方面的经验借鉴，同时关注其他高速公路运营管理方案和平台的短处或不足，总结错误教训，避免重蹈覆辙。

（2）当前高速公路运营管理的现状及存在的问题。

梳理当前国内高速公路运营管理的主要流程以及内容，并通过调研访谈的方式了解当前国内高速公路运营管理存在的问题，然后对存在的问题进行深入分析；另外，基于文献查阅的方式，把握该领域的先进技术走向，紧跟技术发展趋势，奠定课题研究的现实基础。

（3）高速公路运营管理平台相关的参数化智能技术。

课题依托雅康高速重大节点工程，收集相应工程资料，根据图纸等基本资料建立隧道、桥梁、大型互通等构造物的 BIM 模型，模型精度等级为 LOD4.5。各种构造物包含基本元素，如隧道主要内容包括山体、隧道（隧道入口、隧道洞内、隧道出口）、消防水池、横通道（车行横通道、人行横通道）、隧道竖井、隧道洞口变电所、隧道洞内变电所、隧道洞内救援点、隧道控制柜、应急停车带、通风管道、消防管道、洞内景观带等；机电设备的布置、几何属性、数量等完全参照机电图纸，包括标志类设施。对于设有健康监测装置的构造物，则建立相应的传感器、监测器单元。

（4）参数化智能高速公路运营管理平台设计。

在高速公路重要结构物传统养护管理的基础之上，引入基于 BIM 的信息化、网络化、参数化的技术手段，建立各管养参与方共享的协同管理平台。具构建思路主要如下：实现结构物基本数据的继承与共享，结构物信息由设计阶段传递到施工阶段，最终传递到运营阶段，建立协同工作数据库集成各参与方的项目信息，实现数据的共享、传递与操作权限，引入可优化的结构物运营期相关参数。结构物建设、运营、养护等各阶段的信息都需要信息载体，以所建立的 BIM 模型为载体，对各阶段的信息进行整合形成信息模型。根据所建立的信息模型实现运营阶段的设施设备管理、用户管理、方案优化、养护进度控制、防灾减灾等功能。

（5）参数化智能高速公路运营管理平台的应用示范。

依托具体工程，基于结构物运营管理系统框架，完善模型层、数据层相关信息，并建立相应功能模块，通过统一数据格式，实现 BIM 技术在结构物养护、运营期的参数化智能应用。目前最有效的方式是将 BIM 和 GIS 结合起来，利用移动数据采集系统提供道路养护检测所需要的数据，再通过利用统一的数据标准，实现地理设计和 BIM 相结合，在此基础上建立基于 BIM 的交通设施资产及运营养护管理系统。利用整合后的 BIM 模型信息，将公路资产管理与养护集成到三维可视化平台，同时基于 BIM 模型，提出预防性养护决策模型，为公路资产管理、道路养护管理等提供管理决策平台。

① 空间管理。空间管理主要应用于照明、消防等各系统和设备空间定位，获取各系统和设备空间位置信息，把原来的编号或者文字表示变成三维图形位置，直观形象且方便查找。

② 设施管理。设施管理主要包括设施的装修、空间规划和维护操作。美国国家标准与技术协会（NIST）于 2004 年进行了一次研究，业主和运营商在持续设施运营和维护方面耗费的成本几乎占总成本的三分之二。而 BIM 技术的特点是，能够提供关于建筑项目的协调一致的、可计算的信息，因此该信息非常值得共享和重复使用，且业主和运营商便可降低由于缺乏互操作性而导致的成本损失。此外，还可对重要设备进行远程控制。

③ 隐蔽工程管理。在建筑设计阶段会有一些隐蔽的管线信息是施工单位不关注的，或者说这些资料信息可能在某个角落里，只有少数人知道。特别是随着建筑物使用年限的增加，人员更换频繁，这些安全隐患显得日益突出，有时直接酿成悲剧。基于 BIM 技术的运维可以管理复杂的地下管网，如污水管、排水管、网线、电线以及相关管井，并且可以在图上直接获得相对位置关系，当改建或二次装修的时候可以避开现有管网位置，便于管网维修、更换设备和定位。内部相关人员可以共享这些电子信息，有变化可随时调整，保证信息的完整性和准确性。

④ 应急管理。基于 BIM 技术的管理不会有任何盲区。公共建筑、大型建筑和高层建筑等作为人流聚集区域，突发事件的响应能力非常重要。传统的突发事件处理仅仅关注响应和救援，而通过 BIM 技术的运维管理对突发事件管理包括预防、警报和处理。通过 BIM 系统我们可以迅速定位设施设备的位置，避免了在浩如烟海的图纸中寻找信息，如果处理不及时，将酿成灾难性事故。

⑤ 节能减排管理。BIM 结合物联网技术的应用，使得日常能源管

理监控变得更加方便。安装具有传感功能的电表、水表、煤气表后，可以实现建筑能耗数据的实时采集、传输、初步分析、定时定点上传等基本功能，并具有较强的扩展性。系统还可以实现室内温湿度的远程监测，分析房间内的实时温湿度变化，配合节能运行管理。在管理系统中可以及时收集所有能源信息，并且通过开发的能源管理功能模块，对能源消耗情况进行自动统计分析，比如各区域、各户主的每日用电量、每周用电量等，并对异常能源使用情况进行警告或者标识。

1.6.6 开发建立 BIM 智慧化检测系统

经认定符合要求的专业化检测公司可以开发建立 BIM 智慧化检测系统，建立智慧检测站。智慧检测站是一个检测、监测网上预约平台。该平台基于顾客需求，运用先进的信息技术应用、搜集各个单项工程实施和运行过程中的各项关键信息，并利用大数据技术及时进行信息的筛选、整理和挖掘，从而实现对客户、管理人员、产品、设备、渠道、营销、环保等的智能响应和指挥决策。

智慧检测站以支付宝、微信两大日常社交软件为入口，通过搜索"智慧检测站"，可以随时掌握每个检测站的闲忙时段与检测项目，当预约完成后，即可享受简化填单环节、到站专人接待、专用预约检测等服务，可节约大量人力、物力，保证检测的客观公正和数据的准确。云存储与每个构筑物的 BIM 模型结合，可以为运营养护时机提供动态数据，为预防性养护提供系统、完整、可靠的基础信息。

1.6.7 开发应用 BIM+智慧工地平台

BIM+智慧工地监管平台（以下简称"监管平台"）是基于施工项目部的数据、以 BIM 为载体上传的智慧建造平台。智慧建造平台（由北京中科建华科技有限公司研发）除拥有自主开发的软件功能模块外，还整合了全国各软件开发商开发的各个相关子系统；可根据各单位的业务管理需求选择子系统，实现对数据提取分析整理，实现对项目的智慧建造管理；在项目智慧建造过程中可对项目实现精细化建造管理。平台集成项目施工过程中的进度、质量、安全、物料、劳务、资料文档等数据，利用 BIM 模型的形象直观、物联网的智能感知特性，可对施工过程中的进度管理、现场协调、材料管理、劳务管理等关键过程进行有效监管，保障对整个项目群管理中的有效决策、风险控制和精细管理。

平台变革了传统项目的监管模式和协同机制，优化了项目在施工过程中的各生产要素，提高了项目进度、质量安全等项目管控水平和能力，从而达到项目浪费的最小化，提升工程质量，实现价值最大化。

1.6.7.1 应用目标

（1）创优目标：项目施工过程中全面推进信息化技术运用，保证运用的完整性、系统性及创新性，确保当地示范工地、省级文明示范工地项目。

（2）人才目标：通过引入数字化、信息化管理手段在岗位以及项目级的落地应用，促进项目全体人员对于新技术的了解及认识，积累项目管理经验，探索基于数字化模式下的项目管理新思路，并为公司培养输出一批新技术应用型管理人才。

（3）经济效益：通过项目智能化硬件应用和信息化平台的管理，降低人为控制因素的影响，提高项目管理水平，从而达到控制成本的目的，为项目节约成本 0.5%左右。

1.6.7.2 BIM+智慧工地平台应用价值

（1）价值一：促生产——业务交圈，应用深化。

① 以进度为主线，统筹生产要素。BIM+智慧工地平台以进度为主线，能将人机料法环等生产要素信息通过各自独立的智慧工地子系统与工程进度关联。例如，进度计划的任务所需资源分解，可与劳务用工（进场）数量（劳务实名制系统）、材料进场（物料验收及物资管理系统）数量做关联对比分析。

② 以模型为基础，BIM 深化应用。BIM+智慧工地平台对 BIM 技术的应用，可将进度计划与实际对比执行情况以指标形式呈现，并可将 BIM 模型在浏览器端实现轻量化应用，如图 1-6-4 所示。

图 1-6-4　实际模型呈现

③ 项目施工日报，信息自动获取。BIM+智慧工地平台对工程每天的执行情况做实时统计，替代人为统计，保证信息的准确及时。例如，项目生产经理每天统计施工员或工长的工程进展情况，可从 BIM+智慧工地平台中直接获取，如图 1-6-5 所示。

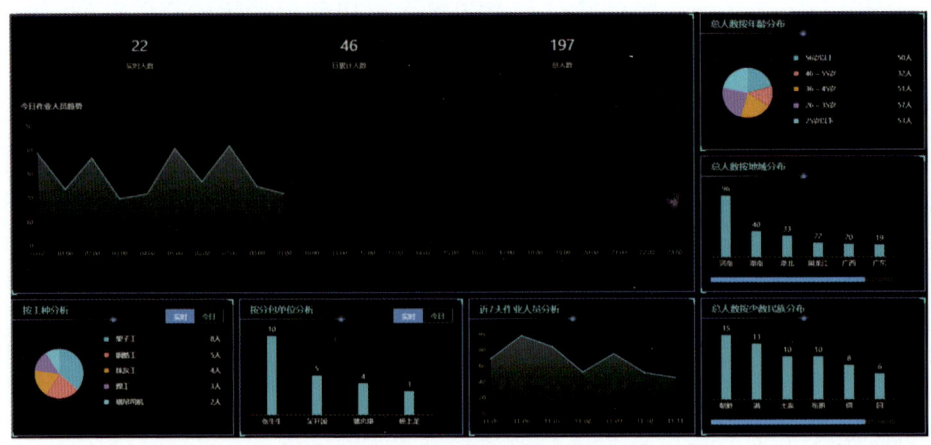

图 1-6-5　分类统计

（2）价值二：控成本——指标清晰，过程追溯。

① 为成本为中心，量价都能管控。BIM+智慧工地平台集成项目管理系统或手工成本报表，将成本指标动态更新，并可追溯至管理过程。例如，收支合同综合分析、成本对比分析可追溯至合同和成本明细，便于分析根本原因。

② 历史信息积累，把握变化趋势。BIM+智慧工地平台通过整合项目管理系统成本偏差分析，可将自开工以来的成本降低率变化做趋势分析。例如，成本偏差分析可将每期（月/季）成本降低率做表格和图形统计，便于掌控成本变化走向。

③ 项目商务月报，信息实时获取。BIM+智慧工地平台将项目商务（经营）情况做实时统计，简化手工工作，减少人为统计偏差。例如，项目商务/经营经理每月统计项目的经营情况，可从 BIM+智慧工地平台中直接获取。

（3）价值三：提效能——集成应用，整合信息。

① 多种应用，集成协同。BIM+智慧工地平台集成智慧工地的多种碎片化应用系统，协同应用本无联系的各独立系统，发挥综合价值，如图 1-6-6 所示。例如，环境监测系统的数据可以反映环境的现场生产的整体影响。

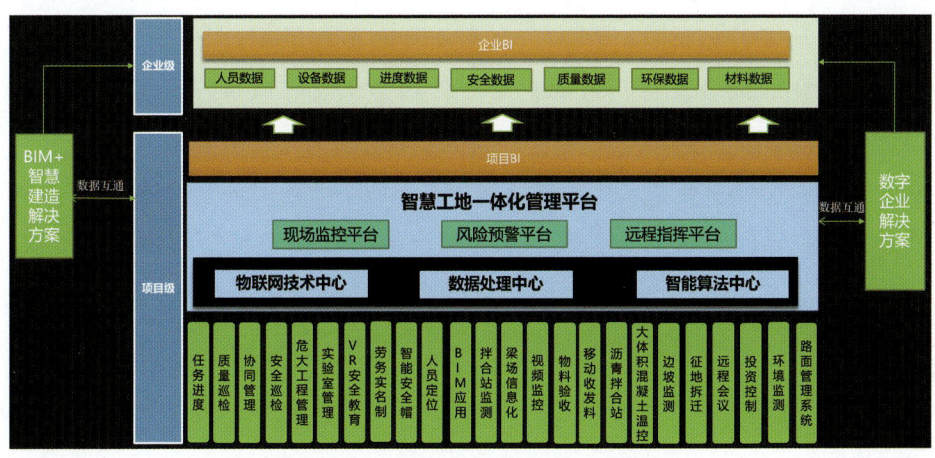

图 1-6-6 智慧工地平台整体架构

② 信息收集，整合共享。BIM+智慧工地平台整合各智慧工地子系统的数据信息，将项目目标执行情况共享给项目管理决策团队，提升信息利用效率。例如，项目部生产经理直接通过 BIM+智慧工地平台了解劳务工人进场以及工种分布，而不再需要打开劳务实名制系统查找数据信息。

③ 一个平台，互通互联。BIM+智慧工地平台为项目管理团队提供单一信息入口，各团队成员对项目进展一目了然，信息对称，便于作出更加科学的管理决策。例如，以往的项目商务人员不了解现场生产等信息，现场生产人员不了解项目经营情况，容易造成工作计划中的目标冲突。

（4）价值四：防风险——量化评价，主动防范。

① 项目管理评价，自检自评打分。BIM+智慧工地平台手机 APP 端可将项目指标执行情况做自检打分评价，及时发现偏差并及时改进优化。例如，项目管理决策者可实时自检项目的当前项目管理评价得分，并了解丢分项，督促相关部门及时作出整改优化。

② 设置管理阈值，偏差主动提示。BIM+智慧工地平台可根据项目决策者和管理者要求设置各管理条线的预警阈值，系统自动判断，一旦触发即主动提示相关方。例如，严重安全隐患数量超过一定标准，系统通过已设置的预警信息，主动提示项目安全总监等项目管理团队相关人员进行处理。

③ 管理要素变化，分析整体影响。BIM+智慧工地平台可根据经验算法，提前分析出某个生产要素变化情况对项目相关指标的影响。例如，项目管理系统中某项主材采购合同价格对于项目整体成本降低率的影响，以便及时采取预防和应对措施。

BIM＋智慧建造业务全景如图 1-6-7 所示。

第1章 绪 论

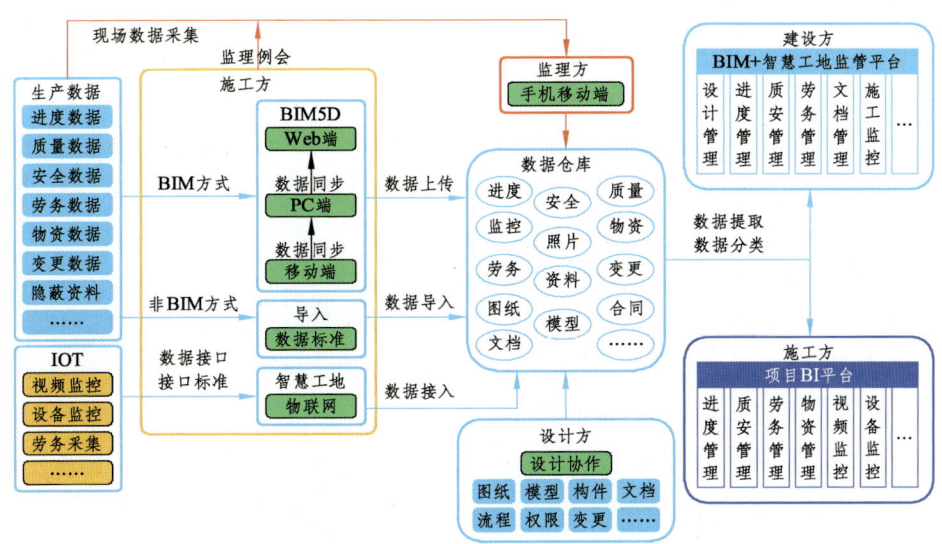

图 1-6-7　BIM+智慧建造业务全景

1.6.8　BIM 与工程项目管理信息系统结合

建筑信息模型（BIM）作为建筑信息技术新的发展方向，与传统的工程项目管理信息系统相比有不可比拟的优势。它是指在开放的工业标准体系下实现物理及功能特征，及其相关的建筑项目全生命周期的可计算或可运算的表现形式。BIM 技术是以三维数字技术为基础，通过一个共同的标准集成建筑工程项目各种相关信息的工程数据模型。作为一项新的计算机软件技术，BIM 从 CAD 扩展到了更多的软件程序领域，如工程造价、进度安排，还蕴藏服务于设备管理等方面的潜能。BIM 技术给建筑行业的管理信息化建设提供了更多的智能工具，如果与目前的工程项目管理信息系统相结合，将给建筑行业的管理信息化建设增添智能化的色彩，势必为建筑企业的管理信息化带来新的应用天地。

传统的工程项目管理信息系统主要站在企业经营管理的角度对工程项目在实施过程中的进度产值、成本、合同、物资、设备、质量、安全及资金等职能业务进行管理，主要是数据形式体现经营状况，可视化程度不高，企业经营管理者难以直观、快速、系统地分析工程项目的实施进度、成本及资源消耗情况。

在高速公路营运智慧公众服务方面，四川交投川高公司携手高德地图与阿里云于 2019 年 9 月 25 日在成都联合发布智慧高速解决方案，并在成都绕城高速首先落地，意味着国内首条智慧驱动、畅通安全、服务贴心的成都绕城高速出行服务体验升级。这次"官宣"，意味着首条"智慧高速"打造有了初步成果。智慧高速解决方案不但提高了高速公路运行监测与异常处置的工作效率，还显著地提高了公众出行服务水平。升级后的高速路网信息很多由视频人工智能、物联网等高科技手段自动采集，实现秒级更新发布，信息服务具有信息准、有图片、有声音的特点，"更快捷、更贴心、更文明"。

第 2 章 公路工程项目 BIM 技术应用方案

企业在应用 BIM 技术进行项目管理时,需明确自身在管理过程中的需求,并结合 BIM 本身特点确定 BIM 辅助项目管理的服务目标,如图 2-0-1 所示。

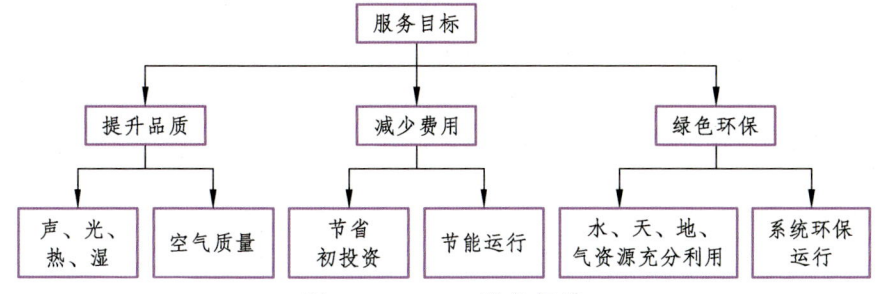

图 2-0-1　BIM 服务标准

BIM 技术在项目中的应用点众多,各个公司不可能做到样样精通,若没有服务目标而盲目发展 BIM 技术,可能会出现在弱势技术领域过度投入的现象,从而产生不必要的资源浪费。只有结合自身建立有切实意义的服务目标,才能有效提升技术实力,在 BIM 技术快速发展的趋势下占有一席之地。

为完成 BIM 应用目标,各企业应紧随建筑行业技术发展步伐,结合自身在建筑领域全产业链的资源优势,确立 BIM 技术应用的战略思想。如某施工企业根据其"提升建筑整体建造水平、实现建筑全生命周期精细化动态管理、实现建筑生命周期各阶段参与方效益最大化"的 BIM 应用目标,确立了"以 BIM 技术解决技术问题为先导、通过 BIM 技术实现流程再造为核心,全面提升精细化管理,促进企业发展"的 BIM 技术应用战略思想。

2.1　BIM 技术应用目标

2.1.1　总体目标

BIM 的推广应用是一个长期的过程,是一个系统工程,涉及的因素很多，其最大价值的实现需要整个行业的技术更新和管理模式的转变。因此，推进 BIM 的应用，必须既要考虑短期的应用成果，又要考虑长期发展的需求；既要考虑自身应用的需求，还要考虑上下游关联单位的应用需求。鉴于此，本项目的 BIM 应用需要在方案设计阶段进行深化推进，以进一步掌握 BIM 技术在施工阶段的作用，进一步提升其在后期道路工程管理方面的作用。按照招标文件 BIM 应用要求：本项目须根据建设主管部门要求，按照建筑信息模型（BIM）技术应用以及工业化、装配式建设要求进行设计。BIM 技术应用应持续项目全过程，即从项目方案设计至实施完成，包含项目全专业，并提交供运维使用的 BIM 成果。BIM 技术应用应采用主流设计平台，确保后期成果资料的有效传递，同时应满足如下要求。

（1）应保证 BIM 技术平台、模型文件格式等与发包人、总体设计单位的要求一致或兼容。

（2）应保证 BIM 模型交付的准确性。

（3）交付的 BIM 模型几何信息和非几何信息应有效传递。

（4）交付的 BIM 模型应满足设计各阶段、各专业模型等级的深度。

（5）交付物中 BIM 模型和与之对应的信息表格和相关文件共同表达的内容深度，应符合现行《市政公用工程设计文件编制深度规定》的要求。

（6）交付物中图纸和信息表格宜由 BIM 模型生成。

（7）交付物中的信息表格内容应与 BIM 模型中的信息一致。

（8）交付的 BIM 模型建模坐标应与真实工程坐标一致。一些分区模型、构件模型未采用真实坐标时，宜采用原点（0，0，0）作为特征点，并在工程使用周期内不得变动。

（9）勘察工作应提交既有管线探查成果的三维模型，以确保交付物 BIM 模型中包含既有管线信息（包含但不限于管线坐标、种类、管径、高程等信息）。

（10）基坑支护设计应提交相应三维模型，确保交付物 BIM 模型与设计信息一致。

（11）交付的 BIM 模型应与前期的倾斜摄影成果形成有效的融合，应体现项目修建前后沿线道路变化信息，以及所在区位的城市形态信息（包含但不限于城市建设及非建设信息、绿地信息、红线信息、周边主要路网信息）。

（12）满足建设单位及行政主管部门的要求。

（13）满足国家和行业相关规范及规定的要求。

2.1.2　方案研究阶段 BIM 技术应用目标

2.1.2.1　推荐方案 BIM 技术应用主要目标

完成本项目推荐方案的 BIM 模型，模型能够提供包含场地、道路、桥梁、立交、服务区、涵洞及交通安全设施等三维可视化模型。模型相较于初步设计阶段模型具有更高精度，上述所有工程的几何信息等数据信息、项目的真实地理坐标系，能够 360°任意旋转查看。具体要求如下：

1. 场　地

现有场地模型包含用地红线、现状地形、既有建（构）筑物（如铁路、地铁和周边建筑等）等简单几何形体表达。设计场地模型包含设计地形、新（改）建工程和设施等，与现有场地的关系，能够提供可视化的模拟分析数据。

2. 道　路

道路模型包含平纵横断面信息（道路超高等）、路面结构（结构组成及厚度等信息）、路基及边坡防护工程（路基处理和边坡坡率等）、排水工程（边沟等）、防护工程（挡土墙等）等模型，模型具有工程属性等信息。

3. 桥　梁

桥梁模型包含主线桥梁、分离式天桥、渡槽等项目区所有桥梁工程。

具体模型表述为桥梁上部结构的细部，墩柱、桥台及基础的细部构造，桥梁附属结构细部构造。模型应具有桥梁主要结构控制尺寸（桥梁全长、跨度、桥宽等）、各主要部位的标高（基础顶、墩台顶及道路设计中心线等部位）、除预应力钢束外的钢筋工程（钢筋工程可选取某一个互通式立交的桥梁下部结构配筋进行试点应用）等属性信息。

4. 立　交

立交模型包含互通式立交和分离式立交模型。模型应符合上述道路和桥梁模型要求，此外还应包含立交的详细尺寸、排水及渠化方式等立交模型信息。

5. 涵　洞

涵洞模型包含车行通道、人行通道、排水涵洞等项目区所有涵洞工程，具体模型表述为涵洞的类型、轮廓尺寸及总体布置等工程信息。可选取某一互通立交范围内的涵洞作为涵洞钢筋工程应用试点。

6. 交通安全设施

交通安全设施模型包含设计工程中承担的交通安全设计内容及沿线其他设施（如道路标线、标志标牌及照明监控设施等），在初步设计 BIM 模型的基础上进一步丰富各构件的属性信息（如详细的几何尺寸等信息）。

2.1.2.2　比选方案阶段 BIM 技术应用主要目标

根据需求对比选方案进行 BIM 模型建立，具体要求如下：

1. 道　路

道路模型包含平纵横断面信息、简单路面结构、路基及边坡等模型，模型具有工程属性等信息，如图 2-1-1、图 2-1-2 所示。

第 2 章　公路工程项目 BIM 技术应用方案

图 2-1-1　雅康高速公路止点段路线 BIM 模型

图 2-1-2　四川巴陕高速公路边坡景观工程

2. 桥　　梁

桥梁模型包含所有桥梁工程。具体模型表述为桥梁上部结构与下部结构的几何构造。模型应具有桥梁主要结构控制尺寸（桥梁全长、跨度、桥宽等）、各主要部位的标高（基础顶、墩台顶及道路设计中心线等部位）等属性信息，如图 2-1-3 所示。

图 2-1-3　汶马高速公路克枯钢桁梁特大桥（含互通桥梁总长 3.7 km）

3. 隧　　道

隧道模型包含洞身、洞口、路面、通风通道、车行及人行横通道。模型应具有隧道主要结构控制尺寸（全长、跨度、宽宽等），各主要部位的标高、机电设施布置、钢筋与预埋管线、强电与弱电电缆等属性信息，如图 2-1-4 所示。

图 2-1-4　雅康高速公路隧道景观工程

4. 立 交

立交模型包含互通式立交和分离式立交模型。模型应符合上述道路和桥梁模型要求,此外还应包含立交的几何尺寸等立交模型信息,如图 2-1-5 所示。

图 2-1-5　汶马高速公路汶川枢纽互通 BIM 设计方案

5. 交通工程

交通工程模型包括交通安全设施和机电设计及沿线其他设施,如房建、收费棚、消防救援、道路标线、标志标牌等,如图 2-1-6 所示。

图 2-1-6　成都某路口交通安全设施布置

2.1.2.3 三维实景模型

对比选案和推荐方案进行无人机航拍或激光扫描来生成三维实景模型。通过实景模型与 BIM 模型的结合真实高效地反映出项目位置原有的结构物与新建结构物关系，方便解决传统工程面临的难题，并且可以通过不同方案的 BIM 与实际环境的结合来展现出方案之间的优势。推荐对红色两侧的区域进行航拍或激光扫描（具体航拍面积需依据实际项目需要和预算综合考虑），生成原设计方案与推荐方案的 BIM 漫游视频，通过三维可视化的不同角度展现两个不同方案之间的效果对比，如图 2-1-7 所示。

图 2-1-7　航拍实景案例

2.1.3　初步设计阶段 BIM 技术应用目标

项目方案确定以后，对 BIM 方案模型进行深化，形成初步设计阶段更为详细、准确的 BIM 模型。

利用 BIM 模型碰撞检查等功能对设计图纸进行审查，确保设计图纸与 BIM 模型准确无误。

通过设计图纸及 BIM 模型来指导施工，确保施工质量。

将本阶段掌握的 BIM 技术和经验推广到本工程全线其他工点或其他项目中去。

2.1.4　施工图设计阶段及施工阶段 BIM 技术应用目标

施工图设计及施工阶段 BIM 技术应用的主要目标是：
（1）完成本项目的 BIM 施工模型。
（2）采用 BIM 施工管理平台对本项目的施工过程进行信息化管理应用。
（3）掌握主要的 BIM 软件，培养后期的技术应用和管理队伍。

2.1.5　运维阶段 BIM 技术应用目标

在后期公路工程养护管理阶段，进一步挖掘 BIM 技术的价值，将本阶段掌握的 BIM 技术和经验推广到集团公司及其他工程项目中去。

2.2　BIM 应用组织机构

在项目建设过程中，需要有效地将各种专业人才的技术和经验进行整合，让他们各自的优势和经验得到充分发挥，以满足项目管理的需要，提高管理工作的成效。为更好地完成项目 BIM 应用目标，响应企业 BIM 应用战略思想，需要结合企业现状及应用需求，先组建能够应用 BIM 技术提高项目工作质量和效率的项目级 BIM 团队，进而建立企业级 BIM 技术中心，以负责 BIM 知识管理、标准与模板、构件库的开发与维护、技术支持、数据存档管理、项目协调、质量控制等。

2.2.1　项目级 BIM 团队的组建

一般来讲，项目级 BIM 团队中应包含各专业 BIM 工程师、软件开发工程师、管理咨询师、培训讲师等。项目级 BIM 团队的组建应遵循以下原则：

（1）BIM 团队成员有明确的分工与职责，并设定相应奖惩措施。

（2）BIM 系统总监应具有建筑施工类专业本科以上学历，并具备丰富的施工经验、BIM 管理经验。

（3）团队中包含建筑、结构、机电各专业管理人员若干名，要求具备相关专业本科以上学历，具有类似工程设计或施工经验。

（4）团队中包含进度管理组管理人员若干名，要求具备相关专业本科以上学历，具有类似工程施工经验。

（5）团队中除配备建筑、结构、机电系统专业人员外，还需配备相关协调人员、系统维护管理员。

（6）在项目实施过程中，可以根据项目情况，考虑增加团队角色，如增设项目副总监、BIM 技术负责人等。

2.2.2　BIM 人员培训

在组建企业 BIM 团队前，建议企业挑选合适的技术人员及管理人员进行 BIM 技术培训，了解 BIM 概念和相关技术，以及 BIM 实施带来的资源管理、业务组织、流程变化等，从而使培训成员深入学习 BIM 在施工行业的实施方法和技术路线，提高建模成员的 BIM 软件操作能力，加深管理人员 BIM 施工管理理念，加快推动施工人员由单一型技术人才向复合型人才转变。进而将 BIM 技术与方法应用到企业所有业务活动中，构建企业的信息共享、业务协同平台，实现企业的知识管理和系统优化，提升企业的核心竞争力。BIM 人员培训应遵循以下原则：

（1）关于培训对象，应选择具有建筑工程或相关专业大专以上学历、具备建筑信息化基础知识、掌握相关软件基础应用的设计、施工、运维技术和管理人员。

（2）关于培训方式，应采取脱产集中学习方式，授课地点应安排在多媒体计算机房，每次培训人数不宜超过 30 人，为学员配备计算机，在集中授课时，配有助教随时辅导学员上机操作。技术部负责制订培训计划、组织培训实施、跟踪检查并定期汇报培训情况，培训最后要进行考核，以确保培训的质量和效果。

（3）关于培训主题，应普及 BIM 的基础概念，从项目实例中剖析 BIM 的重要性，深度分析 BIM 的发展前景与趋势，多方位展示 BIM 在实际项目操作中与各个方面的联系；围绕市场主要 BIM 应用软件进行培训，同时要对学员进行测试，将理论学习与项目实战相结合，并要及时反馈学员的培训状况。

BIM 在项目中的工作模式有多种，总承包单位在工程施工前期可以选择在项目经理部组建 BIM 团队，完成项目中一切 BIM 技术应用（建模、施工模拟、工程量统计等）；也可以选择将 BIM 技术应用委托给第三方单位，由第三方 BIM 单位团队负责 BIM 模型建立及应用，并与总承包单位各相关专业技术部门进行工作对接。总包单位可根据需求，选择不同的 BIM 工作模式，并成立相应的项目级 BIM 团队。

2.2.3　BIM 团队建设的应用实例

为加深对 BIM 组织结构的理解，下面对某项目 BIM 团队建立进行介绍，可作为企业 BIM 团队组建的参考依据。

该项目工程量大，根据需求选择的 BIM 工作模式在项目经理部组建自己的 BIM 团队，在团队成立前期进行项目管理人员和技术人员的 BIM 基础知识培训工作。团队由项目经理牵头，团队成员由项目经理部各专业技术部门、生产、质量、预算、安全和专业分包单位组成，共同落实 BIM 应用与管理的相关工作。项目经理部整体组织机构如图 2-2-1 所示，其中 BIM 实施团队具体人员、职责及 BIM 能力如表 2-2-1 所示。

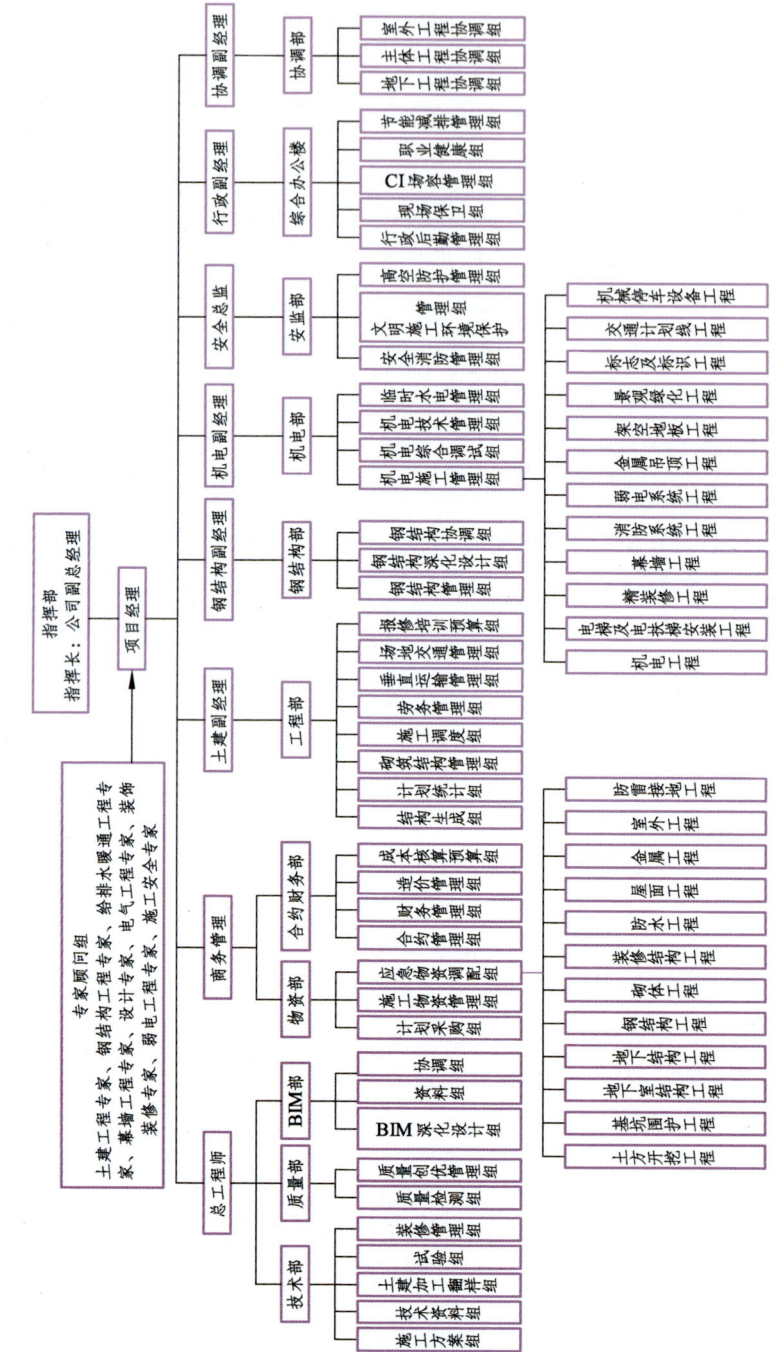

图 2-2-1 项目经理部整体组织机构

第 2 章　公路工程项目 BIM 技术应用方案

表 2-2-1　实施团队一览

团队角色	姓名	电话	BIM 工作及责任	BIM 能力要求
项目经理			监督、检查项目执行进展	基本应用
BIM 小组组长			制订 BIM 实施方案并监督、组织、跟踪	基本应用
项目副经理			制订 BIM 培训方案并负责内部培训考核、评审	基本应用
测量负责人			采集及复核测量数据，为每周 BIM 竣工模型提供准确数据基础；利用 BIM 模型导出测量数据指导现场测量作业	熟练运用
技术管理部			利用 BIM 模型优化施工方案，编制三维技术交底	熟练运用
工程设计部			运用 BIM 技术展开各专业深化设计，进行碰撞检测并充分沟通、解决、记录；图纸及变更管理	精通
BIM 工作室			预算及建立、维护、共享、管理施工 BIM 模型；各专业协调、配合；提交阶段竣工模型，与各方沟通；建立、维护、每周更新和传送问题解决记录（IRL）	精通
施工管理部			利用 BIM 模型优化资源配置组织	熟练运用
机电安装部			优化机电专业工序穿插及配合	熟练运用
商务合约管理部			确定预算 BIM 模型建立的标准，利用 BIM 模型进行对内、对外的商务管控及内部成本控制，三算对比	熟练运用
物资设备管理部			利用 BIM 模型生成清单，审批、上报准确的材料计划	熟练运用
安全环境管理部			通过 BIM 可视化展开安全教育、危险源识别及预防预控，制定针对性应急措施	基本运用
质量管理部			通过 BIM 进行质量技术交底，优化检验批划分、验收与交接计划	熟练运用

2.3 BIM 在公路工程项目中应用的建模标准流程

2.3.1 基本规定

公路工程信息模型应根据工程全生命期的需求，建立、共享、应用与管理模型，且各阶段之间应协调一致。

公路工程信息模型宜贯穿工程全生命期，亦可根据工程实际情况在某一阶段和环节内应用。

为了实现公路工程信息模型在全生命期的互操作性，应对信息的语义（分类编码）、语法（数据存储）和语用（模型交付）进行标准化。

公路工程信息模型在全生命期的传递和共享中应采取措施保障信息安全。

公路工程信息模型扩展应根据专业需求，在符合公路工程信息模型标准体系的扩展原则下，增加模型单元和模型单元信息，并应符合下列要求：

（1）对于未定义的模型单元，采用增加模型单元的方式扩展。

（2）对于已定义的模型单元，采用增加、修改、删除模型单元信息的方式扩展。

2.3.2 标准体系

为了统一公路工程信息模型应用要求，规范和引导公路工程信息模型技术全生命期的应用，提升公路工程品质，落实全生命周期管理理念，提出本建模标准。建模专业涵盖道路、桥梁、涵洞、隧道、交通工程及沿线设施。重点解决模型建立、模型应用、模型交付、模型审核等问题。公路工程信息模型应用除遵循本规定外，尚应符合国家和行业现行有关标准、规范的规定。

2.3.3 模型体系

公路工程信息模型体系规定项目模型由模型单元组成，如图 2-3-1 所示。

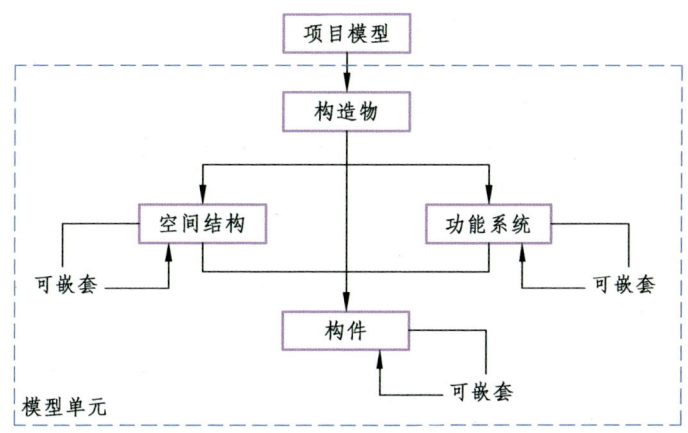

图 2-3-1　项目模型组成结构

（1）模型单元由构造物、空间结构、功能系统和构件四大类组成。

（2）构造物是项目模型的子集，由空间结构、功能系统和构件组成。

（3）空间结构是构造物的子集，由子空间结构或构件组成。

（4）功能系统是构造物的子集，由子系统或构件组成。

（5）构件是构造物、空间结构、功能系统的子集，亦可由子构件组成。

模型单元可由几何、材料和属性三类信息组成，如图 2-3-2 所示。

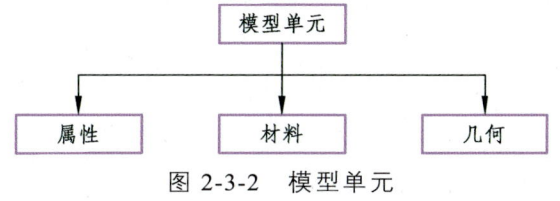

图 2-3-2　模型单元

模型单元之间使用聚合、空间包含和连接等关系进行关联。

公路工程全生命期模型基本深度等级的划分应符合表 2-3-1 的规定，

除下列基本深度等级外，亦可根据工程的需要，在基本等级之间扩展其他深度等级，如 LOD1.× 、LOD2.× 等。

表 2-3-1　基本深度等级

深度等级	描　　述
LOD1.0	含基本外轮廓形状，粗略的尺寸、形状，主要的设计信息
LOD2.0	近似几何尺寸、形状和方向，能够反映物体本身大致的几何特性，以及主要的设计信息
LOD3.0	精确的几何尺寸，能够反映物体的实际外形并且可以保证施工准备和模型应用分析，以及包含详细的设计信息
LOD4.0	精确的几何尺寸，能够反映物体的实际外形并且包含详细的施工信息
LOD5.0	精确的几何尺寸，能够反映物体的实际外形并且包含详细的运维信息

2.4　分类编码

2.4.1　一般规定

公路工程信息分类编码依据《房屋建设——建设工程信息组织　第 2 部分：分类框架》（ISO 12006-2：2015）的方法和框架制定。

公路工程信息分类对象包括公路工程中的资源、过程以及成果。

公路工程中建筑物的分类编码引用《建筑信息模型分类和编码标准》（GB/T 51269—2017）。

公路工程信息分类采用《信息分类和编码的基本原则与方法》（GB/T 7027—2002）中的面分法。

对未定义的分类编码条目，可在现有分类表的基础上扩展，且应符合本章的规定。

2.4.2 信息分类

公路工程信息模型和分部分项的分类应符合表 2-4-1 的规定。

表 2-4-1 公路工程信息分类

表编号	分类表	分类对象	附录
16	公路工程构造物	构造物	A
17	公路工程空间结构	空间结构	B
18	公路工程功能系统	功能系统	C
19	公路工程构件	构件	D
42	公路工程材料	材料	E
43	公路工程属性	属性	F
44	公路工程几何	几何	G
45	公路工程分部分项	分部分项	H

单个分类表内部的层级均分为一级类目——大类、二级类目——中类、三级类目——小类和四级类目——细类等，应符合表 2-4-2 的规定。

表 2-4-2 分类级别

层级	类目	中文类目
一级类	大类	桥梁构件
二级类	中类	支撑构件
三级类	小类	主梁
四级类	细类	箱梁

2.4.3 编码原则

公路工程信息模型编码由分类表编码和层级编码组成。

公路工程信息模型编码采用全数字编码，分类表编码和单个分类表内各层级编码均采用两位数字表示。

分类表编码和各层级编码之间使用―-‖连接，各层级编码内部使用―.‖连接。

分类对象的编码应符合以下规定：

（1）分类对象编码由分类表编码、大类代码、中类代码、小类代码、细类代码组成。

（2）大类编码采用 8 位数字表示，前 2 位表示大类代码，后 6 位用―0‖补齐。

（3）中类编码采用 8 位数字表示，前 2 位表示大类代码，加中类代码，后 4 位用―0‖补齐。

（4）小类编码采用 8 位数字表示，前 4 位表示中类代码，加小类代码，后 2 位用―0‖补齐。

（5）细类编码采用 8 位数字表示，前 6 位表示小类代码，后 2 位表示细类代码。

2.4.4　代码应用

为了在复杂情况下精确描述对象，应采用运算符号联合多个编码一起使用。

编码的运算符号宜采用―+‖、―/‖、―<‖、―>‖符号表示，并按照对应规则使用。

―+‖用于将同一表格或不同表格中的编码联合在一起，以表示两个或两个以上编码含义的集合。

―/‖用于将单个表格中的编码联合在一起，定义一个表内的连续编码段落，以表示适合对象的分类区间。

―<‖和―>‖用于将同一表格或不同表格中的编码联合在一起，以表示两个或两个以上编码对象的从属或主次关系，开口背对编码是开口正对编码所表示对象的一部分。

2.5 数据存储

2.5.1 一般规定

公路工程信息模型数据存储依据 buildingSMART 组织制定的 IFC 4×1 标准，并根据公路工程的需求进行扩展。

公路工程中建筑物的数据存储引用 buildingSMART 组织制定的 IFC 4×1 标准。

数据存储编制过程应考虑兼容性、可扩展性和抽象性等原则。

对未定义的数据存储构件实体，宜采用 IFC 4×1 中的代理（IfcProxy）实体表示。

2.5.2 通用信息

公路工程数据存储宜在 ObjectType 类型中关联分类编码表达具体模型单元类型。

公路工程数据存储中构件应具有几何表达。几何表达的类型如表 2-5-1 所示。

表 2-5-1　几何表达[*]

类型	名称	实体	分类编码	备注
点	笛卡儿点	IfcCartesianPoint	44-01.01.00.00	引用
曲线	平面曲线	IfcAlignment2DHorizontal	44-02.01.00.00	引用
	平面直线段	IfcLineSegment2D	44-02.01.01.00	引用
	平面圆曲线段	IfcCircularArcSegment2D	44-02.01.02.00	引用
	平面缓和曲线段	IfcClothoidalArcSegment2D	44-02.01.03.00	引用
	纵断面曲线	IfcAlignment2DVertical	44-02.02.00.00	引用
	纵断面直线段	IfcAlignment2DVerSegLine	44-02.02.01.00	引用
	纵断面圆曲线段	IfcAlignment2DVerSegCircularArc	44-02.02.02.00	引用
	三维多段线	IfcPolyline	44-02.03.00.00	引用

[*] 为与软件中定义相对应，本书表中单词之间均未空格，以单词首字母大写来区分。

续表

类型	名称	实体	分类编码	备注
表面模型	多边形面片	IfcPolygonalFaceSet	44-03.01.00.00	引用
	三角面片	IfcTriangulatedFaceSet	44-03.02.00.00	引用
	不规则三角网	IfcTriangulatedIrregularNetwork	44-03.03.00.00	引用
实体模型	扫掠体	IfcSweptAreaSolid	44-04.01.00.00	引用
	拉伸体	IfcExtrudedAreaSolid	44-04.01.01.00	引用
	分段扫掠体	IfcSectionedSolid	44-04.01.02.00	引用
	水平分段扫掠体	IfcSectionedSolidHorizontal	44-04.01.03.00	引用
	扫掠圆盘体	IfcSweptDiskSolid	44-04.01.04.00	引用
	构造实体	IfcCsgSolid	44-04.02.00.00	引用
	BREP 实体	IfcManifoldSolidBrep	44-04.03.00.00	引用

公路工程数据存储中构件的材料由 IfcMaterialProfileSetUsage 关联材料实体，如图 2-5-1 所示。

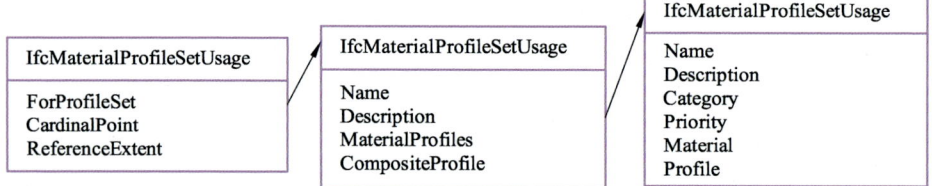

图 2-5-1 材料与构件实体关联

公路工程数据存储中实体之间可具有的关系，如表 2-5-2 所示。

表 2-5-2 关系定义

名称	实体	描述/举例	备注
聚合关系	IfcRelAggregates	组合件与构件的聚合关系	引用
空间包含关系	IfcRelContainedInSpatialSturcture	空间结构包含多个构件	引用
分配到组关系	IfcRelAssignsToGroup	将多个构件分配到一组	引用

续表

名　称	实　体	描述/举例	备注
连接关系	IfcRelConnectsElements	支座与对应梁和桥墩的连接关系	引用
端口连接关系	IfcRelConnectsPortToElement	设备与线缆的连接关系	引用
服务关系	IfcRelServicesBuildings	桥梁排水服务与桥梁	引用
开孔关系	IfcRelVoidsElement	挡土墙设泄水孔时开孔	引用
填充关系	IfcRelFillsElement	挡土墙在开孔处设泄水管	引用
关联关系	IfcRelAssociates	构件关联外部图纸、文档	引用
空间边界关系	IfcRelSpaceBoundary	标线作为两条行车道的边界	引用
属性定义关系	IfcRelDefinesByProperties	用墙的属性（墙高）约束其几何（墙高）	引用
类型定义关系	IfcRelDefinesByType	为对象关联类型对象	引用

2.5.3 通用构件

2.5.3.1 钢筋类

（1）公路工程中的钢筋、主缆、斜拉索、锚杆、拉杆等构件，在数据存储中由钢筋（IfcReinforcingBar）实体表示。钢筋（IfcReinforcingBar）的主要属性如表 2-5-3 所示。

表 2-5-3　钢筋主要属性

属性名称	实体属性	数据类型	规则	描述/举例
名称	IfcReinforcingBar.Name	IfcLabel	?	钢筋名称，如××梁××号钢筋
编号	IfcReinforcingBar.GlobalId	IfcGloballyUmqueId		钢筋在模型中的唯一编号
类型	IfcReinforcingBar.PredefinedType	IfcReinforcingBarTypeEnum	?	设置分类编码表示不同类型的钢筋

续表

属性名称	实体属性	数据类型	规则	描述/举例
位置	IfcReinforcingBar.ObjectPlacement	IfcObjectPlacement	?	参考路线（IfcAlignment）或局部坐标系（IfcLocalPlacement），计算钢筋的水平坐标和高程
几何	IfcReinforcingBar.Representation	IfcProductRepresentation	?	扫掠圆盘体（IfcSweptDiskSolid）
材料	IfcReinforcingBar.HasAssociations['']	IfcRelAssociates	S[0:?]	通过关联材料（IfcRelAssociatesMaterial）设置钢筋的材料（IfcMaterial），例如HPB300、HPB335等

（2）公路工程中的钢筋网构件，在数据存储中由钢筋网（IfcReinforcingMesh）实体表示，钢筋网（IfcReinforcingMesh）的主要属性如表2-5-4所示。

表2-5-4 钢筋网主要属性

属性名称	实体属性	数据类型	规则	描述/举例
名称	IfcReinforcingMesh.Name	IfcLabel	?	钢筋网名称：如××边坡××号钢筋网
编号	IfcReinforcingMesh.GlobalId	IfcGloballyUmqueId		钢筋网在模型中的唯一编号
位置	IfcReinforcingMesh.ObjectPlacement	IfcObjectPlacement	?	参考路线（IfcAlignment），计算钢筋网的水平坐标和高程
几何	IfcReinforcingMesh.Representation	IfcProductRepresentation	?	高级边界表达（IfcAdvancedBrep）

续表

属性名称	实体属性	数据类型	规则	描述/举例
材料	IfcReinforcingMesh.HasAssociations['']	IfcRelAssociates	S[0:?]	通过关联材料（IfcRelAssociatesMaterial）设置钢筋的材料（IfcMaterial），例如HPB300、HPB335等

（3）公路工程中的预应力筋构件，在数据存储中由预应力筋（IfcTendon）实体表示。预应力筋（IfcTendon）的主要属性如表2-5-5所示。

表 2-5-5　预应力筋主要属性

属性名称	实体属性	数据类型	规则	描述/举例
名称	IfcTendon.Name	IfcLabel	?	预应力筋名称，如××梁××号钢绞线
编号	IfcTendon.GlobalId	IfcGloballyUniqueId		预应力筋在模型中的唯一编号
类型	IfcTendon.PredefinedType	IfcTendonTypeEnum	?	设置分类编码表示不同类型的预应力筋
位置	IfcTendon.ObjectPlacement	IfcObjectPlacement	?	参考路线（IfcAlignment）或局部坐标系（IfcLocalPlacement），计算预应力筋的水平坐标和高程
几何	IfcTendon.Representation	IfcProductRepresentation	?	扫掠圆盘体（IfcSweptDiskSolid）
材料	IfcTendon.HasAssociations['']	IfcRelAssociates	S[0:?]	通过关联材料（IfcRe1AssociatesMaterial）设置钢筋的材料（IfcMaterial），例如钢丝、钢绞线等

2.5.3.2 紧固件

公路工程中的栓钉、土钉、剪力钉，桥梁中的索夹、鞍座、伸缩缝、阻尼器、防落梁装置等紧固件构件，在数据存储中由紧固件（IfcMechanicalFastener）实体表示。紧固件（IfcMechanicalFastener）的主要属性如表 2-5-6 所示。

表 2-5-6 紧固件主要属性

属性名称	实体属性	数据类型	规则	描述/举例
名称	IfcMechanicalFastener.Name	IfcLabel	?	紧固件名称，如××土钉墙××号土钉
编号	IfcMechanicalFastener.GlobalId	IfcGloballyUniqueId		紧固件在模型中的唯一编号
类型	IfcMechanicalFastener.PredefinedType	IfcMechanicalFastenerTypeEnum	?	设置分类编码表示不同类型的紧固件
位置	IfcMechanicalFastener.ObjectPlacement	IfcObjectPlacement	?	参考路线（IfcAlignment）或局部坐标系（IfcLocalPlacement），计算紧固件的水平坐标和高程
几何	IfcMechanicalFastener.Representation	IfcProductRepresentation	?	构造实体模型（IfcCsgSolid）
材料	IfcMechanicalFastener.HasAssociations["]	IfcRelAssociates	S[0:?]	通过关联材料（IfcRelAssociatesMaterial）设置钢筋的材料（IfcMaterial），例如钢、铝等

2.5.3.3 基 础

公路工程中的基础垫层、扩大基础、桩基础、沉井基础、沉箱基础以及桥涵中的拱座等基础构件，在数据存储中由基础（IfcFooting）实体表示。基础（IfcFooting）的主要属性如表 2-5-7 所示。

表 2-5-7　基础主要属性

属性名称	实体属性	数据类型	规则	描述/举例
名称	IfcFooting.Narne	IfcLabel	?	基础名称，如××桥××号墩扩大基础
编号	IfcFooting.GlobalId	IfcGloballyUniqueId		基础在模型中的唯编号
类型	IfcFooting.PredefinedType	IfcFootingTypeEnum	?	设置分类编码表示不同类型的基础
位置	IfcFooting.ObjectPlacement	IfcObjectPlacement	?	参考路线（IfcAlignment），计算基础的水平坐标和高程
几何	IfcFooting.Representation	IfcProductRepresentation	?	拉伸体（IfcExtrudedAreaSolid）
材料	IfcFooting.HasAssociations["]	IfcRelAssociates	S[0:?]	通过关联材料（IfcRelAssociatesMaterial）设置基础的材料（IfcMaterial），例如浆砌块石、混凝土等
连接关系	IfcFooting.IsConnectionRealization["]	IfcRelConnectsWithRealizingElements	S[0:?]	表示基础（IfcFooting）和翼墙（IfcWall）、墩柱（IfcColumm）等构件的连接关系

公路工程中的桩，在数据存储中由桩（IfcPile）实体表示。桩（IfcPile）的主要属性如表 2-5-8 所示。

表 2-5-8　桩主要属性

属性名称	实体属性	数据类型	规则	描述/举例
名称	IfcPile.Name	IfcLabel	?	桩名称，如××桥××号墩基础××号钢桩
编号	IfcPile.GlobalId	IfcGloballyUniqueId		桩在模型中的唯一编号
类型	IfcPile.PredefinedType	IfcPileTypeEnum	?	设置分类编码表示不同类型的桩
位置	IfcPile.ObjectPlacement	IfcObjectPlacement	?	参考路线（IfcAlignment），计算桩的水平坐标和科程
几何	IfcPile.Representation	IfcProductRepresentation	?	拉伸体（IfcExtrudedAreaSolid）、扫掠圆盘体（IfcSweptDiskSolid）、圆柱（IfcRightCircularCylinder）
材料	IfcPile.HasAssociations["]	IfcRelAssociates	S[0:?]	通过关联材料（IfcRelAssociatesMaterial）设置桩的材料（IfcMaterial），例如钢、混凝土等
连接关系	IfcPile.IsConnectionRealization["]	IfcRelConnectsWithRealizingElements	S[0:?]	表示桩（IfcPile）和承台（Ifcfooting）的连接关系

2.5.3.4　墙

公路工程中挡土墙、翼墙、一字墙，桥涵中的涵身、耳墙、截水墙、侧墙、防撞墙构件，在数据存储中应由墙（IfcWall）实体表示。墙（IfcWall）的主要属性如表 2-5-9 所示。

表 2-5-9　墙主要属性

属性名称	实体属性	数据类型	规则	描述/举例
名称	IfcWall.Name	IfcLabel	?	墙名称，如××桥梁××翼墙
编号	IfcWall.GlobalId	IfcGloballyUniqueId		墙在模型中的唯一编号
类型	IfcWall.PredefinedType	IfcWallTypeEnum	?	设置分类编码表示不同类型的墙
位置	IfcWall.ObjectPlacement	IfcObjectPlacement	?	参考路线（IfcAlignment），计算墙的水平坐标和高程
几何	IfcWall.Representation	IfcProductRepresentation	?	拉伸体（IfcExtrudedAreaSolid）分段扫掠体（IfcSectionedSolid）
材料	IfcWall.HasAssociations["]	IfcRelAssociates	S[0:?]	通过关联材料（IfcRelAssociatesMaterial）设置墙的材料（IfcMaterial），例如浆砌片石、浆砌块石、混凝土等
聚合关系	IfcWall.IsDecomposedBy["]	IfrRelAggregates	S[0:?]	选择钢筋（IfcReinforcingBar）组成钢筋混凝土墙
开孔关系	IfcWall.HasOpenings["]	IfcRelVoidsElement	S[0:?]	通过开孔关系将挡土墙（IfcWall）和开孔（IfcOpeningElement）关联，在挡土墙中设置泄水孔
连接关系	IfcWall.IsConnectionRealization["]	IfcRelConnectsWithRealizingElements	S[0:?]	表示挡土墙（IfcWall）与基础（Ifcfooting）等构件的连接关系

2.5.3.5　梁

公路工程中板梁、T 梁、箱梁、盖梁、系梁、横梁、纵梁和支撑梁等梁构件，在数据存储中由梁（IfcBeam）实体表示。梁（IfcBeam）的主要属性如表 2-5-10 所示。

表 2-5-10　梁主要属性

属性名称	实体属性	数据类型	规则	描述/举例
名称	IfcBeam.Name	IfcLabel	?	梁名称，如××桥××幅××号箱梁
编号	IfcBeam.GlobalId	IfcGloballyUniqueId		梁在模型中的唯一编号
类型	IfcBeam.PredefinedType	IfcBeamTypeEnum	?	设置分类编码表示不同类型的梁
位置	IfcBeam.ObjectPlacement	IfcObjectPlacement	?	参考路线（IfcAlignment），计算梁的水平坐标和高程
几何	IfcBeam.Representation	IfcProductRepresentation	?	拉伸体（IfcExtrudedAreaSolid）分段扫掠体（IfcSectionedSolid）水平分段扫掠体（IfcSectionedSolidHorizontal）
材料	IfcBeam.HasAssociations['']	IfcRelAssociates	S[0:?]	通过关联材料（IfcRelAssociatesMaterial）设置梁的材料（IfcMaterial），例如钢、混凝土等
聚合关系	IfcBeam.IsDecomposedBy['']	IfcRelAggregates	S[0:?]	选择钢筋（IfcReinforcingBar）、预应力筋（IfcTendon）、腹板（IfcSlab）等
连接关系	IfcBeam.IsConnectionRealization['']	IfcRelConnectsWithRealizingElements	S[0:?]	表示梁（IfcBeam）与其他梁（IfcBeam）、支座（IfcBearing）等构件的连接关系

公路工程中的桁架梁和组合梁，在数据存储中由组合件（IfcElementAssembly）实体表示。组合件（IfcElementAssembly）的主要属性如表 2-5-11 所示。

表 2-5-11　组合件主要属性

属性名称	实体属性	数据类型	规则	描述/举例
名称	IfcElementAssembly.Name	IfcLabel	?	梁名称，如××桥××幅××号组合梁
编号	IfcElementAssembly.GlobalId	IfcGloballyUniqueId		梁在模型中的唯一编号
类型	IfcElementAssembly.PredefinedType	IfcElementAssemblyTypeEnum	?	设置分类编码表示桁架梁和组合梁
位置	IfcElementAssembly.ObjectPlacement	IfcObjectPlacement	?	参考路线（IfcAlignment），计算梁的水平坐标和高程
聚合关系	IfcElementAssembly.IsDecomposedBy["]	IfcRelAggregates	S[0:?]	选择上弦杆（IfcMember）、下弦杆（IfcMember）、横杆（IfcMember）和腹杆（IfcMember）聚合组成桁架梁；选择混凝土板（IfcSlab）和钢梁（IfcBeam）等聚合组成组合梁
连接关系	IfcElementAssembly.ConnectedTo["]	IfcRelConnectsWithRealizingElements	S[0:?]	表示梁（IfcBeam）与其他梁（IfcBeam）、支座（IfcBearing）等构件的连接关系

2.5.3.6　板

公路工程中涵洞的盖板，桥涵中的横隔板、搭板和齿板等板构件，在数据存储中由板（IfcSlab）实体表示。板（IfcSlab）的主要属性如表 2-5-12 所示。

表 2-5-12 板主要属性

属性名称	实体属性	数据类型	规则	描述/举例
名称	IfcSlab.Nallle	IfcLabel	?	板名称，如××涵洞××号盖板
编号	IfcSlab.GlobalId	IfcGloballyUniqueId		板在模型中的唯一编号
类型	IfcSlab.PredefinedType	IfcPileTypeEnun	?	设置分类编码表示不同类型的板
位置	IfcSlab.ObjectPlacement	IfcObjeciPlacement	?	参考路线（IfcAlignment），计算板的水平坐标和高程
几何	IfcSlab.Representation	IfcProductRepresentation	?	拉伸体（IfcExtrudedAreaSolid）分段扫掠体（IfcSectionedSolid）水平分段扫掠体（IfcSectionedSolidHorizontal）
材料	IfcSlab.HasAssociations["]	IfcRelAssociates	S[0:?]	通过关联材料（IfcRelAssoclatesMaterial）设置板的材料（IfcMaterial），例如钢、混凝土等
聚合关系	IfcSlab.IsDecomposedBy["]	IfcRelAggregates	S[0:?]	选择钢筋（IfcReinforcingBar）、预应力筋（lieTendon）等
连接关系	IfcSlab.IsConnectionRealization["]	IfcRelConnectsWithRealizingElements	S[0:?]	表示板（IfcSlab）与其它板（IfcSlab）、涵身（IfcWall）等构件的连接关系

2.5.3.7 柱

公路工程中桩柱、立柱、墩柱、塔柱等柱构件，在数据存储中由柱（IfcColumn）实体表示。柱（IfcColumn）的主要属性如表 2-5-13 所示。

表 2-5-13　柱主要属性

属性名称	实体属性	数据类型	规则	描述/举例
名称	IfcColumn.Name	IfcLabel	?	柱名称，如××隧道××号洞室××号柱
编号	IfcColumn.GlobalId	IfcGloballyUniqueId		柱在模型中的唯一编号
类型	IfcColumn.PredefinedType	IfcColumnTypeEnum	?	设置分类编码表示不同类型的柱
位置	IfcColumn.ObjectPlacement	IfcObjectPlacement	?	参考路线（IfcAlignment），计算柱的水平坐标和高程
几何	IfcColumn.Representation	IfcProductRepresentation	?	拉伸体（IfcExtrudedAreaSolid）扫掠圆盘体（IfcSweptDiskSolid）分段扫掠体（IfcSectionedSolid）
材料	IfcColumn.HasAssociations['']	IfcRelAssociates	S[0:?]	通过关联材料（IfcRelAssociatesMaterial）设置柱的材料（IfcMaterial），例如钢、混凝土等
聚合关系	IfcColumn.IsDecomposedBy['']	IfcRelAggregates	S[0:?]	钢筋（IfcReinforcingBar）、杆件（IfcMember）等
连接关系	IfcColumn.IsConnectionRealization['']	IfcRelConnectsWithRealizingElements	S[0:?]	表示柱（IfcColumm）与承台（IfcFooting）、盖梁 OfcBeam）等构件的连接关系

2.5.3.8　拱

桥梁中的拱圈（板拱、肋拱、箱拱）、涵洞和隧道中的拱圈和仰拱，在数据存储中由拱（IfcArch）实体表示。拱（IfcArch）的主要属性如表 2-5-14 所示。

表 2-5-14 拱主要属性

属性名称	实体属性	数据类型	规则	描述/举例
名称	IfcArch.Name	IfcLabel	?	拱名称，如××隧道××段××号拱阁
编号	IfcArch.GlobalId	IfcGloballyUniqueId		拱在模型中的唯一编号
类型	IfcArch.PredefinedType	IfcArchTypeEnum	?	设置分类编码表示不同类型的拱
位置	IfcArch.ObjectPlacement	IfcObjectPlacement	?	参考路线（IfcAlignment），计算拱的水平坐标和高程
几何	IfcArch.Representation	IfcProductRepresentation	?	回转体（IfcRevolvedAreaSolid）分段扫椋体（IfcSectionedSolid）
材料	IfcArch.HasAssociations["]	IfcRelAssociates	S[0:?]	通过关联材料（IfcRelAssociatesMaterial）设置拱的材料（IfcMaterial），例如钢、混凝土等
聚合关系	IfcArch.IsDecomposedBy["]	IfcRelAggregates	S[0:?]	钢筋（IfcRemforcingBar）、杆件（IfcMember）等
连接关系	IfcArch.IsConnectionRealization["]	IfcRelConnectsWithRealizingElements	S[0:?]	表示拱（IfcArch）与其他拱（IfcArch）、拱座（IfcFooting）等构件的连接关系

拱（IfcArch）实体的 EXPRESS 表达：

ENTITY IfcArch

SUBTYPE OF（IfcCivilElement）；

END_ENTITY；

拱（IfcArchTypeEnum）实体的类型枚举项定义：

USERDEFINED：用户自定义；

NOTDEFINED：未定义。

EXPRESS 表达：
TYPE IfcArchTypeEnum = ENUMERATION OF
（USERDEFINED，
NOTDEFINED）；
END_TYPE；

桥梁中的刚架拱、钢管拱和桁架拱，在数据存储中由组合件（IfcElementAssembly）实体表示。组合件（IfcElementAssembly）的主要属性如表 2-5-15 所示。

表 2-5-15　组合件主要属性

属性名称	实体属性	数据类型	规则	描述/举例
名称	IfcElementAssembly.Name	IfcLabel	?	拱名称，如××桥××幅刚架拱
编号	IfcElementAssembly.GlobalId	IfcGloballyUniqueId		拱在模型中的唯一编号
类型	IfcElementAssembly.PredefinedType	IfcElementAssemblyTypeEnun	?	设置分类编码表示刚架拱、钢管拱和桁架拱
位置	IfcElementAssembly.ObjectPlacement	IfcObjectPlacement	?	参考路线（IfcAlignment），计算拱的水平坐标和高程
聚合关系	IfcElementAssembly.IsDecomposedBy["]	IfcRelAggregates	S[0:?]	选择主拱腿（IfcMelllber）和次拱腿（IfcMember）聚合组成刚架拱；选择钢管（IfcMember）聚合组成钢管拱；选择上弦杆（IfcMember）、下弦杆（IfcMember）、横杆（IfcMember）和腹杆（IfcMember）聚合组成桁架拱
连接关系	IfcElementAssembly.ConnectedTo["]	IfcRelConnectsWithRealizingElements	S[0:?]	表示拱（IfcArch）与其他拱（IfcArch）、拱座（IfcFooting）等构件的连接关系

2.5.3.9 杆　件

桥涵中的横撑、吊杆、牛腿、拱腿、弦杆、横杆和腹杆等杆件，在数据存储中由柱（IfcMember）实体表示。杆件（IfcMember）的主要属性如表 2-5-16 所示。

表 2-5-16　杆件主要属性

属性名称	实体属性	数据类型	规则	描述/举例
名称	IfcMember.Name	IfcLabel	?	杆件名称，如××隧道××号洞室××号柱
编号	IfcMember.GlobalId	IfcGloballyUniqueId		杆件在模型中的唯一编号
类型	IfcMember.PredefinedType	IfcColumnTypeEnum	?	设置分类编码表示不同类型的杆件
位置	IfcMember.ObjectPlacement	IfcObjectPlacemeot	?	参考路线（IfcAlignment），计算杆件的水平坐标和高程
几何	IfcMember.Representation	IfcProductRepresentation	?	拉伸体（IfcExtrudedAreaSolid）扫掠圆盘体（IfcSweptDiskSolid）
材料	IfcMember.HasAssociations["]	IfcRelAssociates	S[0:?]	通过关联材料（IfcRelAssociatesMaterial）设置柱的材料（IfcMaterial），例如钢、混凝土等
连接关系	IfcMember.IsConnectionRealization["]	IfcRelConnectsWithRealizingElements	S[0:?]	表示杆件（IfcMember）与其他杆件（IfcMember）、梁（IfcBeam）等构件的连接关系

2.5.3.10 排　水

公路工程中的排水系统，在数据存储中由配送系统（IfcDistributionSystem）实体表示。其主要属性如表 2-5-17 所示。

表 2-5-17 排水系统主要属性

属性名称	实体属性	数据类型	规则	描述/举例
名称	IfcDistributionSystem.Name	IfcLabel	?	排水系统名称，如××段路基左幅排水沟
编号	IfcDistributionSystem.GlobalId	IfcGloballyUniqueId		排水系统在模型中的唯一编号
类型	IfcDistributionSystem.PredefinedType	IfcPipeSegmentTypeEnum	?	设置分类编码表示排水系统
位置	IfcDistributionSystem.ObjectPlacement	IfcObjectPlacement	?	参考路线（IfcAlignment），计算排水系统的水平坐标和高程
服务关系	IfcDistributionSystem.ServicedBySystems["]	IfcRelServicesBuildings	S[0:?]	关联相应的服务对象，如道路（IfcRoad）、桥梁（IfcBridge）和隧道（IfcTunnel）
分配到组关系	IfcDistributionSystem.IsGroupedBy["]	IfcRelAssignsToGroup	S[0:?]	将管（IfcPipeSegment）、槽（IfcDistributionFlowElement）、井（IfcDistributionChamberElement）等构件分配到系统中

排水系统中的管构件，在数据存储中由管段（IfcPipeSegment）实体表示。其主要属性如表 2-5-18 所示。

表 2-5-18 管主要属性

属性名称	实体属性	数据类型	规则	描述/举例
名称	IfcPipeSegment.Name	IfcLabel	?	管名称，如××桥梁××号桂水管
编号	IfcPipeSegment.GlobalId	IfcGloballyUniqueId		管在模型中的唯一编号

续表

属性名称	实体属性	数据类型	规则	描述/举例
类型	IfcPipeSegmeut.PredefinedType	IfcPipeSegmentTypeEnum	?	设置分类编码表不同类型的管
位置	IfcPipeSegmeut.ObjectPlacement	IfcObjectPlacement	?	参考路线（IfcAlignment），计算管的水平坐标和高程
几何	IfcPipeSegmeut.Representation	IfcProductRepresentation	?	扫椋圆盘体（IfcSweptDiskSolid）分段扫掠体（JfcSectionedSolid）
材料	IfcPipeSegment.HasAssociations["]	IfcRelAssociates	S[0:?]	通过关联材料（IfcRelAssociatesMaterial）设议管的材料（IfcMaterial），例如 PVC、钢、混凝土等
聚合关系	IfcPipeSegment.IsDecomposedBy["]	IfcRelAggregates	S[0:?]	例如：混凝土管中的钢筋（IfcReinforcingBar）
端口连接关系	IfcPipeSegmeut.HasPorts["]	IfcRelConnectsPortToElement	S[0:?]	表示管 CifcPipeSegment）与其他管（IfcPipeSegment）、沟（IfcPipeSegment）、井（IfcDistributionChamberElement）等构件的连接关系

排水系统中的沟构件，在数据存储中由管段（IfcPipeSegment）实体表示。其主要属性如表 2-5-19 所示。

表 2-5-19　沟主要属性

属性名称	实体属性	数据类型	规则	描述/举例
名称	IfcPipeSegment.Name	IfcLabel	?	沟名称，如××段路基左幅边沟
编号	IfcPipeSegineutGlobalId	IfcGloballyUniqueId		沟在模型中的唯一编号

续表

属性名称	实体属性	数据类型	规则	描述/举例
类型	IfcPipeSegment.PredefinedType	IfcPipeSegmentTypeEnum	?	设置分类编码表示不同类型的沟
位置	IfcPipeSegment.ObjectPlacement	IfcObjectPlacement	?	参考路线（IfcAligument），计算沟的水平坐标和高程
几何	IfcPipeSegment.RepresentatJon	IfcProductRepresentation	?	扫掠圆盘体（IfcSweptDiskSolid）分段扫掠体（IfcSectionedSolid）
材料	IfcPipeSegment.HasAssoclations["]	IfcRelAssociates	S[0:?]	通过关联材料（IfcRelAssociatesMaterial）设置沟的材料（IfcMaterial），例如浆砌块石、混凝土等
聚合关系	IfcPipeSegment.IsDecomposedBy["]	IfcRelAggregates	S[0:?]	例如混凝土沟中的钢筋（IfcReinforcingBar）
端口连接关系	IfcPipeSegment.HasPorts["]	IfcRelConnectsPortToElement	S[0:?]	表示沟（IfcPipeSegment）与其他沟（IfcPipeSegment）、管（IfcPipeSegment）、井（IfcDistributionChamberElement）等构件的连接关系

排水系统中的井构件，在数据存储应由舱室（IfcDistributionChamberElement）实体表示。其主要属性如表 2-5-20 所示。

表 2-5-20　井主要属性

属性名称	实体属性	数据类型	规则	描述/举例
名称	IfcDistributionChamberElement.Name	IfcLabel	?	井名称，如××陪道××桩号检查井

续表

属性名称	实体属性	数据类型	规则	描述/举例
编号	IfcDistributionChamberElement.GlobalId	IfcGloballyUniqueId		井在模型中的唯一编号
类型	IfcDistributionChamberElement.PredefinedType	IfcDistributionChamberElementTypeEnum	?	设置分类编码表示不同类型的井
位置	IfcDistributionChamberElement.ObjectPlacement	IfcObjectPlacement	?	参考路线（IfcAlignment），计算井的水平坐标和高程
几何	IfcDistributionChamberElement.Representation	IfcProductRepresentation	?	拉伸体（IfcExtrudedAreaSolid）
材料	IfcDistnbutionChamberElement.HasAssociations['']	IfcRelAssociates	S[0:?]	通过关联材料（IfcRelAssociatesMaterial）设置井的材料（IfcMaterial），例如浆砌块石、混凝土等
聚合关系	IfcDistributionChamberElement.IsDecomposedBy['']	IfcRelAggregates	S[0:?]	例如混凝土井中的钢筋（IfcReinforcingBar）
端口连接关系	IfcDistributionChamberElement.HasPorts['']	IfcRelConnectsPortToElement	S[0:?]	表示井（IfcDistributionChamberElement）与沟（IfcPipeSegment）、管（IfcPipeSegment）等构件的连接关系

排水系统中的槽构件，在数据存储中由舱室（IfcDistributionChamberElement）实体表示，其主要属性如表 2-5-21 所示。

表 2-5-21　槽主要属性

属性名称	实体属性	数据类型	规则	描述/举例
名称	IfcDistributionChamberElement.Name	IfcLabel	?	槽名称，如××段路基左幅急流槽
编号	IfcDistributionChamberElement.GlobalId	IfcGloballyUniqueId		槽在模型中的唯一编号
类型	IfcDistributionChamberElement.PredefinedType	IfcDistributionChamberElementTypeEnum	?	设置分类编码表示不同类型的槽
位置	IfcDistributionChamberElement.ObjectPlacement	IfcObjectPlacement	?	参考路线（IfcAlignment），计算槽的水平坐标和高程
几何	IfcDistributionChamberElement.Representation	IfcProductRepresentation	?	拉伸体（IfcExtrudedAreaSolid）
材料	IfcDistributionChamberElement.HasAssociations['']	IfcRelAssociates	S[0:?]	通过关联材料（IfcRelAssociatesMaterial）设置槽的材料（IfcMaterial），例如浆砌块石、混凝土等
聚合关系	IfcDistributionChamberElement.IsDecomposedBy['']	IfcRelAggregates	S[0:?]	例如混凝土槽中的钢筋（IfcReinforcingBar）
端口连接关系	IfcDistributionChamberElement.HasPorts['']	IfcRelConnectsPortToElement	S[0:?]	表示槽（IfcDistributionChamberElement）与井（IfcDistributionChamberElement）、沟（IfcPipeSegment）、管（IfcPipeSegment）等构件的连接关系

排水系统中的池构件，在数据存储中由池（IfcTank）实体表示。其主要属性如表 2-5-22 所示。

表 2-5-22　池主要属性

属性名称	实体属性	数据类型	规则	描述/举例
名称	IfcTank.Nallie	IfcLabel	?	池名称，如××段路基××桩号蓄水池
编号	IfcTank.GlobalId	IfcGloballyUniqueId		池在模型中的唯一编号
类型	IfcTank.PredefinedType	IfcTankTypeEnum	?	设置分类编码表示不同类型的池
位置	IfcTank.ObjectPlacement	IfcObjectPlacement	?	参考路线（IfcAlignment），计算池的水平坐标和高程
几何	IfcTank.Representation	IfcProductRepresentation	?	拉伸体（IfcExtrudedAreaSolid）
材料	IfcTank.HasAssociations["]	IfcRelAssociates	S[0:?]	通过关联材料（IfcRelAssociatesMaterial）设置池的材料（IfcMaterial），例如浆砌块石、混凝土等
聚合关系	IfcTank.IsDecornposedBy["]	IfcReIAggregates	S[0:?]	例如混凝土池中的钢筋（IfcReinforcingBar）
连接关系	IfcTank.IsConnectionRealization["]	IfcRelConnectsWithRealizingElements	S[0:?]	表示池（IfcTank）与沟（IfcPipeSegment）、管（IfcPipeSegment）等构件的连接关系

2.5.4　场　地

2.5.4.1　场地属性

公路工程中的项目，在数据存储中由项目（IfcProject）实体表示，其主要属性如表 2-5-23 所示。

表 2-5-23 项目主要属性

属性名称	实体属性	数据类型	规则	描述/举例
名称	IfcProject.Name	IfcLabel	?	项目名称，如××公路
编号	IfcProject.GlobaId	IfcGloballyUniqueId		项目在文件中的唯一编号
描述	IfcProject.Description	IfcText	?	项目描述
长度单位	IfcProject.UnitsInContext.Units['LENGTHUNIT']	IfcUnit	?	项目默认长度单位
角度单位	IfcProject.UnitsInContext.Units[PLANEANGLEUNIT]	IfcUnit	?	项目默认角度单位
质量单位	IfcProjectUnitslnContext.Units[MASSUNIT]	IfcUnit	?	项目默认质量单位
聚合关系	IfcProject.IsDecomposedBy['']	IfcRelAggregates	S[0:?]	将多个场地（IfcSite）聚合在一起

2.5.4.2 场 地

公路工程中的场地，在数据存储中由场地（IfcSite）实体表示。其主要属性如表 2-5-24 所示。

表 2-5-24 场地主要属性

属性名称	实体属性	数据类型	规则	描述/举例
名称	IfcSite.Name	IfcLabel	?	场地名称，如××公路场地
编号	IfcSite.GlobalId	IfcGloballyUniqueId		场地在文件中的唯一编号
描述	IfcSite.Descnptiou	IfcText	?	场地描述
处理后地面	IfcSite.Representations['Surface']	IfcProductRepresentation	?	经过处理后的场地地面模型

续表

属性名称	实体属性	数据类型	规则	描述/举例
处理前地面	IfcSite.Representations ['Surface-Existing']	IfcProductRepresentation	?	未经过处理的场地地面模型
平均高程	IfcSite.RefElevation	IfcLengthMeasure	?	场地平均高程
聚合关系	IfcSite.IsDecomposedBy['']	IfcRelAggregates	S[0:?]	选择一段或者多段道路（IfcRoad）、一座或者多座桥梁（IfcBridge）、一座或者多座涵洞（IfcCulvert）和一条或者多条隧道（IfcTunnel）聚合在场地内
空间包含关系	IfcSite.ContainsElements['']	IfcRelContainedInSpatialStructe	S[0:?]	包含至少一条路线（IfcAlignment）

2.5.4.3 地面模型

公路工程场地的地面模型，在数据存储中由不规则三角网（IfcTriangulatedIrregularNetwork）实体表示，其主要属性如表2-5-25所示。

表 2-5-25 不规则三角网主要属性

属性名称	实体属性	数据类型	规则	描述/举例
坐标点集合	Coordinates	IfcCartesianPointList3DS	[0:?]	从IfcTessellatedFaceSet中继承，表示构成地形的三维点坐标集合
三角形索引	CoordIndex	IfcPositiveInteger	L[1:?] L[3:3]	表示三角形坐标索引，第一个维度表示三角形的序号，从1到 N，第二个维度表示三角形三个顶点的索引

续表

属性名称	实体属性	数据类型	规则	描述/举例
特征标记	Flags	IfcInteger	L[1:?]	表示每个三角形的特征： 0——无断裂线； 1——断裂线在边1上； 2——断裂线在边2上； 3——断裂线在边1和2上； 4——断裂线在边3上； 5——断裂线在边1和3上； 6——断裂线在边2和3上； 7——断裂线在边1、2、3上； −2——空（迁筑物的轮廓）； −1——洞（无数据）

如图 2-5-2 所示，图（a）为原始地形图，图（b）中矩形框内三角网区域表示为洞（即 Flags 属性值为 −2），图（c）为载入道路模型后的情况。

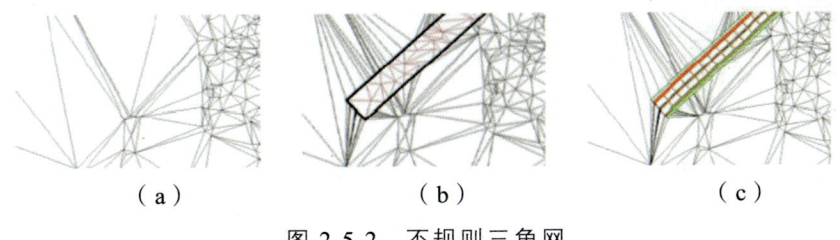

（a） （b） （c）

图 2-5-2 不规则三角网

2.5.5 线

2.5.5.1 路　线

公路工程中的路线，在数据存储中由路线（IfcAlignment）实体表示。其主要属性如表 2-5-26 所示。

表 2-5-26 路线主要属性

属性名称	实体属性	数据类型	规则	描述/举例
名称	IfcAlignment.Name	IfcLabel	?	路线名称，如××项目主线
编号	IfcAlignment.GlobalId	IfcGloballyUuiqueId		路线在模型中的唯一编号
轴线	IfcAlignment.Axis	IfcCurve		从实体 IfcLinearPositioningElement 继承的属性，存储中心线的几何数据。IfcCurve 是曲线的父类，其可以是 IfcAlignmentCurve、IfcOffsetCurveByDistances、IfcPolyline

路线（IfcAlignment）实体的几何曲线，在数据存储中由路线曲线（IfcAlignmentCurve）实体表示，其主要属性如表 2-5-27 所示。

表 2-5-27 路线几何曲线主要属性

属性名称	实体属性	数据类型	规则	描述/举例
平面线	IfcAlignmentCurve.Horizontal	IfcAlignment2DHorizontal		路线平面数据集合
纵断面线	IfcAlignmentCurve.Vertical	IfcAlignment2DVertical		路线纵断面数据集合
标记	IfcAlignmentCurve.Tag	IfcLabel		可选的标识符，可以表示变截面点

2.5.5.2 平面线

公路工程的路线平面直线段，在数据存储中由直线段（IfcLineSegment2D）实体表示。其主要属性如表 2-5-28 所示。

表 2-5-28　直线段主要属性

属性名称	实体属性	数据类型	规则	描述/举例
起点	IfcLineSegment2D.StartPoint	IfcCartesianPoint		直线段起点坐标
起点方向	IfcLineSegment2D.StartDirection	IfcPlaneAngleMeasure		直线段起点方向
线段长度	IfcLineSegment2D.SegmentLength	IfcPositiveLengthMeasure		直线段长度

公路工程路线平面曲线中的圆曲线段，在数据存储中由圆曲线段（IfcCircularArcSegment2D）实体表示，圆曲线段除直线段的属性外。其主要属性如表 2-5-29 所示。

表 2-5-29　圆曲线段主要属性

属性名称	实体属性	数据类型	规则	描述/举例
半径	IfcCircularArcSegment2D.Radius	IfcPositiveLengthMeasure		圆曲线半径
是否为逆时针方向	IfcCircularArcSegment2D.IsCCW	IfcBoolean		圆弧是否为逆时针方向

公路工程平面曲线中的平面缓和曲线段，在数据存储中由缓和曲线段（IfcTransitionCurveSegment2D）实体表示。缓和曲线段除直线段的属性外，其主要属性如表 2-5-30 所示。

表 2-5-30　缓和曲线段主要属性

属性名称	实体属性	数据类型	规则	描述/举例
起始半径	IfcTransitionCurveSegment2D.StartRadius	IfcPositiveLengthMeasure	?	缓和曲线起始半径
结束半径	IfcTransitionCurveSegment2D.EndRadius	IfcPositiveLengthMeasure	?	缓和曲线结束半径

续表

属性名称	实体属性	数据类型	规则	描述/举例
起始点是否为逆时针方向	IfcTransitionCurveSegment2D.IsStartRadiusCCW	IfcBoolean		缓和曲线起始点是否为逆时针方向
结束点是否为逆时针方向	IfcTransitionCurveSegment2D.IsEndRadiusCCW	IfcBoolean		缓和曲线结束点是否为逆时针方向
曲线类型	IfcTransitionCurveSegment2D.TransitionCurveType	IfcTransitionCurveType		缓和曲线的类型

缓和曲线的类型由 IfcTransitionCurveType 表示，用来表示缓和曲线的曲率。其枚举项定义如下：

BIQUADRATICPARABOLA：四次抛物线；

BLOSSCURVE：布劳斯曲线；

CLOTHOIDCURVE：回旋线；

COSINECURVE：余弦曲线；

CUBICPARABOLA：三次抛物线；

SINECURVE：正弦曲线。

IfcTransitionCurveType 的 EXPRESS 表达如下：

TYPE IfcTransitionCurveType = ENUMERATION OF（

BIQUADRATICPARABOLA,

BLOSSCURVE,

CLOTHOIDCURVE,

COSINECURVE,

CUBICPARABOLA,

SINECURVE）;

END_TYPE;

2.5.5.3 纵断面曲线

公路工程中的路线纵断面曲线，应由纵断面线（IfcAlignment2DVertical）实体表示。其主要属性如表 2-5-31 所示。

表 2-5-31　纵断面曲线段主要属性

属性名称	实体属性	数据类型	规则	描述/举例
纵断面线段集合	IfcAlignment2DVertical.Segments	IfcAlignment2DVerticalSegment	L[1:?]	纵断面线段集合
关联路线几何曲线	IfcAlignment2DVertical.ToAlignmentCurve	IfcAlignmentCurve@Vertical	S[1:?]	反射属性

公路工程中的路线纵断面线段由路线纵断面线段（IfcAlignment2DVerticalSegment）实体表示。其主要属性如表 2-5-32 所示。

表 2-5-32　纵断面线段主要属性

属性名称	实体属性	数据类型	规则	描述/举例
沿路线平面的起始距离	IfcAlignment2DVerticalSegment.StartDistAlong	IfcLengthMeasure		沿路线平面的起始距离
路线平面长度	IfcAlignment2DVerticalSegment.HorizontalLength	IfcPositiveLengthMeasure		路线平面长度
起始高程	IfcAlignment2DVerticalSegment.StartHeight	IfclengthMeasure		起始高程
起点切线方向的坡度值	IfcAlignment2DVerticalSegment.StartGradient	IfcRatioMeasure		起点切线方向的坡度值
关联纵断面线	IfcAlignment2DVerticalSegrnent.ToVertical	IfcAlignment2DVertical@Segments	S[1:1]	反射属性

公路工程路线纵断面中的直线段，由纵断面直线段（IfcAlignment2DVerSegLine）实体表示。其主要属性继承自纵断面线段（IfcAlignment2DVerticalSegment），无扩展属性。

公路工程路线纵断面中的圆曲线段，由路线纵断面圆曲线段（IfcAlignment2DVerSegCircularArc）实体表示。除纵断面曲线段（IfcAlignment2DVerticalSegment）的属性外，其主要属性如表 2-5-33 所示。

表 2-5-33　纵断面圆曲线段主要属性

属性名称	实体属性	数据类型	规则	描述/举例
半径	IfcAlignment2DVerSegCircularArc.Radius	IfcPositiveLengthMeasure		圆曲线半径
是否为凸曲线	IfcAlignment2DVerSegCircularArc.IsConvex	IfcBoolean		圆弧是否为凸曲线，凸时为 true，凹时为 false

2.5.5.4　断　链

公路工程中的断链，在数据存储中由断链（IfcStationEquation）实体表示，其属性如表 2-5-34 所示。

表 2-5-34　断链主要属性

属性名称	实体属性	数据类型	规则	描述/举例
绝对桩号	IfcStationEquation.AbsoluteStation	IfcLengthMeasure		绝对桩号，即连续桩号值
前桩号	IfcStationEquation.BeginStation	IfcLengthMeasure		断链处前桩号值
后桩号	IfcStationEquation.EndStation	IfcLeugthMeasure		断链处后桩号值

续表

属性名称	实体属性	数据类型	规则	描述/举例
前标识	IfcStationEquation.BeginEquationName	IfcLabel	?	断链前标识
后标识	IfcStationEquation.EndEquationName	IfcLabel	?	断链后标识

2.5.6 道 路

2.5.6.1 道 路

公路工程中的道路，在数据存储中由道路（IfcRoad）实体表示。其主要属性如表 2-5-35 所示。

表 2-5-35 道路主要属性

属性名称	实体属性	数据类型	规则	描述/举例
名称	IfcRoad.Name	IfcLabel	?	道路名称，××公路
编号	IfcRoad.GlobalId	IfcGloballyUniqueId		道路在模型中的唯一编号
类型	IfcRoad.PredefinedType	IfcRoadTypeEnum	?	设置分类编码表示不同类型的道路
位置	IfcRoad.ObjectPlacement	IfcObjectPlacement	?	参考路线（IfcAlignment），计算道路的水平坐标和高程
材料	IfcRoad.HasAssociations["]	IfcRelAssociates	S[0:?]	通过关联材料（IfcRelAssociatesMaterial）设置道路材料（IfcMaterial），例如沥青、水泥等

续表

属性名称	实体属性	数据类型	规则	描述/举例
空间包含关系	IfcRoad.ContainsElements["]	IfcRelContainedInSpatialStructure	S[0:?]	包含多个道路段（IfcRoadSegment）包含交通标志牌（IfcTrafficSafety）和标线（IfcTrafficSafety）
服务关系	IfcRoad.ServicedBySystems["]	IfcRelServicesBuildings	S[0:?]	关联相应的排水系统（IfcD1stribntionSystem）和照明系统（IfcDistributionSystem）等

道路（IfcRoad）实体的 EXPRESS 表达：

ENTITY IfcRoad

SUBTYPE OF（IfcBuiltFacility）；

END_ENTITY；

道路（IfcRoadTypeEnum）实体的类型枚举项定义：

USERDEFINED：用户自定义；

NOTDEFINED：未定义。

EXPRESS 表达：

TYPE IfcRoadTypeEnum = ENUMERATION OF

（USERDEFINED，

NOTDEFINED）；

END_TYPE；

2.5.6.2 道路段

道路中的道路段，在数据存储中由道路段（IfcRoadSegment）实体表示。其主要属性如表 2-5-36 所示。

表 2-5-36　道路段主要属性

属性名称	实体属性	数据类型	规则	描述/举例
名称	IfcRoadSegment.Name	IfcLabel	?	道路段名称，××公路 K30+500～K32+100 段
编号	IfcRoadSegment.GlobalId	IfcGloballyUniqueId		道路段在模型中的唯一编号
类型	IfcRoadSegment.PredefinedType	IfcRoadSegmentTypeEnum	?	设置分类编码表示不同类型的道路段
位置	IfcRoadSegment.ObjectPlacement	IfcObjectPlacement	?	参考路线（IfcAlignment），计算道路段的水平坐标和高程
材料	IfcRoadSegment.HasAssociation["]	IfcRelAssociates	S[0:?]	通过关联材料（IfcRelAssociatesMaterial）设置道路段材料（IfcMaterial），例如沥青、水泥等
空间包含关系	IfcRoadSegment.ContainsElements["]	IfcRelContainedInSpatialStructure	S[0:?]	包含路基段（IfcSubgrade）、路面段（IfcPavement）、挡土墙（IfcWall）、边坡防护（IfcSlopeProtection）等构件

道路段（IfcRoadSegment）实体的 EXPRESS 表达：

ENTITY IfcRoadSegment

SUBTYPE OF（IfcBuiltFacilityDecomposition）；

END_ENTITY；

道路段（IfcRoadSegmentTypeEnum）实体的类型枚举项定义：

USERDEFINED：用户自定义；

NOTDEFINED：未定义。

EXPRESS 表达：

TYPE IfcRoadSegmentTypeEnum = ENUMERATION OF

（USERDEFINED，
NOTDEFINED）；
END_TYPE；

2.5.6.3 路　　面

道路中的路面，在数据存储中由新定义的路面（IfcPavement）实体表示。其主要属性如表 2-5-37 所示。

表 2-5-37　路面主要属性

属性名称	实体属性	数据类型	规则	描述/举例
名称	IfcPavement.Name	IfcLabel	?	路面段名称，如××公路 K30+500～K32+100 路面段
编号	IfcPavement.GlobalId	IfcGloballyUniqueId		路面段在模型中的唯一编号
类型	IfcPavement.PredefinedType	IfcPavementTypeEnum	?	设置分类编码表示不同类型的路面段
位置	IfcPavement.ObjectPlacement	IfcObjectPlacement	?	参考路线（IfcAlignment），计算路面段的水平坐标和高程
几何	IfcPavement.Representation	IfcProductRepresentation	?	1. 精细模型：多桩号间水平分段扫掠体（IfcSectionedSolidHorizontal） 2. 粗糙模型：不规则三角网（IfcTriangulatedIrregular Network）
材料	IfcPavement.HasAssociations["]	IfcRelAssociates	S[0:?]	通过关联材料（IfcRelAssociatesMaterial）设置道路段材料截面集（IfcMaterialProfileSet），每个材料截面（fciMaterialProfile）表示一个路面结构层的材料和分类编码编号，例如面层沥青 AH-70、基层沥行 AH-90 等

路面（IfcPavement）实体的 EXPRESS 表达：
ENTITY IfcPavement
SUBTYPE OF（IfcCivilElement）；
END_ENTITY；
路面（IfcPavementTypeEnum）实体的类型枚举项定义：
USERDEFINED：用户自定义；
NOTDEFINED：未定义。
EXPRESS 表达：
TYPE IfcPavementTypeEnum = ENUMERATION OF
（USERDEFINED，
NOTDEFINED）；
END_TYPE；

2.5.6.4 路　基

道路中的路基，在数据存储中由路基（IfcSubgrade）实体表示。其主要属性如表 2-5-38 所示。

表 2-5-38　路基主要属性

属性名称	实体属性	数据类型	规则	描述/举例
名称	IfcSubgrade.Name	IfcLabel	?	路基名称，如××公路 K30+500～K32+100 路基段
编号	IfcSubgrade.GlobalId	IfcGloballyUniqueId		路基段在模型中的唯一编号
类型	IfcSubgrade.PredefinedType	IfcSubgradeTypeEnum	?	设置分类编码表示不同类型的路基段
位置	IfcSubgrade.ObjectPlacement	IfcObjectPlacement	?	参考路线（IfcAlignment），计算路基段的水平坐标和高程

续表

属性名称	实体属性	数据类型	规则	描述/举例
几何	IfcSubgrade.Representation	IfcProductRepresentation	?	精细模型：多桩号间水平分段扫掠体（IfcSectionedSolidHorizontal） 粗糙模型：不规则三角网（IfcTriangulatedIrregularNetwork）
材料	IfcSubgrade.HasAssociations["]	IfcRelAssociates	S[0:?]	通过关联材料（IfcRelAssociatesMaterial）设置道路段材料截面集（IfcMaterialProfileSet），每个材料截面（IfcMaterialProfile）表示一个路基结构层的材料和分类编码编号，例如路床填土，路堤填石

路基（IfcSubgrade）实体的 EXPRESS 表达：

ENTITY IfcSubgrade

SUBTYPE OF（IfcCivilElement）；

END_ENTITY；

路基（IfcSubgradeTypeEnum）实体的类型枚举项定义：

USERDEFINED：用户自定义；

NOTDEFINED：未定义。

EXPRESS 表达：

TYPE IfcSubgradeTypeEnum = ENUMERATION OF

（USERDEFINED，

NOTDEFINED）；

END_TYPE；

2.5.6.5 边　坡

公路工程中的边坡，在数据存储中由边坡（IfcSlope）实体表示。其主要属性如表 2-5-39 所示。

表 2-5-39　边坡主要属性

属性名称	实体属性	数据类型	规则	描述/举例
名称	IfcSlope.Name	IfcLabel	?	边坡名称，如××公路 K30+500 边坡
编号	IfcSlope.GlobalId	IfcGloballyUniqueId		边坡在模型中的唯一编号
类型	IfcSlope.PredefinedType	IfcSlopeTypeEnum	?	设置分类编码表示不同类型的边坡
位置	IfcSlope.ObjectPlacement	IfcObjectPlacement	?	参考路线（IfcAlignment），计算边坡的水平坐标和高程
几何	IfcSlope.Representation	IfcProductRepresentation	?	不规则三角网（IfcTriangulatedIrregularNetwork）
材料	IfcSlope.HasAssociations['']	IfcRelAssociates	S[0:?]	通过关联材料（IfcRelAssociatesMaterial）设置边坡的材料（IfcMaterial），例如植物、挂网喷浆等
聚合关系	IfcSlope.IsDecornposedBy['']	IfcRelAggregates	S[0:?]	选择锚固钢筋（IfcReinforcingBar）、带肋钢筋（IfcReinforcingBarSurface）、钢筋网（IfcReinforcingMesh）、挡土板（IfcSlab/USERDEFINED）、锚碇板（IfcSlab/USERDEFINED）组成边坡防护

边坡（IfcSlope）实体的 EXPRESS 表达：
ENTITY IfcSlope
SUBTYPE OF（IfcCivilElement）；

END_ENTITY；

边坡（IfcSlopeTypeEnum）实体的类型枚举项定义：

USERDEFINED：用户自定义；

NOTDEFINED：未定义。

EXPRESS 表达：

TYPE IfcSlopeTypeEnum = ENUMERATION OF

（USERDEFINED，

NOTDEFINED）；

END_TYPE；

2.5.7 桥 梁

2.5.7.1 桥 梁

公路工程中的桥梁，在数据存储中由桥梁（IfcBridge）实体表示。其主要属性如表 2-5-40 所示。

表 2-5-40 桥梁主要属性

属性名称	实体属性	数据类型	规则	描述/举例
名称	IfcBridge.Name	IfcLabel	?	桥梁名称，如××大桥
编号	IfcBridge.GlobalId	IfcGloballyUniqueId		桥梁在模型中的唯一编号
类型	IfcBridge.PredefinedType	IfcBridgeTypeEnum	?	设置分类编码表示不同形式的桥梁
位置	IfcBridge.ObjectPlacement	IfcObjectPlacement	?	参考路线（IfcAlignment），计算桥梁的水平坐标和高程
材料	IfcBridge.HasAssociations["]	IfcRelAssociates	S[0:?]	通过关联材料（IfcRelAssociatesMaterial）设置桥梁材料（IfcMaterial），例如石桥、混凝土桥等

续表

属性名称	实体属性	数据类型	规则	描述/举例
空间包含关系	IfcBridge.ContainsElements['']	IfcIRelContainedInSpatialStructure	S[0:?]	1. 包含上部结构（IfcBridgeStorey）和下部结构（IfcBridgeStorey） 2. 包含桥面铺装(IfcPavement)、锚固装置（IfcTendonAnchor）、齿板（IfcPlate）、搭板（IfcPlate）、伸缩缝（IfcMechanicalFastener）等附属构件 3. 包含交通标志牌（IfcTrafficSafety）和标线（IfcTrafficSafety）
服务关系	IfcBridge.ServicedBySystems['']	IfcRelServicesBuildings	S[0:?]	关联相应的排水系统（IfcDistributionSystem）和照明系统（IfcDistributionSystem）等

桥梁（IfcBridge）实体的 Express 表达：

ENTITY IfcBridge

SUBTYPE OF（IfcBuiltFacility）；

END_ENTITY；

桥梁（IfcBridgeTypeEnum）实体的类型枚举项定义：

USERDEFINED：用户自定义；

NOTDEFINED：未定义。

EXPRESS 表达：

TYPE IfcBridgeTypeEnum = ENUMERATION OF

（USERDEFINED，

NOTDEFINED）；

END_TYPE；

2.5.7.2 上部结构

桥梁上部结构，在数据存储中由桥梁结构（IfcBridgeStorey）实体表示。其主要属性如表 2-5-41 所示。

表 2-5-41　上部结构主要属性

属性名称	实体属性	数据类型	规则	描述/举例
名称	IfcBridgeStorey.Name	IfcLabel	?	结构名称，如××大桥上部结构
编号	IfcBridgeStorey.GlobalId	IfcGloballyUniqueId		上部结构在模型中的唯一编号
类型	IfcBridgeStorey.PredefinedType	IfcBridgeStoreyTypeEnum	?	设置分类编码表示上部结构
位置	IfcBridgeStorey.ObjectPlacement	IfcObjectPlacement	?	参考路线（IfcAlignment），计算上部结构的水平坐标和高程
材料	IfcBridgeStorey.HasAssociations["]	IfcRelAssociates	S[0:?]	通过关联材料（IfcRelAssociatesMaterial）设置桥梁材料（IfcMaterial），例如钢、混凝土等
空间包含关系	IfcBridgeStorey.ContainsElements["]	IfcRelContainedInSpatialStructure	S[0:?]	上部结构选择包含主梁（IfcBeam）、拱圈（IfcArch）、拱座（IfcFooting）、桁架梁（IfcElementAssembly）、塔柱（IfcColumn）、主缆（IfcReinforcingBar）、斜拉索（IfcReinforcingBar）、横隔板（IfcSlab）、横梁（IfcBeam）、纵梁（IfcBeam）、立柱（IfcColumn）、横撑（IfcMember）、吊杆（IfcMember）、索夹（IfcMechanicalFastener）、鞍座（IfcMechanicalFastener）、加劲肋（IfcSlab）、预应力筋（IfcTendon）、预应力管道（IfcPipeSegment）等构件，下部结构选择包含支座（IfcBearing）、支座垫石（IfcProxy）、桥墩（IfcElementAssembly）、桥台（IfcElementAssembly）、锚碇（IfcProxy）等构件

桥梁结构（IfcBridgeStorey）实体的 Express 表达：

ENTITY IfcBridgeStorey

SUBTYPE OF（IfcBuiltFacilityDecomposition）；

END_ENTITY；

桥梁结构（IfcBridgeStoreyTypeEnum）实体的类型枚举项定义：

USERDEFINED：用户自定义；

NOTDEFINED：未定义。

EXPRESS 表达：

TYPE IfcBridgeStoreyTypeEnum = ENUMERATION OF

（USERDEFINED，

NOTDEFINED）；

END_TYPE；

2.5.7.3　下部结构

桥梁下部结构，在数据存储中由桥梁结构（IfcBridgeStorey）实体表示。其主要属性如表 2-5-42 所示。

表 2-5-42　下部结构主要属性

属性名称	实体属性	数据类型	规则	描述/举例
名称	IfcBridgeStorey.Name	IfcLabel	?	结构名称，如××大桥下部结构
编号	IfcBridgeStorey.GlobaId	IfcGloballyUniqueId		下部结构在模型中的唯一编号
类型	IfcBridgeStorey.PredefinedType	IfcBridgeStoreyTypeEnum	?	设置分类编码表示下部结构
位置	IfcBridgeStorey.ObjectPlacement	IfcObjectPlacement	?	参考路线（IfcAlignment），计算下部结构的水平坐标和高程
材料	IfcBridgeStorey.HasAssociations['']	IfcRelAssociates	S[0:?]	通过关联材料（IfcRelAssociatesMaterial）设置桥梁材料（IfcMaterial），例如钢、混凝土等

续表

属性名称	实体属性	数据类型	规则	描述/举例
空间包含关系	IfcBridgeStorey.ContainsElements['']	IfcRelContainedInSpatialStructure	S[0:?]	选择包含支座（IfcBearing）、支座垫石（IfcProxy）、桥墩（IfcElementAssembly）、桥台（IfcElementAssembly）、锚碇（IfcProxy）等构件

2.5.7.4 支　座

桥梁中的支座，在数据存储中由支座（IfcBearing）实体表示。其主要属性如表 2-5-43 所示。

表 2-5-43　支座主要属性

属性名称	实体属性	数据类型	规则	描述/举例
名称	IfcBearing.Name	IfcLabel	?	支座名称，如××大桥××号桥墩××号支座
编号	IfcBearing.GlobalId	IfcGloballyUniqueId		支座在模型中的唯一编号
类型	IfcBearing.PredefinedType	IfcBearingTypeEnum	?	设置分类编码表示不同的支座类型
位置	IfcBearing.ObjectPlacement	IfcObjectPlacement	?	参考路线（IfcAlignment），计算支座的水平坐标和高程
材料	IfcBearing.HasAssociations['']	IfcProductRepresentation	?	通过关联材料（IfcRelAssociatesMaterial）设置支座的材料（IfcMaterial），例如橡胶、钢等

续表

属性名称	实体属性	数据类型	规则	描述/举例
几何	IfcBearing.Representation	IfcRelAssociates	S[0:?]	精细模型：构造实体模型（IfcCsgSolid） 粗糙模型：三角面片（IfcTriangulated FaceSet）
连接关系	IfcBearing.IsConnectionRealization["]			表示支座（IfcBearing）与主梁（IfcBeam）、盖梁（IfcBeam）等构件之间的连接关系

支座（IfcBearing）实体 Express 表达：

ENTITY IfcBearing

SUBTYPE OF（IfcElementComponent）；

END_ENTITY；

支座（IfcBearingTypeEnum）实体的类型枚举项定义：

USERDEFINED：用户自定义；

NOTDEFINED：未定义。

EXPRESS 表达：

TYPE IfcBearingTypeEnum = ENUMERATION OF

（USERDEFINED，

NOTDEFINED）；

END_TYPE；

2.5.7.5 桥墩

桥梁中的桥墩，在数据存储中由组合件（IfcElementAssembly）表示。其主要属性如表 2-5-44 所示。

表 2-5-44　桥墩主要属性

属性名称	实体属性	数据类型	规则	描述/举例
名称	IfcElementAssembly.Name	IfcLabel	?	桥墩名称，如××大桥××号桥墩
编号	IfcElementAssembly.GlobalId	IfcGloballyUniqueId		桥墩在模型中的唯一编号
类型	IfcElementAssembly.PredefinedType	IfcElementAssemblyTypeEnum	?	设置分类编码表示不同形式的桥墩
位置	IfcElementAssembly.ObjectPlacemeut	IfcObjectPlacement	?	参考路线（IfcAlignment），计算桥墩的水平坐标和高程
聚合关系	IfcElementAssembly.IsDecomposedBy["]	IfcRelAggregates	S[0:?]	选择盖梁（IfcBeam）、墩身（IfcColumn）、基础（Ifcfooting）、桩（IfcPile）聚合组成桥墩

2.5.7.6　桥　台

桥梁中的桥台，在数据存储中由组合件（IfcElementAssembly）表示。其主要属性如表 2-5-45 所示。

表 2-5-45　桥台主要属性

属性名称	实体属性	数据类型	规则	描述/举例
名称	IfcElementAssembly.Name	IfcLabel	?	桥台名称，如××大桥××号桥台
编号	IfcElementAssembly.GlobalId	IfcGloballyUniqueId		桥台在模型中的唯一编号
类型	IfcElementAssembly.PredefinedType	IfcElementAssemblyTypeEnum	?	设置分类编码表示不同形式的桥台

续表

属性名称	实体属性	数据类型	规则	描述/举例
位置	IfcElementAssembly.ObjectPlacement	IfcObjectPlacement	?	参考路线（IfcAlignment），计算桥台的水平坐标和高程
聚合关系	IfcElementAssembly.IsDecomposedBy["]	IfcRelAggregates	S[0:?]	选择耳墙（IfcWall）、翼墙（IfcWall）、挡土墙（IfcWall）、台身（IfcWall）、台帽（IfcBeam）、基础（IfcFooting）、桩（IfcPile）等聚合组成桥台

2.5.8 涵洞

2.5.8.1 涵洞

公路工程中的涵洞，在数据存储中由涵洞（IfcCulvert）实体表示。其主要属性如表 2-5-46 所示。

表 2-5-46 涵洞主要属性

属性名称	实体属性	数据类型	规则	描述/举例
名称	IfcCulvert.Name	IfcLabel	?	涵洞名称，如 Kl5+400 圆管涵
编号	IfcCulvert.GlobalId	IfoGloballyUniqueId		涵洞在模型中的唯一编号
类型	IfcCulvert.PredefinedType	IfcCulvertTypeEnum		设置分类编码表示不同形式的涵洞
位置	IfcCulvert.ObjectPlacement	IfcObjectPlacement	?	参考路线（IfcAlignment），计算涵洞的水平坐标和高程

续表

属性名称	实体属性	数据类型	规则	描述/举例
材料	IfcCulvert.HasAssociations['']	IfcRelAssociates	S[0:?]	通过关联材料（IfcRelAssociatesMaterial）设置桥梁材料（IfcMaterial），例如石涵、混凝土桥等
空间包含关系	IfcCulvert.ContainsElements['']	IfcRelContainedInSpatialStructure	S[0:?]	1. 包含洞口（IfcElementAssembly）、洞身（IfcElementAssembly） 2. 包含桥面铺装（IfcPavement）、挡块（IfcProxy）、踏步（ifcStair）、搭板（IfcSlab）、牛腿（IfcMember）等附属构件

涵洞（IfcCulvert）实体的 Express 表达：

ENTITY IfcCulvert

SUBTYPE OF（IfcBuiltFacility）；

END_ENTITY；

涵洞（IfcCulvertTypeEnum）实体的类型枚举项定义：

USERDEFINED：用户自定义；

NOTDEFINED：未定义。

EXPRESS 表达：

TYPE IfcCulvertTypeEnum = ENUMERATION OF

（USERDEFINED，

NOTDEFINED）；

END_TYPE；

2.5.8.2 洞 口

涵洞中的洞口，在数据存储中应由组合件（IfcElementAssembly）表示，其主要属性如表 2-5-47 所示。

表 2-5-47 洞口主要属性

属性名称	实体属性	数据类型	规则	描述/举例
名称	IfcElementAssembly.Name	IfcLabel	?	洞口名称，如 K15+400 圆管涵入口
编号	IfcElementAssembly.GlobalId	IfcGloballyUniqueId		洞口在模型中的唯一编号
类型	IfcElementAssembly.PredefinedType	IfcElementAssemblyTypeEnum	?	设置分类编码表示不同形式的洞口
位置	IfcElementAssembly.ObjectPlacement	IfcObjectPlacement	?	参考路线（IfcAlignment），计算洞口的水平坐标和高程
聚合关系	IfcElementAssembly.IsDecomposedBy['']	IfcRelAggregates	S[0:?]	选择翼墙（IfcWall）、一字墙（IfcWall）、挡墙（IfcWall）、侧墙（IfcWall）、截水墙（IfcWall）、帽石（IfcSlab）、雉墙（IfcWall）和锥坡（IfcProxy）、三角台（IfcProxy）、垫层（IfcFooting）、填土（IfcProxy）和扩大基础（IfcFooting）聚合组成洞口
连接关系	IfcElementAssembly.ConnectedTo['']	IfcRelConnectsWithRealizingElements	S[0:?]	用来连接涵洞洞身（IfcElementAssembly）

2.5.8.3 洞 身

涵洞中的洞身，在数据存储中由组合件（IfcElementAssembly）表示。其主要属性如表 2-5-48 所示。

表 2-5-48　洞身主要属性

属性名称	实体属性	数据类型	规则	描述/举例
名称	IfcElementAssembly.Name	IfcLabel	?	洞身名称，如 KI5+400 圆管涵洞身
编号	IfcElementAssembly.GlobalId	IfcGloballyUniqueId		洞身在模型中的唯一编号
类型	IfcElementAssembly.PredefinedType	IfcElementAssemblyTypeEnum	?	设置分类编码表示不同形式的洞身
位置	IfcElementAssembly.ObjectPlacement	IfcObjectPlacement	?	参考路线（IfcAlignment），计算洞身的水平坐标和高程
聚合关系	IfcElementAssembly.IsDecomposedBy["]	IfcRelAggregates	S[0:?]	选择盖板（IfcSlab）、台帽（IfcBeam）、涵身（IfcWall）、管节（IfcPipeSegment/CULVERT）、箱节（IfcPipeSegment/CULVERT）、支撑梁（IfcBeam）、墩帽（IfcBeam）、墩身（IfcCollum）、拱圈（IfcArch）、拱身（IfcWall）、仰拱（IfcArch）、拱座（Ifcfooting）、护拱（IfcProxy）、垫层（Ifcfooting）、填土（IfcProxy）和扩大基础（IfcFooting）聚合组成洞身
连接关系	IfcElementAssembly.ConnectedTo["]	IfcRelConnectsWithRealizingElements	S[0:?]	用来连接涵洞洞口（IfcElemeutAssembly）

2.5.9　隧　道

2.5.9.1　隧　道

公路工程中的隧道，在数据存储中由隧道（IfcTunnel）实体表示。其主要属性如表 2-5-49 所示。

表 2-5-49　隧道主要属性

属性名称	实体属性	数据类型	规则	描述/举例
名称	IfcTunnel.Name	IfcLabel	?	隧道名称，如：××隧道
编号	IfcTunnel.GlobalId	IfcGloballyUniqueId		隧道在模型中的唯一编号
类型	IfcTunnel.PredefinedType	IfcTunnelTypeEnum	?	设置分类编码表示不同形式的隧道
位置	IfcTunnel.ObjectPlacement	IfcObjectPlacement	?	参考路线（IfcAlignment），计算隧道的水平坐标和高程
材料	IfcTunnel.HasAssociaions["]	IfcRelAssociates	S[0:?]	通过关联材料（IfcRelAssociatesMaterial）设置隧道材料（IfcMaterial）
空间包含关系	IfcTunnel.ContainsElements["]	IfcRelCoutainedInSpatialStructure	S[0:?]	1. 包含多个隧道段（IfcElementAssembly） 2. 包含交通标志牌（IfcTrafficSafety）和标线（IfcTrafficSafety）
服务关系	IfcTunnel.ServicedBySystems["]	IfcRelServicesBuildings	S[0:?]	关联相应的排水系统（IfcDistributionSystem）、通风系统（IfcDistributionSystem）、消防系统（IfcDistributionSystem）等

隧道（IfcTunnel）实体的 EXPRESS 定义为：
ENTITY IfcTunnel
SUBTYPE OF（IfcBuiltFacility）；
END_ENTITY；
隧道（IfcTunnelTypeEnum）实体的类型枚举项定义：
USERDEFINED：用户自定义；
NOTDEFINED：未定义。

EXPRESS 表达：

TYPE IfcTunnelTypeEnum = ENUMERATION OF

（USERDEFINED，

NOTDEFINED）；

END_TYPE；

2.5.9.2 洞　　口

隧道的洞口结构，在数据存储中由新定义的洞口（IfcTunnelGate）实体表示。其主要属性如表 2-5-50 所示。

表 2-5-50　隧道洞口结构主要属性

属性名称	实体属性	数据类型	规则	描述/举例
名称	IfcTunnelGate.Name	IfcLabel	?	洞身名称，××隧道左幅入口
编号	IfcTunnelGate.GlobalId	IfcGloballyUniqueId		洞口结构在模型中的唯一编号
类型	IfcTunnelGate.PredefinedType	IfcTunnelGateTypeEnum	?	设置分类编码表示不同形式的洞口
位置	IfcTunnelGate.ObjectPlacement	IfcObjectPlacement	?	参考路线（IfcAlignment），计算洞口结构的水平坐标和高程
空间包含关系	IfcTunnelGate.IsDecomposedBy["]	IfcRelAggregates	S[0:?]	可包含多个构件对象，包括环框（IfcElementAssembly）、套拱（IfcElementAssembly）、边坡防护（IfcSlopeProtection）、翼墙（IfcWall）、端墙（IfcWall）、板（IfcSlab）、顶帽（IfcBeam）、柱（IfcColumn）、基础（IfcFooting）等

隧道洞口（IfcTunnelGate）实体的 EXPRESS 表达：

ENTITY IfcTunnelGate

SUBTYPE OF（IfcCivilElement）；

END_ENTITY；

隧道洞口（IfcTunnelGateTypeEnum）实体的类型枚举项定义：

USERDEFINED：用户自定义；

NOTDEFINED：未定义。

EXPRESS 表达：

TYPE IfcTunnelGateTypeEnum = ENUMERATION OF

（USERDEFINED，

NOTDEFINED）；

END_TYPE；

2.5.9.3　隧道段

隧道中的洞身（衬砌结构洞身、沉管结构洞身、管片结构洞身）、明洞结构、联络通道、洞室，在数据存储中由新定义的隧道段（IfcTunnelSegment）实体表示，其主要属性如表 2-5-51 所示。

表 2-5-51　隧道段主要属性

属性名称	实体属性	数据类型	规则	描述/举例
名称	IfcTunnelSegment.Name	IfcLabel	?	隧道段名称，××公路隧道 K30+500～K30+560 段
编号	IfcTunnelSegment.GlobalId	IfcGloballyUniqueId		隧道段在模型中的唯一编号
类型	IfcTunnelSegment.PredefinedType	IfcTunnelSegmentTypeEnum	?	设置分类编码表示不同形式的隧道段
位置	IfcTunnelSegment.ObjectPlacemem	IfcObjectPlacement	?	参考路线（IfcAlignment），计算隧道段的水平坐标和高程

续表

属性名称	实体属性	数据类型	规则	描述/举例
材料	IfcTunnelSegment.HasAssociations['']	IfcRelAssociates	S[0:?]	通过关联材料（IfcRelAssociatesMaterial）设置隧道段材料（IfcMaterial），例如隧道结构混凝土等级、钢筋等级
空间包含关系	IfcTunnelSegment.ContainsElements['']	IfcRelContainedInSpatialStructure	S[0:?]	可包含多个构件对象，包括衬砌构件（IfcTunnelLining）、套拱结构（IfcElementAssembly）、板（IfcSlab）、梁（IfcBeam）、柱（IfcColumn）、基础（IfcFootmg）等

隧道段（IfcTunnelSegment）实体的 EXPRESS 表达为：

ENTITY IfcTunnelSegment

SUBTYPE OF（IfcBuiltFacilityDecomposition）；

END_ENTITY；

隧道段（IfcTunnelSegmentTypeEnum）实体的类型枚举项定义：

USERDEFINED：用户自定义；

NOTDEFINED：未定义。

EXPRESS 表达：

TYPE IfcTunnelSegmentTypeEnum = ENUMERATION OF

（USERDEFINED，

NOTDEFINED）；

END_TYPE。

2.5.9.4 衬砌构件

隧道中的衬砌结构、沉管段、管片段，在数据存储中由衬砌构件（IfcTunnelLining）实体表示。主要属性如表 2-5-52 所示。

表 2-5-52　衬砌构件主要属性

属性名称	实体属性	数据类型	规则	描述/举例
名称	IfcTunnelLining.Name	IfcLabel	?	衬砌构件名称，如××隧道段××号衬砌构件
编号	IfcTunnelLining.GlobalId	IfcGloballyUniqueId		衬砌构件在模型中的唯一编号
类型	IfcTunnelLining.PredefinedType	IfcTunnelLiningTypeEnum	?	设置分类编码表示衬砌结构、沉管段、管片段
位置	IfcTunnelLining.ObjectPlacement	IfcObjectPlacement	?	参考路线（IfcAlignment），计算衬砌构件的水平坐标和高程
材料	IfcTunnelLining.HasAssociations["]	IfcProductRepresentation	?	通过关联材料（ifcRelAssociatesMaterial）设置衬砌构件的材料（IfcMaterial），例如钢筋混凝土、钢材等
几何	IfcTunnelLining.Representation	IfcRelAssociates	S[0:?]	精细模型：多桩号间水平分段扫掠体（IfcSectionedSolidHorizortal） 粗糙模型：不规则三角网（IfcTriangulatedIrregularNetwork）
聚合关系	IfcTunnelLining.IsDecomposedBy["]	IfcRelAggregates	S[0:?]	选择隧道墙（IfcWall）、隧道梁（IfcBeam）、隧道板（IfcSlab）、隧道柱（IfcColumn）、锚杆（IfcReinforcingBar）、钢拱架（IfcElementAssembly）、地下连续墙（IfcFooting）、钢筋网（IfcReinforcingMesh）等构件聚合成衬砌构件
连接关系	IfcTunnelLining.ConnectedTo["]	IfcRelConnectsWithRealizingElements	S[0:?]	用来连接隧道段（IfcTunnelSegment）

衬砌构件（IfcTunnelLining）实体的 EXPRESS 表达为：
ENTITY IfcTunnelLining
SUBTYPE OF（IfcCivilElement）；
END_ENTITY；
衬砌构件（IfcTunnelLiningTypeEnum）实体的类型枚举项定义：
USERDEFINED：用户自定义；
NOTDEFINED：未定义。
EXPRESS 表达：
TYPE IfcTunnelLiningTypeEnum = ENUMERATION OF
（USERDEFINED，
NOTDEFINED）；
END_TYPE；

2.5.9.5 套拱结构

隧道中的套拱结构，在数据存储中由组合件（IfcElementAssembly）实体表示。其主要属性如表 2-5-53 所示。

表 2-5-53 套拱结构主要属性

属性名称	实体属性	数据类型	规则	描述/举例
名称	IfcElementAssembly.Name	IfcLabel	?	套拱名称，××隧道左幅入口套拱
编号	IfcElementAssembly.GlobalId	IfcGloballyUniqueId		套拱结构在模型中的唯一编号
类型	IfcElementAssembly.PredefinedType	IfcElementAssemblyTypeEnum	?	设置分类编码表示不同类型的套拱
位置	IfcElementAssembly.ObjectPlacement	IfcObjectPlacement	?	参考路线（IfcAlignment），计算套拱结构的水平坐标和高程

续表

属性名称	实体属性	数据类型	规则	描述/举例
材料	IfcElementAssembly.HasAssociations["]	IfcProductRepresentation	?	通过关联材料（IfcRelAssociatesMaterial）设置套拱的材料（IfcMaterial），例如钢筋混凝土、钢材等
几何	IfcElementAssembly.Representation	IfcRelAssociates	S[0:?]	精细模型：多桩号间水平分段扫掠体（IfcSectionedSolidHorizontal） 粗糙模型：三化面片（IfcTriangulatedFaceSet）
聚合关系	IfcElementAssembly.IsDecomposedBy["]	IfcRelAggregates	S[0:?]	选择锚杆（IfcReinforcingBar）、拱（IfcArch）、基础（IfcFooting）等聚合组成套拱结构

2.5.9.6 环框结构

隧道中的环框结构，在数据存储中由组合件（IfcElementAssembly）实体表示。其主要属性如表 2-5-54 所示。

表 2-5-54 环框结构主要属性

属性名称	实体属性	数据类型	规则	描述/举例
名称	IfcElementAssembly.Name	IfcLabel	?	环框名称，如××隧道左幅入口环框
编号	IfcElementAssembly.GlobalId	IfcGloballyUniqueId		环框结构在模型中的唯一编号
类型	IfcElementAssembly.PredefinedType	IfcElementAssemblyTypeEnum	?	设置分类编码表示不同类型的环框

续表

属性名称	实体属性	数据类型	规则	描述/举例
位置	IfcElementAssembly.ObjectPlacement	IfcObjectPlacement	?	参考路线（IfcAlignment），计算环框结构的水平坐标和高程
材料	IfcElementAssembly.HasAssociations['']	IfcProductRepresentation	?	通过关联材料（IfcRelAssociatesMaterial）设置环框的材料（IfcMaterial），例如钢筋混凝土、钢材等
几何	IfcElementAssembly.Representation	IfcRelAssociates	S[0:?]	1. 精细模型：多桩号间水平分段扫掠体（IfcSectionedSolidHorizontal） 2. 粗糙模型：三角面片（IfcTriangulatedFaceSet）
聚合关系	IfcElementAssembly.IsDecomposedBy['']	IfcRelAggregates	S[0:?]	选择拱（IfcArch）、墙（IfcWall）、基础（Ifcfooting）等聚合组成环框结构
连接关系	IfcElementAssembly.ConnectedTo['']	IfcRelConnectsWithRealzingElements	S[0:?]	环框在 IfcTunnelLining 对象的 ConnectedFrom['']和 ConnectedTo[''] 属性中与明洞的衬砌结构（IfcTunnelLining）相连接

2.5.10 交通工程及沿线设施

2.5.10.1 交通安全设施

交通安全设施中的交通标志、交通标线、视线诱导设施、隔离栅、防落网、防眩设施，在数据存储中由新定义的交通安全设施 IfcSafetyFacilities 实体表示。其主要属性如表 2-5-55 所示。

表 2-5-55　交通安全设施主要属性

属性名称	实体属性	数据类型	规则	描述/举例
名称	IfcSafetyFacilities.Name	IfcLabel	?	交通安全设施名称，如××公路××段标志牌
编号	IfcSafetyFacilities.GlobalId	IfcGloballyUniqueId		交通安全设施在模型中的唯一编号
类型	IfcSafetyFacilities.PredefinedType	IfcSafetyFacilitiesTypeEnum	?	设置分类编码表示不同类型的交通安全设施
位置	IfcSafetyFacilities.ObjectPlacement	IfcObjectPlacement	?	参考路线（IfcAlignment），计算交通安全设施的水平坐标和高程
几何	IfcSafetyFacilities.Representation	IfcProductRepresentation	?	构造实体模型（IfcCsgSolid）
材料	IfcSafetyFacilities.HasAssociations["]	IfcRelAssociates	S[0:?]	通过关联材料（IfcRelAssociatesMaterial）设置标志牌的材料（IfcMaterial），例如玻璃钢、铝塑板、铝合金板等

交通安全设施（IfcSafetyFacilities）实体 EXPRESS 表达：

ENTITY IfcSafetyFacilities

SUBTYPE OF（IfcFlowTerminal）；

END_ENTITY；

交通安全设施（IfcSafetyFacilitiesTypeEnum）实体的类型枚举项定义：

USERDEFINED：用户自定义；

NOTDEFINED：未定义。

EXPRESS 表达：

TYPE IfcSafetyFacilitiesTypeEnum = ENUMERATION OF

（USERDEFINED，

NOTDEFINED);

END_TYPE；

交通安全设施中的波形梁护栏、缆索护栏、开口护栏和栏杆在数据存储中由 IfcRailing 表示，混凝土护栏在数据存储中由 IfcWall 表示，其主要属性详如表 2-5-56 所示。

表 2-5-56　护栏和栏杆主要属性

属性名称	实体属性	数据类型	规则	描述/举例
名称	IfcRailing.Name	IfcLabel	?	护栏和栏杆名称，如××公路 K30+500～K30+650 栏杆
编号	IfcRailing.GlobalId	IfcGloballyUniqueId		栏杆在模型中的唯一编号
类型	IfcRailing.PredefinedType	IfcRailingTypeEnum	?	设置分类编码表示波形梁护栏、缆索护栏、开口护栏和栏杆等
位置	IfcRailing.ObjectPlacement	IfcObjectPlacement	?	参考路线（IfcAlignment），计算护栏和栏杆的水平坐标和高程
几何	IfcRailing.Representation	IfcProductRepresentation	?	构造实体模型（IfcCsgSolid）分段扫掠体（IfcSectionedSolid）
材料	IfcRailing.HasAssociations[""]	IfcRelAssociates	S[0:?]	通过关联材料（IfcRelAssociatesMaterial）设置护栏和栏杆的材料（IfcMaterial）

2.5.10.2　管理设施

公路工程中的交通工程管理设施，在数据存储中由配送系统（IfcDistributionSystem）表示，其主要属性如表 2-5-57 所示。

表 2-5-57　交通工程管理设施主要属性

属性名称	实体属性	数据类型	规则	描述/举例
名称	IfcDistributionSystem.Name	IfcLabel	?	交通管理设施名称，如××公路××~××段通信管理设施
编号	IfcDistributionSystem.GlobalId	IfcGloballyUniqueId		交通工程管理设施在模型中的唯一编号
类型	IfcDistributionSystem.PredefinedType	IfcDistributionSystemTypeEnum	?	设置分类编码表示监控、收费、通信、照明等不同交通工程管理设施
位置	IfcDistributionSystem.ObjectPlacement	IfcObjectPlacement	?	参考路线（IfcAlignment），计算交通管理设施的水平坐标和高程
服务关系	IfcDistributionSystem.ServicedBySystems["]	IfcRelServicesBuildings	S[0:1]	关联相应的服务对象，如道路（IfcRoad）、桥梁（IfcBridge）和隧道（IfcTunnel）
分配到组关系	IfcDistributionSystem.IsGroupedBy["]	IfcRelAssignsToGroup	S[0:1]	将线缆段（IfcCableSegment）、设备（IfcDistributionElement）、沟槽（IfcCableCarrierSegment）等构件分配到系统中

交通工程管理设施中的线缆，在数据存储中由线缆段（IfcCableSegment）实体表示，其主要属性如表 2-5-58 所示。

表 2-5-58　线缆主要属性

属性名称	实体属性	数据类型	规则	描述/举例
名称	IfcCableSegment.Name	IfcLabel	?	线缆名称，如××~××段光缆
编号	IfcCableSegment.GlobalId	IfcGloballyUniqueId		线缆在模型中的唯一编号

续表

属性名称	实体属性	数据类型	规则	描述/举例
类型	IfcCableSegment.PredefinedType	IfcCableSegmentTypeEnum	?	设置分类编码表示不同类型的线缆
位置	IfcCableSegment.ObjectPlacement	IfcObjectPlacement	?	参考路线（IfcAlignment），计算线缆的水平坐标和高程
几何	IfcCableSegment.Representation	IfcProductRepresentation	?	扫掠圆盘体(IfcSweptDiskSolid) 分段扫掠体 (IfcSectionedSolid)
材料	IfcCableSegment.HasAssociations['']	IfcRelAssociates	S[0:?]	通过关联材料（IfcRelAssociatesMaterial）设置线缆的材料（IfcMaterial），例如电缆、光缆等
端口连接关系	IfcCableSegment.HasPorts['']	IfcRelConnectsPortToElement	S[0:?]	表示线缆与设备（IfcDistributionElement）等构件的连接关系

交通工程管理设施的设备，在数据存储中由配送（IfcDistributionElement）实体表示，其主要属性如表 2-5-59 所示。

表 2-5-59　设备主要属性

属性名称	实体属性	数据类型	规则	描述/举例
名称	IfcDistributionElement.Name	IfcLabel	?	设备名称，如××设备等
编号	IfcDistributionElement.GIobalId	IfcGloballyUniqueId		设备在模型中的唯一编号
类型	IfcDistributionElement.PredefinedType	IfcDistributionElementTypeEnum	?	设置分类编码表示不同类型的设备柜
位置	IfcDistributionElement.ObjectPlacement	IfcObjectPlacement	?	参考路线（IfcAlignment），计算设备的水平坐标和高程

续表

属性名称	实体属性	数据类型	规则	描述/举例
几何	IfcDistributionElement.Representation	IfcProducctRepresentation	?	扫掠圆盘体（IfcSweptDiskSolid）分段扫椋体（IfcSectionedSolid）
材料	IfcDistributionElement.HasAssociations['']	IfcRelAssociates	S[0:?]	通过关联材料（IfcRelAssociatesMaterial）设置设备的材料（IfcMaterial），例如塑料、金属等
端口连接关系	IfcDistributionElement.HasPorts['']	IfcRelConnectsPortToElement	S[0:?]	表示设备（IfcDistributionElement）与线缆（IfcCableSegment）等构件的连接关系

交通工程管理设施的设备柜，在数据存储中由代理（IfcProxy）实体表示，其主要属性如表 2-5-60 所示。

表 2-5-60　设备柜主要属性

属性名称	实体属性	数据类型	规则	描述/举例
名称	IfcProxy.Name	IfcLabel	?	设备柜名称，如××设备柜等
编号	IfcProxy.GlobalId	IfcGloballyUmqueId		设备柜在模型中的唯一编号
类型	IfcProxy.PredefinedType	IfcProxyTypeEnum	?	设置分类编码表示不同类型的设备柜
位宜	IfcProxy.ObjectPlacement	IfcObjectPlacement	?	参考路线（IfcAlignment），计算设备柜的水平坐标和高程
几何	IfcProxy.Representation	IfcProductRepresentation	?	拉伸体（IfcExtrudedAreaSolid）
材料	IfcProxy.HasAssociations['']	IfcRelAssociates	S[0:?]	通过关联材料（IfcRelAssociatesMaterial）设置设备柜的材料（IfcMaterial），例如钢材、铝材等

交通工程管理设施的走线架桥架，在数据存储中由支架（IfcCableCarrierSegment）实体表示。其主要属性如表2-5-61所示。

表 2-5-61　走线架桥架主要属性

属性名称	实体属性	数据类型	规则	描述/举例
名称	IfcCableCarrierSegment.Name	IfcLabel	?	走线架桥架名称，如××桥架等
编号	IfcCableCarrierSegment.GlobalId	IfcGloballyUniqueId		走线架桥架在模型中的唯一编号
类型	IfcCableCarrierSegment.PredefinedType	IfcCableCarrierSegmentTypeEnum	?	设置分类编码表示不同类型的交通工程管理设施走线架桥架
位置	IfcCableCarrierSegment.ObjectPlacement	IfcObjectPlacement	?	参考路线（IfcAlignment），计算走线架桥架的水平坐标和高程
几何	IfcCableCarrierSegment.Representation	IfcProductRepresentation	?	拉伸体（IfcExtrudedAreaSolid）分段扫掠体（IfcSectionedSohd）
材料	IfcCableCarrierSegment.HasAssociations["]	IfcRelAssociates	S[0:?]	通过关联材料（IfcRelAssociatesMaterial）设置走线架桥架的材料（IfcMaterial），例如钢材、铝材等
端口连接关系	IfcCableCarrierSegment.HasPorts["]	IfcRelConnectsPortToElement	S[0:?]	表示走线架桥架（IfcCableCarrierSegment）与其他走线架桥架（IfcCableCarrierSegment）的连接关系

交通工程管理设施的管道沟槽，在数据存储中由管段（IfcPipeSegment）实体表示，其主要属性如表2-5-62所示。

表 2-5-62　管道沟槽主要属性

属性名称	实体属性	数据类型	规则	描述/举例
名称	IfcPipeSegment.Name	IfcLabel	?	管道沟槽名称，如××管道、××沟、××槽
编号	IfcPipeSegment.GlobalId	IfcGloballyUniqueId		管道沟槽在模型中的唯一编号
类型	IfcPipeSegment.PredefinedType	IfcPipeSeginentTypeEnum	?	设置分类编码表示不同类型的交通工程管理设施管线沟槽
位置	IfcPipeSegment.ObjectPlacement	IfcObjectPlacement	?	参考路线（IfcAlignment），计算管道沟槽水平坐标和高程
几何	IfcPipeSegment.Representation	IfcProductRepresentation	?	拉伸体（IfcExtrudedAreaSolid）
材料	IfcPipeSegment.HasAssociations["]	IfcRelAssociates	S[0:?]	通过关联材料（IfcRelAssociatesMaterial）设置管道沟槽的材料（IfcMaterial），例如浆砌块石、混凝土等
聚合关系	IfcPipeSegment.IsDecomposedBy["]	IfcRelAggregates	S[0:?]	例如：管道沟槽中的钢筋（IfcReinforcingBar）
端口连接关系	IfcPipeSegment.HasPorts["]	IfcRelConnectsPortToElement	S[0:?]	表示管道沟槽（IfcPipeSegment）与其他管道沟槽（IfcPipeSegment）的连接关系

2.6　建模基本规定

2.6.1　一般规定

（1）设计期的公路工程信息模型应符合设计需求并考虑施工和运维的需求。

（2）设计期宜搭建统一的协同平台，供工程建设各相关方共享公路工程信息模型。

（3）设计期的公路工程信息模型在建立、应用和交付中的坐标系统应与项目地形图坐标系统一致，使用桩号定位。

（4）设计期提交的设计图纸和工程量统计表宜基于公路工程信息模型输出。

（5）模型单元在项目中宜赋予唯一存在的序列码，序列码的制定规则宜结合实际情况。

2.6.2 模型要求

（1）公路工程信息模型的建立、应用、交付应以模型单元作为基本对象。

（2）公路工程信息模型宜选择参数化的建模方法，对无法参数化的可使用非参数化的建模方法。

（3）公路工程信息模型无法使用几何表达的信息，可用属性和文档代替。

（4）当构件中几何精度与属性不一致时，应以属性信息为准。

（5）在满足公路工程项目需求的前提下，宜采用较低的建模方法。

（6）模型中构件插入的基准点宜是（0,0,0）点或者特征点。

（7）建模过程中可包含超越使用需求的冗余信息，但是输入方应采取必要措施减少冗余信息的产生。

2.7 模型应用

2.7.1 一般规定

公路工程信息模型应用贯穿于整个设计期，可降低成本、提高质量。

模型应用可开展单专业的应用，亦可开展多专业的联合应用，应用的结果反馈并更新模型。

模型应用宜包括但不局限于基本应用的规定。

2.7.2 应用流程

收集项目地形图、影像资料、实景模型等项目勘测资料和项目设计资料。

选择合适的模型深度等级,模型深度等级可参考但不局限于本书2.8节模型交付的规定。

建立项目场地模型和路线,并根据需求创建道路、桥梁、涵洞、隧道和交通工程及沿线设施模型。

模型应用之前,对建立的场地和各专业进行整合,整合后进行碰撞检查。

2.7.3 基本应用

2.7.3.1 可视化应用

可视化宜进行下列分析:

(1)路线选线与自然环境总体协调分析。

(2)路基边坡防护与周围植被等自然环境协调分析。

(3)桥梁结构和造型美学设计,与周围景观的协调分析。

(4)隧道洞口与周围地形的自然环境协调分析。

(5)改扩建高速公路工程项目交通组织模拟。

2.7.3.2 方案比选

方案比选宜进行下列分析:

(1)根据路线所选定走廊带和主要控制点,对不同路线方案进行比选。

(2)高填路基与桥梁、深挖路堑与隧道、整体式与分离式路基方案比选。

(3)土石方调配中移挖作填、集中取(弃)土、填料改良处理等方案比选。

(4)桥梁多种桥型、造型、景观等方案比选。

（5）隧道洞口方案比选，隧道支护结构方案比选。

（6）交通仿真分析，基于交通仿真研究报告优化公路工程设计方案。

2.7.3.3 安全性评价

安全性评价宜进行下列分析：

（1）根据沿线地形、地质、环境、交通需求、路线设计速度和指标等因素，分析路线平纵面、视距、超高、加宽等主要控制指标。

（2）路面抗滑能力、边坡稳定性、路基排水能力、路侧净区宽度和路侧危险程度评价。

（3）对路基与桥涵连接处、路基填挖方交界处、高填路基和深挖路堑进行路基沉降量和不均匀变形分析。

（4）桥下净空分析、基础不良地质与承载力分析、桥梁整体有限元计算和局部构件分析。

（5）隧道洞口稳定性分析、结构受力体系分析、突水涌泥分析、大变形评价分析，分析并建议相应的施工工法。

（6）基于公路工程信息模型和VR技术，进行不同运行速度公路模拟驾驶，验证公路工程项目安全性报告。

2.7.3.4 环境保护

环境保护宜进行下列分析：

（1）路线沿交通量变化对区域噪声、废气和珍稀动植物的影响分析。

（2）路基填高、取（弃）土场地资源利用分析，路基开挖、取（弃）土对水土保持的影响。

（3）桥梁用地规模与社会环境协调发展，墩台压缩河床对河道冲刷的影响。

（4）隧道洞口开挖对山区地表植被的影响分析，以及施工过程中废渣场地的选址、排水处理、防护及绿化设计，防范塌方和环境污染风险。

2.7.3.5 其他公路工程信息模型应用

其他公路工程信息模型应用：
（1）二维图纸输出和工程量统计复核。
（2）构件预制加工和拼装。
（3）灾害情况下的隧道内人员疏散模拟。

2.8 交付和审核

2.8.1 一般规定

（1）设计期交付的模型宜考虑工程项目实际需求，在不同阶段交付不同深度的模型。
（2）设计期交付的公路工程信息模型宜进行模型及携带信息的审核。
（3）公路工程中建筑物的交付引用国家相关标准、规范。
（4）交付的公路工程信息模型中应包含版本信息。

2.8.2 模型交付

设计期应根据项目需求和实际条件，选择合适的深度等级。设计期引用 4 种不同的基本深度等级，如表 2-8-1 所示。

表 2-8-1 基本深度等级

深度等级	描　述
LOD1.0	含基本外轮廓形状，粗略的尺寸、形状、主要的设计信息
LOD2.0	近似几何尺寸，形状和方向，能够反映物体本身大致的几何特性，以及主要的设计信息
LOD3.0	精确的几何尺寸，能够反映物体的实际外形并且可以保证施工准备和模型应用分析，以及包含详细的设计信息
LOD4.0	精确的几何尺寸，能够反映物体的实际外形并且包含详细的施工信息

除以上规定的基本深度等级外，建设单位可根据具体项目需要在基本等级之间，扩展其他深度如 LOD1.×、LOD2.×、LOD3.×、LOD4.× 等级。

公路工程信息模型各专业深度等级表如表 2-8-2 所示。

表 2-8-2　深度等级

深度等级表	附录	深度等级表	附录
项目模型深度等级表	A	桥梁模型深度等级表	F
通用构件深度等级表	B	涵洞模型深度等级表	G
通用属性深度等级表	C	隧道模型深度等级表	H
路线模型深度等级表	D	交通工程及沿线设施模型深度等级表	J
道路模型深度等级表	E	临时工程模型深度等级表	K

设计期交付的公路工程信息模型应赋予分类编码，遵循国家标准中分类编码附录。

设计期的交付物即模型，宜以工程项目为单位。

交付的公路工程信息模型文件格式应符合下列任一条规定：

（1）采用公路工程信息模型数据存储格式，即扩展后的.ifc 格式。

（2）工程项目合同中约定的专用格式。

施工图设计阶段交付的模型宜为深化预留条件。

2.8.3　模型审核

模型审核必须严格执行现有的标准规范、项目合同的规定。

模型审核宜由建设单位指定相关方。

模型审核的范围宜涵盖项目合同的所有约定，以及由模型生成图纸和报表等文档。

2.8.4　方案设计阶段交付标准

交付深度：方案设计阶段交付深度应符合表 2-8-3 的要求。

第2章 公路工程项目 BIM 技术应用方案

表 2-8-3　方案设计阶段交付深度要求

序号	专业	深度等级
1	桥梁	LOD1.0
2	道路	LOD1.0
3	隧道	LOD1.0
4	给排水	LOD1.0
5	综合管廊	LOD1.0

交付内容：方案设计阶段交付内容应符合表 2-8-4 的要求。

表 2-8-4　方案设计阶段交付内容要求

专业	序号	几何信息	非几何信息
桥梁	1	项目边界、地形地貌、邻近所见工程的主要建（构）筑物外轮廓和基础布置、河道或水系轮廓和边界等	周边建（构）筑物信息、路网信息、桥梁纵剖面地质信息、河道或水系信息（航道等级、通航净空）等
桥梁	2	桥梁主梁轴线和墩台孔跨布置定位系统的坐标和高程等	主要技术标准、设计使用年限、抗震设防烈度、抗震等级、设计车速、设计荷载、结构安全等级、结构体系等
桥梁	3	上部结构及下部结构截面外轮廓尺寸、结构主要控制点坐标	主梁、桥墩、桥台布设要点、使用的主要材质
桥梁	4	桥面功能带	通行净空
桥梁	5	—	工程量、主要经济指标和投资规模
道路	1	场地：场地边界、构筑物外轮廓和基础尺寸及范围、河道水系轮廓和边界、铁路、高压线、管线等空间位置及尺寸	场地：场地名称、路网信息、周边构筑物、水文、地质等信息
道路	2	道路平纵横、道路位置、平纵横粗略尺寸方案	道路平纵横、道路名称、设计标准控制条件等

续表

专业	序号	几何信息	非几何信息
道路	3	路基路面、路基路面结构层尺寸、路拱横坡、路基处置深度、边坡防护尺寸及坡率等	路基路面：路基路面结构层类型材料、处置方式等
其他	1	交叉工程、交叉口外轮廓尺寸、渠化设计、高程信息等	交叉工程、交叉类型、设计标准、交通分析等
其他	2	附属工程、公交车站、无障碍盲道设施、交通、照明、绿化等设置位置、尺寸方案等	附属工程、类型、材质、支护方式等
其他	3	—	工程量、主要经济指标和投资规模

2.8.5 初步设计阶段交付标准

交付深度：初步设计阶段交付深度应符合表 2-8-5 的要求。

表 2-8-5 初步设计阶段交付深度要求

序号	专业	深度等级
1	桥梁	LOD200
2	道路	LOD200
3	隧道	LOD200
4	给排水	LOD200
5	综合管廊	LOD200

交付内容：初步设计阶段交付内容应符合表 2-8-6 的要求。

表 2-8-6　初步设计阶段交付内容要求

专业	序号	几何信息	非几何信息
桥梁	1	项目边界、较为精确的地形地貌、邻近所见工程的主要建（构）筑物外轮廓和基础布置、河道或水系轮廓和边界等	周边建（构）筑物信息、路网信息、桥梁纵剖面和墩台横断面地质信息、河道或水系信息（航道等级通航净空水位）等
	2	桥梁主梁轴线和墩台孔跨布置定位系统的坐标和高程等	主要技术标准、设计使用年限、抗震设防烈度、抗震等级、设计车速、设计荷载、结构安全等级、结构体系等
	3	上部结构、下部结构及基础详细定位尺寸及空间位置坐标、构件几何外轮廓和典型断面、预应力布置和定位、关键构造、节点的详细构造等	主梁、桥墩、桥台等设计要点、材质、结构形式、构件连接方式、钢结构焊接焊缝等级或紧固件等级、主要材料用量指标等
	4	车行范围：人行范围、功能带范围桥面绿化带范围、防撞护栏和人行道栏杆设置范围等	车行净空、人行净空
	5	桥面铺装及排水设施、防撞护栏、人行道及栏杆位置及尺寸、照明灯具布置位置、过桥管线、特殊设施设备的设置位置和空间	类型、材质、管线荷载及布置方式，设施设备的主要信息等
	6	—	桥梁工程数量表、概算
道路	1	场地、场地边界、构筑物外轮廓和基础尺寸及范围、河道水系轮廓和边界、铁路、高压线、管线等空间位置及尺寸	场地、场地名称、路网信息、周边构筑物、水文、地质等信息

续表

专业	序号	几何信息	非几何信息
道路	2	道路平纵横、道路位置、平纵横详细尺寸方案	道路平纵横、道路名称、设计标准、控制条件等
	3	路基、路基各结构层尺寸、路拱横坡、一般路基和特殊路基处置范围及尺寸、边坡防护尺寸及坡率等	路基、路基各结构层材料信息、设计参数、特殊路基处理方式等
	4	路面、路面各结构层尺寸、路拱横坡、路面减速带、拦水带及路缘石路边石、路平石等附属结构尺寸等	路面、路面类型、各结构层材料信息设计参数、附属设施材料信息、设计标准等
其他	1	交叉工程、平面交叉和立体交叉详细轮廓尺寸、交叉高程信息、平面渠化尺寸等	交叉工程、交叉类型、设计标准、交通分析等
	2	附属工程、支挡防护、无障碍盲道公交车站、台阶、沿洞等尺寸方案设置位置等	附属工程、支挡防护方式、材质类型荷载参数、无障碍、盲道、公交车站基本类型、设计标准、材料信息、沿洞类型、材质、设计标准、水利参数等
	3	交通安全与管理设施、交通标线、标志及智能交通设备和基础等尺寸方案、设置间距、半径等	交通安全与管理设施、交通标线、标志及智能交通设备和基础设置样式、类型、材料信息等
	4	道路排水、路基路面截水沟、明沟、盲沟等排水设施尺寸	道路排水、路基路面排水方式、材料信息等
	5	道路照明、道路照明设置间距、基础、预埋管线尺寸方案、埋深等	道路照明、道路照明设备、基础及管线等材料类型、设计标准等
	6	道路绿化、绿化间距、树池尺寸等	道路绿化、绿化树种、规格、布置位置等
	7	—	道路工程数量表、概算

2.8.6 施工图设计阶段交付标准

交付深度：施工图设计阶段交付深度应符合表 2-8-7 的要求。

表 2-8-7　施工图设计阶段交付深度要求

序号	专业	深度等级
1	桥梁	LOD300
2	道路	LOD300
3	隧道	LOD300
4	给排水	LOD300
5	综合管廊	LOD300

交付内容：施工图设计阶段交付内容应符合表 2-8-8 的要求。

表 2-8-8　施工图设计阶段交付内容要求

专业	序号	几何信息	非几何信息
桥梁	1	项目边界、精准的地形地貌、邻近所见工程的主要建（构）筑物的结构轮廓和基础布置、河道或水系轮廓和边界等	周边建（构）筑物信息、路网信息、桥梁纵剖面和墩台横断面地质信息、河道或水系信息（航道等级、通航净空水位）等
	2	桥梁主梁轴线和墩台孔跨布置定位线的坐标和高程等	主要技术标准：设计使用年限、抗震设防烈度、抗震等级、设计车速、设计荷载、结构安全等级、结构体系等级、桥面纵横坡、桥梁起终点坐标和高程等
	3	上部结构及下部结构详细定位尺寸及空间位置坐标、构件几何尺寸和细节大样、预应力布置和定位、钢筋布置、构件连接的详细构造等	主梁、桥墩、桥台等设计要点、材质结构形式、构件连接方式、钢结构焊接焊缝等级或紧固件等级、详细的材料清单等

续表

专业	序号	几何信息	非几何信息
桥梁	4	车行范围、人行范围、功能带范围桥面绿化带范围、防撞护栏和人行道栏杆设置范围等	车行净空、人行净空等
桥梁	5	防撞护栏、人行道及栏杆位置及尺寸、照明灯具布置位置、过桥管线附属设施结构详细构造和结构定位信息、特殊设施设备的设置位置和空间	类型、材质、管线荷载和布置方式、设施设备的主要信息等
桥梁	6	—	桥梁工程数量表、预算
道路	1	场地：场地边界、构筑物外轮廓和基础尺寸及范围、河道水系轮廓和边界、铁路、高压线、管线等空间位置及尺寸	场地：场地名称、周边构筑物、地质、水文、地震信息、地质信息等
道路	2	道路平纵横：道路平面直线、圆曲线缓和曲线、加宽、出入口等详细几何尺寸，纵断面坡度、坡长、高程、竖曲线半径等信息，横断面机动车道、非机动车道、人行道、分车带、设施带等详细尺寸，路拱横坡、净高等信息	道路平纵横：道路名称、设计标准、控制高程等
道路	3	路基：路基各结构层尺寸、路拱横坡、一般路基和特殊路基处置范围及尺寸、边坡防护尺寸及坡率等	路基：路基各结构层材料信息、路基处理方式、设计标准、设计弯沉值、填挖方信息、施工工艺、施工要点等
道路	4	路面：路面各结构层尺寸、功能带及路面附属设施详细尺寸等	路面：路面结构层材料信息、设计技术要求、结构层类型、施工工艺和要点

续表

专业	序号	几何信息	非几何信息
道路	5	交叉工程：平面交叉和立体交叉详细尺寸、高程信息、渠化尺寸、竖向设计等	交叉工程：交叉类型、设计标准、渠化方式、交通分析、施工期交通组织、临时道路等
	6	附属工程：支挡防护、缘石、路边石无障碍设施、盲道、公交车站、台阶、涵洞等详细尺寸方案、设置位置等	附属工程：支挡防护、缘石、路边石等材质类型、设计参数、无障碍设施、盲道、公交车站基本类型、设计标准、材料信息、涵洞类型、材质、设计标准、水力参数等
	7	交通安全与管理：交通标线、标志及智能交通设备和基础等尺寸方案、设置间距、半径等，交通预埋管线位置、尺寸、直径等、基础配筋尺寸、间距等	交通安全与管理：交通标志标线智能交通设备设置样式、类型、材料信息施工方式、施工要点等
	8	道路排水：路基路面排水尺寸方案、配筋信息	道路排水：路基路面排水方式、材料信息、施工方式、施工要点等
	9	道路照明：照明设备尺寸、设置间距、基础配筋、预埋管线尺寸方案埋深等	道路照明：照明设备材料、设计标准、施工工艺等
	10	道路绿化：绿化间距、树池尺寸等	道路绿化：绿化树种、规格、布置位置等
	11	—	道路工程数量表、预算

2.9 BIM 技术软件平台选择

2.9.1 三大 BIM 平台软件商介绍

目前国内外知名的 BIM 三维 CAD 软件服务商情况如下：

1. AutoDesk

AutoDesk 的代表软件平台有 Revit、Civil3D、BIM360，适用于工民建领域，门槛较低，是目前 BIM 行业最常用的平台，但因专业覆盖面窄，对于道路、地铁、桥梁隧道、石油、工厂、电站等复杂基础设施工程仅停留在展示阶段，实际生产运用难度较大且案例较少。

2. Bentley

Bentley 的代表软件有 ABD、PowerCivil/openRoad Designer、OpenPlant、SubStation、ProjectWise、eB，适用于大型基建设施，尤其是特大复杂工程，是目前工程行业专业覆盖最全面的软件服务商。Bentley 的专业设计产品全部基于 MicroStation，采用统一的 dgn 文件格式。i-model 格式不仅兼容 Bentley 产品，也可兼容其他厂商软件的格式。此外，该公司的软件在道桥及各类基础设施领域中的实际生产数据运用的案例较多。

3. Dassault

Dassault 的代表软件有 Catia、SolidWorks、DigitalProject，因其参数化能力出色，适用于机械、汽车、幕墙等行业。

2.9.2 平台选择

我们从行业适应性、技术性能、兼容性、知识重用性、协同设计性能、易用性等方面及交流的情况进行了比较，选择在交通、水利、铁路等基础设施最为广泛使用的 Bentley 软件作为未来的发展平台。

美国 Bentley 公司是全球领先的并致力于基础设施领域软件解决方案的提供商，其在土木交通领域的产品覆盖从规划、设计、施工到运维的各个阶段，并且在数据的兼容性、互用性及协同设计管理等方面具有较大的优势（图 2-9-1）。

第 2 章　公路工程项目 BIM 技术应用方案

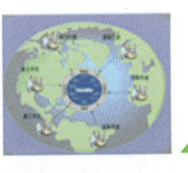

全生命周期优势
- 模型各阶段共享流转-i-Model
- 各阶段应用齐全
- 全生命周期管理

协同优势
- 最适合工程领域的平台
- 2D/3D 协同平台
- 文件级、构件级协同管理
- 项目级、企业级
- 支持不同厂商软件

专业应用优势
- 面向基础设施领域
- 覆盖各个专业应用
- 专业模型互用共享

平台优势
- 统一内核-MicroStation
- 同一格式-DGN
- 一种构架-EC
- 大体量模型支持能力

图 2-9-1　Bentley 平台的优势

（1）Bentley 具有较为完整的专业三维设计软件，国内 Bentley 的合作方又在其基础上开发了一系列公路行业 BIM 辅助工具，提升了 BIM 专业设计能力，丰富的专业软件可大大加速 BIM 在各专业中的应用。由本地合作方开发的软件易于完成桥梁工程三维建模及相关的施工现场、施工措施等各类模型，保证施工可视化的要求。

（2）Bentley 产品建立的所有模型具有统一的数据格式（.dgn），不需要转换，在施工阶段可转化为轻量级的 i-model 格式，还可将其他厂商的文件转为 i-model，既保证了模型的处理效率，又保证了信息的完整性，并可任意扩充所需要的信息，进而形成完整的竣工模型以传递给运维阶段。

（3）Bentley 是专注基础设施行业的软件提供商，软件的底层架构考虑了土木行业对大体量模型的支持能力，在大模型支持及处理效率方面远远优于其他同类公司产品。

（4）Bentley 优秀的工程项目内容管理及协同平台 ProjectWise 保证了项目所有参与方的信息共享及协同工作，支持三维信息模型及二维图纸的异地、移动设备上的快速查找和浏览，方便实现静态标准资料或归档资料的管理，以及动态的建设过程资料和工作流程的管理，满足数字化移交的要求。

（5）具有较好的二次开发接口，支持 VBA、C++、.Net 等开发工具，易于扩充，便于软件的后续发展。

（6）易学易用性。我们通过调研了解到，从实际软件的使用学习来看，Bentley 系列软件容易上手，操作模式和我们普遍在用的 AutoCAD 来讲基本一致，一般来说一周即可熟练上手。

第 3 章 公路工程项目全寿命周期 BIM 智慧化管理系统

3.1 项目协同

3.1.1 基于 BIM 的协同工作

（1）基于 BIM 的协同工作包括单专业的模型创建协同、多专业的工作协同、各参建单位的管理协同。

（2）基于 BIM 的协同工作应根据 BIM 技术标准和管理体系，结合模型创建软件、BIM 数据集成与管理平台实施，提高配合效率。

（3）单专业的模型创建协同应当制定模型共享规则，实现模型数据的相互参考。宜利用模型创建软件有效地管理和检测模型更改内容，记录项目各阶段模型的修改和版本变化。

（4）多专业的工作协同应制定模型的定期共享规则，在关键时间节点开展专业协调。多专业的工作协同应符合以下要求：

① 协同共享前明确各阶段协同目标和范围，包括对象、构件及检测标准等。

② 记录并管理协同过程中发现的问题，形成工作报告，报告应详细描述位置信息及解决方案。

③ 在协同过程中，各方按协调一致的解决方案修改各自专业的模型。完成阶段性协同工作后，宜固化模型和文件。

（5）各参建单位协同工作时，应在模型上增加提交人员、单位、时间、模型版本等管理信息。采用不同软件创建的模型，宜通过开放或兼容的数据交换格式进行模型数据转换，实现各参建单位模型的集成与共享。

（6）保障基于 BIM 的协同工作。模型数据共享规则应满足下列要求：

① 模型元素应能被唯一识别，且可在各专业和各相关方之间交换和应用。

② 应记录共享模型的所有权状态、创建和更新者、创建和更新时间、使用的软件及版本等。

（7）模型信息共享前应进行准确性、协调性和一致性检查，并应满足下列要求：

① 模型数据须经过审核、清理。

② 模型数据是已确认的最新版本。

③ 模型数据内容和格式符合数据互用要求。

3.1.2 项目协同需求

企业应根据自身实际和行业要求，制定和执行企业信息战略和规划，充分考虑 BIM 技术的实施应用，持续实现企业的最大效益。企业 BIM 应用条件包括软件、硬件、协同平台、构件库、应用管理规定等。为了保障 BIM 应用顺利实施，实现数据共享和协调工作，工程项目相关企业应事先搭建软、硬件工作平台，创建适宜的数据环境，并确立包括各类用户的权限控制、软件和文件的版本控制、模型的一致性控制等的管理运作机制。

协同平台是 BIM 有效实施的基础，涵盖多阶段、多专业、多行业、多部门、多环节的工作，包括流程及其数据传递和交换。最佳的协同平台应由政府主导创建并监管，基本上可以与数字化城市平台无缝衔接；其还可由建设单位主导创建，BIM 总协调方监管；或由 BIM 总协调方搭建协同平台。BIM 应用企业自行搭建的协同平台多基于企业自身的软硬件环境和技术实力，往往难以实现多部门、多环节的 BIM 协同。

3.1.2.1 项目协同平台

实施 BIM 的建设工程包括项目应建立项目协同平台、工程文档管理模块及 BIM 协同模块。协同平台宜满足以下要求：

（1）文档管理模块负责管理文档权限、文档版本以及存储、浏览项目有关 BIM 的所有文档。

（2）BIM 协同模块负责管理 BIM 模型及其应用文档，并协调、记录、跟踪基于项目 BIM 的所有信息。

（3）协同平台应在项目相关方范围内实现开放、实时交互、可追踪等功能，方便信息的有效管理。

（4）协同平台应具有完整的数据接口要求，并保证数据安全。

（5）协同平台应最终完成 BIM 成果归档。

（6）项目初期应根据项目 BIM 应用需求方案构建协同平台，根据业主要求及项目实施相关方的需要进行项目权限规划及各参与方权限分配，制定统一的协同管理要求及多方协同机制，划分各专业的文件位置，等。

3.1.2.2　施工阶段 BIM 协同工作

施工阶段 BIM 协同工作宜包括以下内容：

（1）应对施工承包商（施工方）的 BIM 能力和 BIM 实施方案进行评估，形成书面报告。

（2）应根据最终施工 BIM 实施方案和施工计划，确定各施工承包商 BIM 模型内容及数据上传协同平台的位置和周期。

（3）施工承包商应从协同平台上下载 BIM 成果，并根据项目分包情况拆分 BIM 模型，提交给相应分包单位。

（4）项目各施工承包商应深化、更新各自施工承包范围内的 BIM 成果并按时提交至协同平台。

（5）施工总承包应综合各专业分包单位的 BIM 成果，根据各专项的具体进度计划，进行 4D 进度模拟及重难点施工方案模拟，并按时将 BIM 成果（包括 BIM 模型、进度模拟、重难点方案模拟等）提交至协同平台。

（6）BIM 总协调方应整合综合的施工 BIM 模型，审核施工承包商的 BIM 模型，辅助项目管理团队审核与确认 4D 进度计划，辅助业主、监理单位等审核与确认重难点区域施工方案，并将整合结果发布至协同平台。

（7）项目实施相关方应审核整合的施工 BIM 模型，并出具审核意见。

（8）BIM 总协调方应定期组织召开施工 BIM 会审会议，会商实施相关方的审核意见，形成会议纪要，发出最终 BIM 审核意见及调整指令，随后跟踪施工 BIM 更新、调整情况。

（9）施工承包商应根据最终 BIM 审核意见及调整指令，调整施工组织方式及施工方案等，并及时将更新后的 BIM 成果上传至协同平台；BIM 总协调方、设计单位、监理单位等应访问协同平台（项目 BIM 协同模块）对变更进行确认并出具设计变更意见，最终审核通过的 BIM 成果应由 BIM 总协调方汇总至项目 BIM 协同模块作为施工过程文件备份。

（10）BIM 总协调方应根据项目施工进度，辅助施工管理团队、设计单位将 BIM 成果应用到现场施工管理工作中，同时对施工承包商现场施工进行 BIM 核查，并辅助进行施工质量管理；施工承包商应根据 BIM 现场质量审查结果，调整现场施工或调整施工 BIM 模型。

（11）施工承包商应根据项目实施情况，根据现场实际条件更新施工阶段 BIM 成果，各阶段成果应与模型所表达的施工组织设计、施工方案、进度计划、现场实际保持一致。

（12）施工阶段 BIM 成果经监理单位及 BIM 总协调方验收后，形成竣工 BIM 成果并由施工承包商归档。

3.2　BIM 数据集成与管理平台建设

3.2.1　一般规定

公路工程宜建设 BIM 数据集成与管理平台，开展工程全生命期 BIM 应用，并为运营管理提供设施设备的基础数据。BIM 数据集成与管理平台应兼容主流数据格式，并能提供转换方式和转换工具。

3.2.2　建设目标及要求

3.2.2.1　BIM 数据集成与管理平台建设目标

（1）实现工程建设各阶段 BIM 的可视化集成、动态更新和查询展示。

（2）实现工程建设各参与方 BIM 应用过程中的数据传递、共享和协同工作。

（3）满足工程建设各阶段 BIM 应用要求。

（4）与运营管理系统进行对接。

3.2.2.2　BIM 数据集成与管理平台建设原则

（1）完整性原则：系统建设需考虑功能完整性，应能满足城市轨道交通工程建设各阶段 BIM 应用所需的系统功能和技术条件。

（2）先进性原则：系统在设计思想、系统架构、关键技术上采用国内外成熟的技术、方法、软件、硬件设备等，确保系统有一定的先进性、前瞻性、扩充性。

（3）可靠性原则：须对数据的管理和使用设置系统权限，确保系统、数据的安全可靠，充分考虑分级联网及外网衔接中的应用操作与信息访问安全问题，系统设计采用有效的备份措施，能够在遇到灾难性破坏时进行数据恢复。

（4）扩展性原则：系统建设采用积木式结构、组件化设计，整体架构要考虑系统建设的衔接，为后期功能扩展预留扩充条件，且能根据需要与企业已有、在建或拟建的相关系统进行有效集成。

3.2.2.3　BIM 数据集成与管理平台的系统架构

BIM 数据集成与管理平台的系统架构应进行分层设计，各层的操作模块应相对独立。系统架构设计可参照图 3-2-1，并满足下列要求：

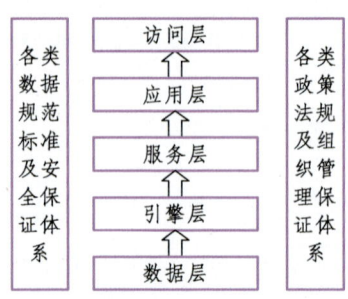

图 3-2-1　BIM 数据集成与管理平台系统架构

（1）数据层：可按空间数据和业务数据进行分类存储，空间数据为模型的几何信息，业务数据为设计业务数据、施工业务数据、竣工验收业务数据、平台配置数据、成果文件等。

（2）引擎层：利用引擎对数据层的数据进行计算、加工、分析和展示，为平台的数据服务提供基础支撑。

（3）服务层：利用引擎实现平台中的数据管理、模型操作、空间分析、统计查询等基本功能后，为应用层提供相关服务接口。

（4）应用层：按照需要调用服务接口，形成应用层的功能模块，满足各阶段 BIM 应用需求。

（5）访问层：根据各阶段 BIM 应用需要，提供基于多种终端的访问形式。

3.2.2.4　BIM 数据集成与管理平台基本功能

（1）权限管理：支持对相关单位进行用户管理和权限管理。

（2）数据存储：支持互联网云存储，支持图档资料的数字化归档，支持对项目信息、技术标准、公共资源和知识库等的存储和管理。

（3）数据集成：对于不同软件创建的模型，能够使用开放或兼容的格式进行转换，支持与外部管理系统数据对接。

（4）数据展示：支持对模型数据按照工作分解结构（WBS）展示，支持多种数据集成、大场景展示和在线浏览等，支持在线实时剖切、测量、标注等，支持模型构件的调用和编辑等，支持三维场景中的信息批注、保存和调取等。

（5）数据统计：支持对模型承载信息的分类统计，支持对统计分析结果的输出。

（6）平台访问方式：支持多终端的展示及应用。

BIM 数据集成与管理平台应支持设计方案的技术经济指标分析和设计工作的过程管理，能够集成视频监控、门禁、施工安全风险监测、隐患排查、验工计价等的信息系统和前期工作管理、进度管理、质量管理等的管理数据，以辅助工程设计和施工管理。

BIM 数据集成与管理平台应能集成视频监控、检测、监测等的信息系统和利用物联网、移动互联等技术采集的通风、机电等设施设备的运行状态数据，为运营管理阶段的资产管理、控制保护区管理、设施设备管理和应急管理等预留接口。

3.2.3　BIM 协同平台的应用系统架构

近年来，BIM 技术在我国众多大型公共基础设施工程中进行了实践性应用探索，并且取得了显著的成绩。然而随着 BIM 技术在基础设施工程中的应用逐步深化，项目的体量和复杂程度也随之增加，BIM 协同管理平台不能再是单一的"各参建单位的协同工作"、施工现场的"智慧管理"、"监控系统集成"、"工程量及工程方案复核"、"方案汇报可视化"等概念的场景应用，而是需要真正从项目的初期即设计期开始，进行项目的信息化系统架构的整体规划。传统工程项目管理中质量管理、计量支付管理、档案管理分别用质量管理系统、计量支付系统、档案管理系统完成。但在实际业务中，计量支付流程需要质检资料，这些资料已经在质量管理系统中生成，但由于两个系统互不相干，因此只能由现场工作人员手动从质量管理系统中导出，然后打印签字，再扫描上传到计量支付系统。计量支付流程完成后，所有质检资料和计量支付资料都还需要现场工作人员手动存入档案管理系统。在这整个过程中各系统之间的"绝缘"导致整个业务流程低效、费时、费力。BIM 技术应用架构如图 3-2-2 所示。

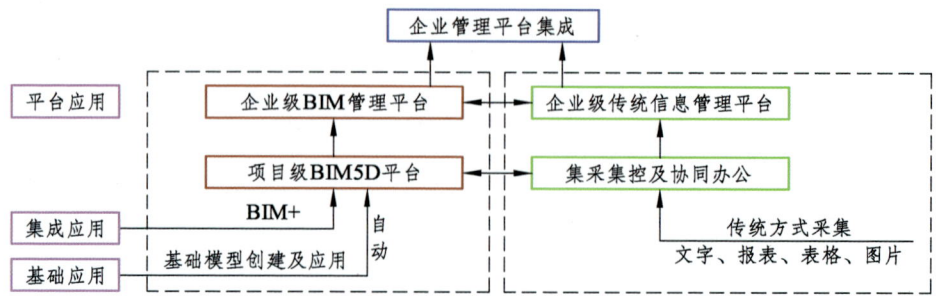

图 3-2-2　BIM 技术应用架构

3.2.3.1　功能需求

BIM 协同管理平台需要满足如下三大功能需求：① 设计交付；② 建设期项目协同管理；③ 施工对运维交付等阶段的信息传递。基于对系统使用的业务需求，从软件系统架构设计的角度对系统进行整体规划，同时该系统还必须要具备健壮性、扩展性、稳定性、高效性等特点。系统设计的具体要求如下：

（1）系统架构设计应具备层次化和模块化，从而保证系统部署过程的灵活性、可扩展性和稳定性。系统在实施部署时若具有更灵活的部署方案，可以根据实际需求的优先等级及时调整；同时在既定规划的系统功能范围内，可以根据需求进行相应的调整或扩充。在上述两项实施部署或扩充工程中，能够保证不影响既有平台使用的稳定性。

（2）信息管理应具备信息存储的集成化和信息采集的移动化，从而切实提高信息采集的便捷性以及信息存储管理的可交互性和高复用性，真正达成由设计到施工、由施工到运维的信息传承，真正实现向全生命周期的信息跟踪和协同管理（进度管理、安全管理、质量管理）。

（3）数据平台要具备开放性和兼容性，需要采用成熟的主流技术和保证代码可持续维护，确保系统具备在未来 10 年及以上时间范围内保持与市场主流技术同步迭代的功能；系统需要建立明确的接口标准，保证系统对第三方系统接入的兼容性，避免后续引入其他系统时产生数据孤岛。

3.2.3.2 业务框架

BIM 协同管理重点目标：实现建设阶段项目协同管理功能，如进度管理、安全管理、质量管理、计量支付管理、项目办公自动化（OA）等从数据到业务的协同。从业务视图看，BIM 协同管理平台规划的管理功能最终形成的业务框架如图 3-2-3 所示。

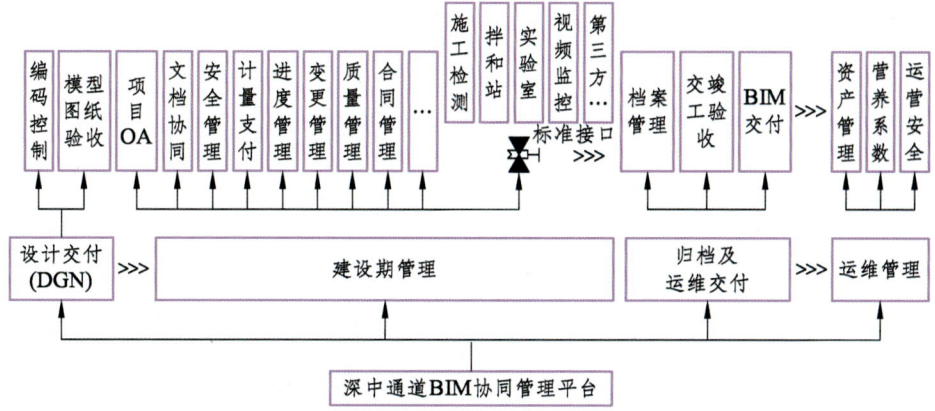

图 3-2-3　BIM 协同管理平台业务框架

平台整体功能规划架构分为横向和竖向两个流向。

（1）竖向分为底层、中间层、顶层三个层次：底层为平台层，既要通过 BIM 技术实现不同业务数据的有机集成和唯一数据源管理，又要保证系统持续的可升级、可维护、开放性等要求；中间层分为设计交付模块、建设期管理模块、归档及运维交付模块和运维管理模块，通过中间层的设置实现系统底层平台与顶层业务模块的分离和弱耦合性；每个中间层又对应多个顶层业务功能模块，例如建设期管理模块中间层对应项目 OA、文档协同、安全管理、计量支付、进度管理、变更管理、质量管理、智能制造和合同管理等。

（2）横向按工程的进度分为左、中、右三个分区。左侧为设计交付区，这里主要是指 BIM 模型和图纸的编码与交付，只做中间层的数据集成，不做顶层的业务集成；中间为本研究的重点研究范围，即施工期基于 BIM 的协同管理，协同主要指数据协同、业务协同和多用户角色协同；

右侧区域为归档及运维交付和运维管理模块，为了更好地实现建养一体化，运维交付与运维管理在中间层和顶层都要做集成。BIM 施工协同管理，两侧通过"设计交付"和"归档及运维交付"实现业务层面的动态协同，整体实现系统功能模块分层树形结构划分。

在整体系统架构基础上，为满足系统核心的业务数据交互复用管理，项目采用多终端相互配合的系统结构，具体项目终端分布如图 3-2-4 所示。

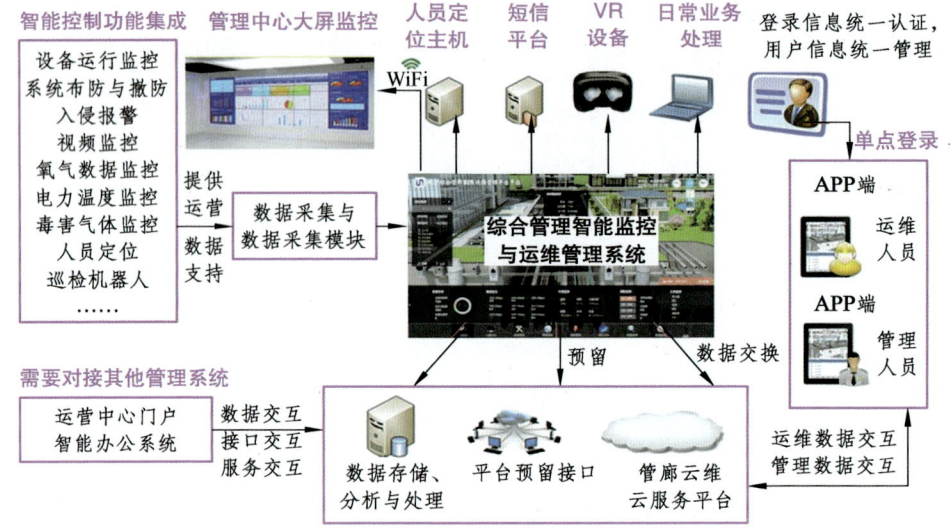

图 3-2-4　BIM 协同平台终端组成

由图 3-2-4 可知，BIM 数据中心实现了在电脑终端、移动终端和跨平台 Web 终端三端之间对全部数据的协同管理。其中：电脑终端主要是针对 BIM 平台协同管理信息的集中展示，Web 端主要是批量操作和系统管理，移动终端主要实现现场数据录入与现场过程管控。

3.2.3.3　系统架构分析

考虑到 BIM 协同管理平台系统架构的整体复杂程度高，下面从系统架构验证的角度，通过业务分层结构、信息数据视图和标准接口三个角度分别对现有的 BIM 协同管理平台系统架构与其需求进行匹配验证分析。

第 3 章　公路工程项目全寿命周期 BIM 智慧化管理系统

1. 业务分层结构

BIM 协同管理平台应采用技术成熟但又不失先进性的方案：后台服务器采用云端弹性部署（Cloud First Strategy&Data Analytics Strategy），通过分层架构实现平台与基于功能（Feature Based）的业务系统的逻辑分离，降低耦合性，提高系统部署的灵活性和可扩展性；前端面向多用户角色，遵循移动优先原则（Mobile First Strategy），实现主要业务在移动端的便捷化处理，提高系统的易用性；通过用户角色的逻辑权限划分和唯一身份识别认证机制（IAM Strategy），既保证了系统的数据安全性，又保证了授权的灵活性。

BIM 协同管理平台分层架构如图 3-2-5 所示。根据管理需求制定从施工图设计期至运维交付完成期的全生命周期业务范围，规划了 BIM 平台的部署工作。考虑到公有云在数据处理方面以及人工智能方面的先进性和安全性，将 BIM 平台数据中心存储于公有云平台，各子业务系统即可通过数据交互实现不同角色在不同阶段对业务的管理工作。

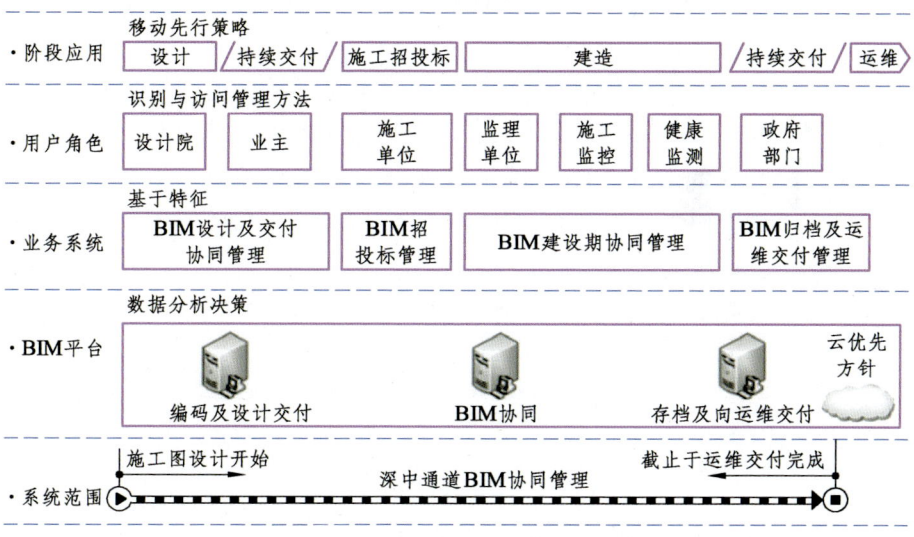

图 3-2-5　BIM 协同平台分层架构

2. 信息数据视图

信息数据的获取与组织是实现 BIM 协同管理的基础，管理协同的前提是数据协同，数据协同的前提是唯一数据源 Dal。深中通道 BIM 协同管理平台的信息流组织方式如图 3-2-6 所示。通过二维码、NFC 等手段实现信息的自动录入，从而提高效率，减小输入误差。通过手机、Pad 等移动端的充分利用，实现数据在现场直接录入系统，省去内业整理的大量工作。

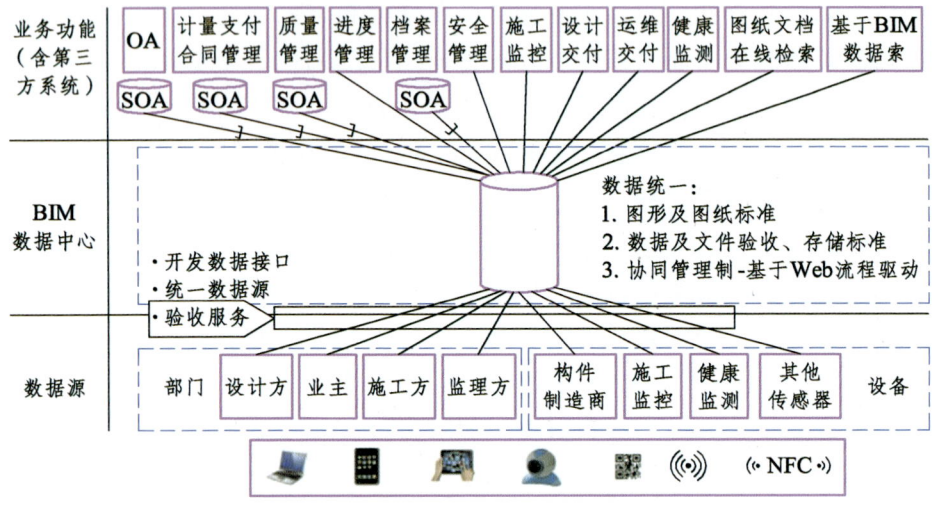

图 3-2-6　信息流组织方式

通过面向服务的框架（SOA），形成跨业务、跨系统的唯一数据源，奠定了协同管理的根基。BIM 协同管理平台首先是面向全生命周期的，能够同时支撑设计、施工和运维三个阶段；其次一定是面向"协同管理"的，能够将项目进行过程中的数据、图纸、文件等信息统一管理。因此，数据管理应至少具备如表 3-2-1 所示的功能。

表 3-2-1　数据管理的基本功能要求

功　能	要　求
直接基于通用数据库接口开发，如 MS SQL、Oracle、MySQL 等	计算机技术发展迅速，如果要保证系统具备 10 年以上的生存时间，系统底层要采用最通用、最广泛的技术，尽量避免基于某特定软件进行二次开发（系统完全依赖于第三方商业软件生存的风险很大）

续表

功　能	要　求
具备云技术的数据计算、数据分析、移动端互联等功能	目前的数据存储已经全面进入"云"时代，数据的价值在于对数据进行分析、统计进而产生辅助决策的各种报表；目前也是移动互联网的时代，数据中心一定要具备移动互联的特性
能够对文件及数据进行分类存储，并能够区分建设阶段、参与方、用途等不同属性	不同文件和数据的索引方式、压缩方式、权限控制、版本控制方式等均不相同，因此数据中心应具备分别管理文件、数据的能力
具备人员组织管理能力及相应的角色权限控制能力	数据的访问是受权限控制的，权限是与用户角色密不可分的，用户是处于组织中的，因此要同时具备组织管理能力和角色权限控制能力
具备文件及数据的更新和版本记录	具备专门的文件及数据更新策略，并能够保存一定数量的历史版本，能够进行版本标识
统一文件命名规则，附加文件属性，标准文件审核流程	能够建立并校核文件的命名规则，并能够为特定的文件附加特定的属性
编码规则及校验	能够植入编码规则，并按编码规则遍历所有构件，并能够自动校验是否满足编码规则要求
构件树及属性管理与校验	能够在总装模型的基础上形成构件树（构件层次关系图），并校验每个构件属性的完整性
具备独立的 BIM 平台，能够兼容常见的 BIM 工具导出的 BIM 模型和信息	常用的 BIM 建模工具有 Microstation、Revit、Tekla、Catia、Sketchup 等
能够对导入的模型自动进行轻量化，并能够按照显示范围分级加载模型	在路桥隧领域，总装模型是非常庞大的，尤其包含钢筋时，因此模型轻量化技术以及分级加载技术是必需的
几何模型与文件、数据分离	面向全生命周期，整个过程会产生动辄 100 GB 以上的数据，因此把模型、数据、文件分别管理（通过编码产生关联）是必须的
完备的数据安全措施	实时备份、异地备份、物理隔离离线备份、整个数据中心灾难恢复等
行为记录	记录重要文档的编辑、存档过程，记录重要审批流程，记录对数据中心的配置操作等，责任到人

实现上述功能需要借助一个完备的 IT（互联网技术）架构。首先从大的层面讲，数据中心一定是基于云架构的，以使数据平台不依赖于某个具体的硬件，保持软硬件具有足够的弹性，按需投入，节省成本；其次是信息的管理，主要包括 BIM 模型、数据、文件，每种信息的存储、索引方式均不相同，因此需要进行专门的规划管理。基于以上功能的架构规划图如图 3-2-7 所示。

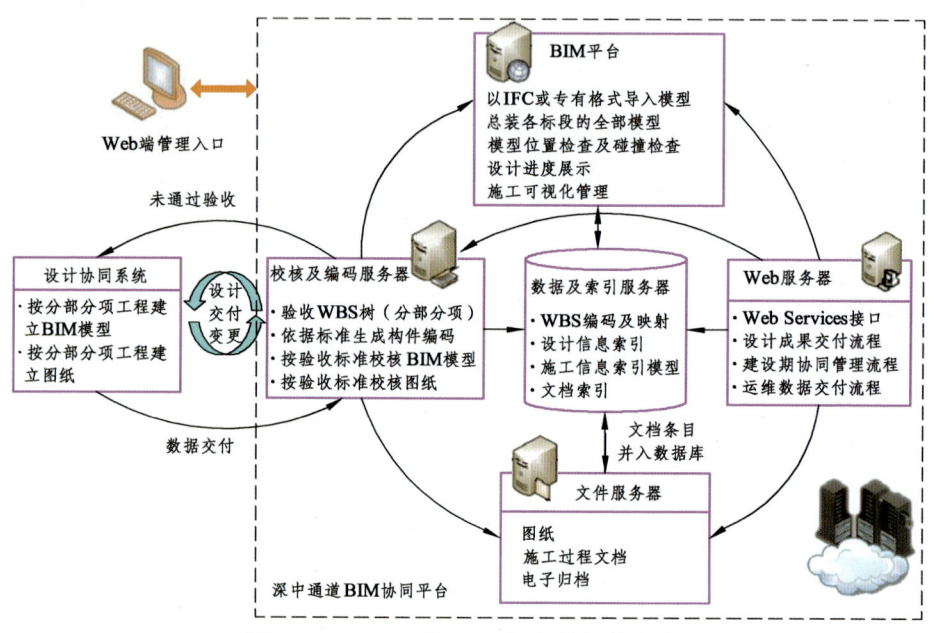

图 3-2-7　BIM 协同平台的数据流架构

由图 3-2-7 可知，设计阶段模型及其他设计内容通过"设计交付变更"流程实现与"校核与编码服务器"的动态交互，通过严格统一的编码，"校核与编码服务器"可以自动对设计交付的模型、图纸等进行完整性和合规性审查。设计交付完成后，在"BIM 平台"可以实现模型的组装，边交付边组装，因此通过"BIM 平台"就可以形象地查看设计进度。第三方系统如质量管理系统、计量支付系统等产生的数据也是深中通道 BIM 协同平台重要的数据来源，因此有必要专门搭建"Web 服务器"对外提供统一的 Web Services 接口，以方便与第三方系统对接"文件服务

第3章 公路工程项目全寿命周期 BIM 智慧化管理系统

器"专门用来存储和管理图档及其历史版本。数据的存储是为了使用，因此"数据及索引服务器"处于此架构图的中心是合适的，以方便用户快速检索到自己想要的信息。

3. 标准接口

BIM 本身有模型信息，另外还包含有设计、进度、工程量等信息，但是相对于 BIM 协同管理平台来说，这些信息还远远不够，例如质量管理、工地实验室等信息还需要第三方系统的信息支持。此外，施工以及运维阶段的数据也需要集成进去，这样才能称之为 BIM 协同。因此，需要将各种业务系统集成到本平台。目前已经存在的第三方系统使用着不同的语言，运行于不同的操作系统之上，使用着不同的数据库。数据协同通过数据库集成的方式难度大、风险高、安全性低。考虑到上述因素，BIM 协同平台提供了标准的集成接口，以供各个系统的使用，该接口提供了统一的标准、统一的数据交换协议、统一的业务规则，具体架构如图 3-2-8 所示。

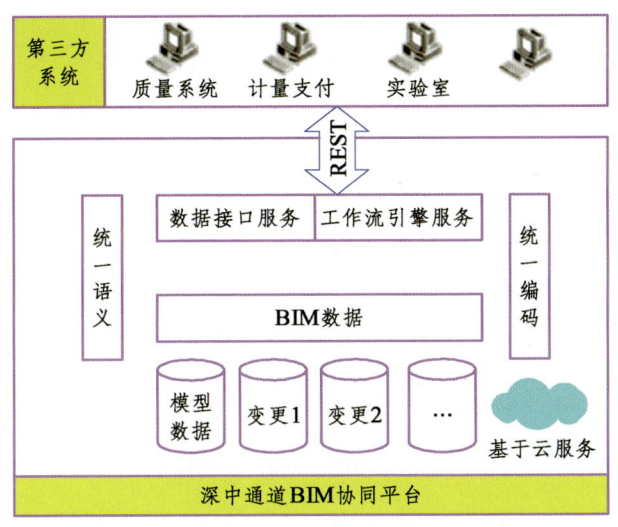

图 3-2-8　BIM 协同平台接口架构

如图 3-2-8 所示，系统采用明确的、统一的接口标准，通过表述性状态传递（REST）提高了系统的安全性和可伸缩性，在保障系统具备未来 10 年及以上时间范围内保持与市场主流技术实现同步迭代的条件下，保证了系统对第三方系统接入的兼容性，避免了数据孤岛现象，真正实现 BIM 对数据的集成化管理。

数据库采用云端分布式部署的 SQLite，其具有如下优点：

（1）真正兼容多厂商、多类型工程数据源。

（2）能够整合、加载大体量模型（模型体积在 1 GB 以上）。

（3）能够突破文件处理构件级的信息及其变更。

（4）基于云分布式计算与存储。

（5）具备丰富易用的跨平台数据服务接口。

BIM 协同平台提供标准 RESTful 风格的 WebService 接口，该接口包含发送的第三方系统信息、内容、数字签名，采用 HTTPS 协议，通过签名和 HTTPS 协议保证了数据的安全性和一致性。接口示例如图 3-2-9 所示。

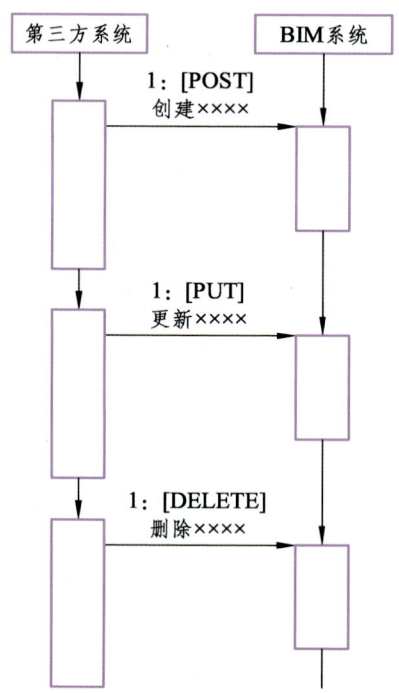

图 3-2-9　BIM 协同平台与第三方系统的接口示意

3.2.4　二维码、移动互联等技术

3.2.4.1　二维码技术应用

BIM 技术和二维码技术发展日趋成熟，普及速度快、范围广，为创新型项目管理提供了技术保障。二维码技术可以快捷高效地在项目管理中应用与推广。二维码技术具有应用简单、信息容量大、编译及纠错能力强的优势。二维码制作软件应用简单，可快捷地推广到项目全员使用，结合二维码打印技术、移动通信技术，通过二维码扫描，任何时候都可以获取相关具体的数据信息，可有效提升项目管理水平。

目前，经过探索，逐步将二维码技术应用到项目管理中，从施工管理、技术管理、安全管理、资料管理、物资管理、实验管理等多方面全方位全过程进行二维码技术应用推广与实践，通过二维码新技术的应用提升项目管理水平，增强项目管理效率。BIM+二维码如图 3-10 所示。

图 3-2-10　BIM+二维码

1. BIM+二维码技术创新施工管理模式

该技术可创新施工管理模式，增强协调沟通效率，推进 BIM 技术与二维码技术应用。在总承包管理办公区、建设单位、监理单位及各分包单位办公区各办公室门口粘贴二维码标识，统一二维码格式及标

识，并标明单位或部门，将办公室成员姓名、职务、负责的工作及联系电话制作成二维码，任何单位、任何人只需找到部门，通过手机等移动终端的微信等二维码扫描软件进行扫描，就可以随时随地找到需要联系的责任人，此二维码应用对项目沟通效率的提高具有极大的推动作用。同时搭建办公生活区 BIM 模型，将各办公室的定位及三维模型载入二维码中，使人员快速定位自己的位置，并获取邻近区域的信息，高效的沟通才可以促进项目管理效率的提升。项目可以通过集中二维码制作将各单位通信录制作成二维码，并在各个部门办公室专设二维码识别区，只需在二维码制作中将二维码与单位标识相结合，就可以方便快捷地找到相关单位责任人。规避了以往各办公室分包通信录太多无法放置，极易丢失导致沟通效率低下的问题。

  二维码技术也可以应用于施工现场安全和质量责任主体公示牌。通过将各责任人的职务、姓名、身份证信息、职业证书信息及工作履历等多方面的信息制作成二维码，将责任主体人员信息全方位公开，为推进公司主体责任的落实起到积极有效的作用。项目可以设置安全、技术、质量人员考核评价公告栏，将各责任人员的考评信息制作成二维码进行公示，杜绝了传统考评信息量小、公平公正性无法保证的弊端。通过全方位信息评价公开，使项目管理更加公开公平。二维码技术还可应用到安全考评公告栏、质量进度考评公告栏中。目前，公告栏只有单位和评价总分，可以在各单位评价后粘贴二维码，通过将分包单位及各方责任人员及具体的各项评分细节公布，增强信息公布的公平公开，大大提高信息的准确性及说服力。在施工作业层设置二维码识别区，可以将其分成三部分，分别为：技术识别区，用于技术方案及交底二维码公示；人员识别区，将各总包单位、监理单位以及各分包各班组责任人的具体信息进行公布打开沟通通道；以及验收识别区，将各专业验收结果进行公布，通过二维码技术在施工管理中全方位的应用，大大提高现场管理效率以及信息公开化，从而可以大大提升项目管理水平。

  施工管理中二维码运用如图 3-2-11 所示。

第 3 章　公路工程项目全寿命周期 BIM 智慧化管理系统

图 3-2-11　二维码与施工管理

2. BIM+二维码技术创新技术质量管理模式

目前，项目管理中技术交底、方案交底均在项目开工时或分部分项工程施工前进行，随着工程的推进，管理人员往往会忽视技术交底的重要性或是将技术交底流于形式，这给工程质量带来了很大隐患。BIM 技术和二维码技术两种新技术相结合可以有效解决项目管理中各种交底的弊病，将各种技术交底、安全交底及施工方案通过 BIM 建模，即通过 NAVISWORK 软件进行各节点施工模拟，将施工工艺各个环节以 BIM 三维图片配合简单易懂的文字的形式，并结合施工重点难点均制作在一个二维码图片中，在各个施工楼层设置二维码识别区，张贴各专业施工方案及由技术交底制作成的二维码，工人随时都可以通过扫描二维码获得需要的技术内容以及技术质量相关负责人员联系方式。正所谓新技术变革新思维，二维码新技术可有效带动工人的兴趣，让技术质量交底贯穿整个施工过程。二维码技术的应用还可有效提升管理效率。

在当前项目管理中，主体结构、二次结构实测实量中往往采用喷涂的方式来标识实测数据，当前可以将实测实量数据（垂直度、平整度、尺寸等的允许偏差、实测数据）及单位名称、检测人员和相应的 BIM 模型等信息制作成二维码，在测量主体上进行粘贴。通过二维码技术的应用可大大节约资源，通过技术革新和科学的管理，将项目管理相关数据全面化、具体化并与相关责任人关联化，有效推进项目各项主体责任制的落实以及信息的公开化。质量管理中二维码运用如图 3-2-12 所示。

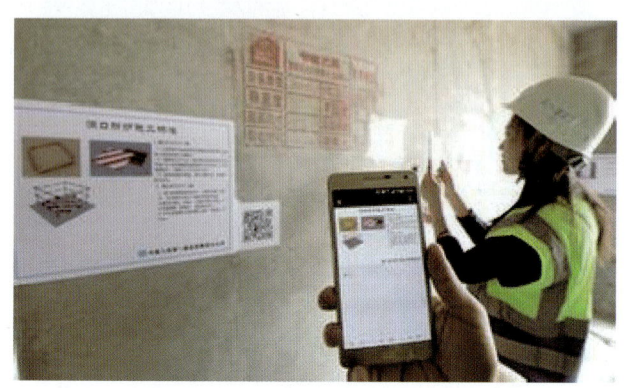

图 3-2-12　二维码与质量管理

3. BIM+二维码技术创新安全管理模式

创新安全管理模式，可以将二维码新技术应用到安全管理中，提升安全管理水平。二维码技术应用在安全管理中主要从两个方面落实：一是人员管理，二是机械设备管理。将宿舍成员姓名、所属单位、职务、家庭住址、联系电话及安全教育情况等相关信息制作成二维码，在总分包宿舍区各宿舍门口粘贴，实现生活区实名制管理。同时将二维码粘贴在工人及管理人员安全帽上，实现现场实名制管理。杜绝未接受安全教育及安全培训的人员进场施工。同时可以在各宿舍门口张贴具有生活区整体疏散通道及消防设备位置的 BIM 模型的二维码，出现紧急情况时，任何地方都能通过二维码扫描获取自己的位置及消防设置的位置，所有进入施工现场的车辆均实行实名制二维码管理，除物资进场及相关混凝土施工车辆外，只有申请并粘贴二维码的车辆才允许进入施工现场，并让保安做好进出厂车辆二维码信息的记录工作。二维码包括车辆所属单位、姓名、联系电话等信息。另外，进入现场的车辆驾驶室内可粘贴具有现场整体布置的三维模型信息的二维码，实现实时对项目施工道路的获取。

第3章　公路工程项目全寿命周期BIM智慧化管理系统

在现场，可将塔吊、外用电梯及各种钢筋加工设备等机械设备的操作规程及相关责任人员信息制作成二维码，粘贴在相应机械设备明显部位，相关操作人员可随时获取相关操作规程。在现场消防箱、消火栓及消防设施处粘贴集合消防设施管理制度、消防设施操作方法、相关责任人员及联系方式等信息的二维码，实现现场消防设施的二维码技术管理。同样，在临电一级、二级配电箱等临电设施上均粘贴集合安装时间、首检时间、检测结论、相关电工、专业负责人及专业经理的联系方式、电气绝缘强度测试记录、漏电检测记录、接地电阻测试记录等信息的二维码，通过二维码技术的应用可有效打通沟通环节，将各种负责人的信息公开，有效促进现场管理效率的提升，将各种检测信息通过二维码向外公布，方便安全管理。安全管理中二维码运用如图3-2-13所示。在临时用水点处也可以应用二维码技术，现场出现漏水或阀门损坏等情况可以第一时间联系到相关责任人，通过科学的管理有效节约资源。

图3-2-13　二维码与安全管理

4. BIM+二维码技术创新物资进场及实验管理模式

材料进场及材料管理可以采用二维码技术进行管理，各种原材料进厂例如钢筋，可以将进场数量、钢筋型号规格、炉批号以及各种合格文件制成二维码，在钢筋存放处进行标识，方便管理和检查。同样可以将各种材料的进场信息、检验信息进行二维码制作，并统一进行二维码管理。在实验管理中首先可以建立各种复试检测材料的制作取样 BIM 模型（包含试块规格大小、形状等信息），并将各种混凝土试块、钢筋机械连接件等需要检测的样品的具体技术要求、取样编号、取样信息、实验员及检测结果等信息制作成二维码对样品进行标识，从而实现物资实验的科学化、规范化、信息化管理。物资进场与二维码如图 3-2-14 所示。

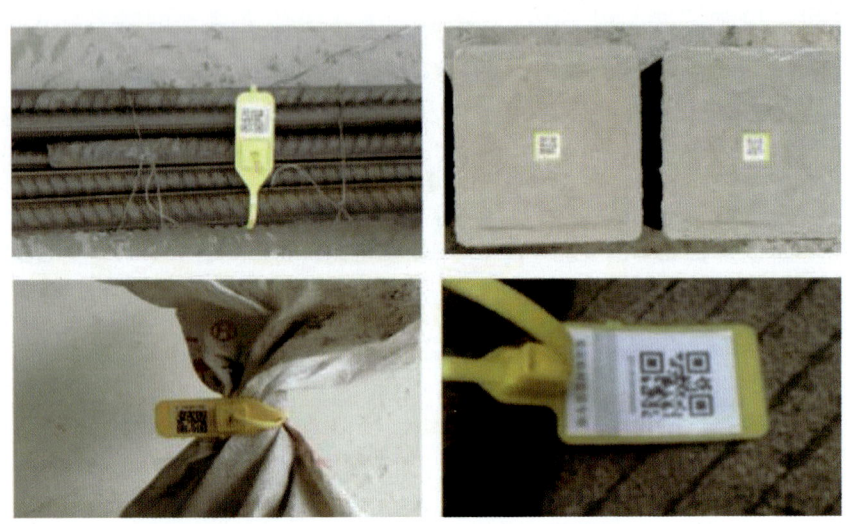

图 3-2-14　物资进场与二维码

5. BIM+二维码技术创新资料档案管理模式

目前，由于工程项目复杂、体量大、各类资料众多、资料管理难度增大，只有变革资料管理方式，才能实现资料管理的便捷化。建立二维码资料管理档案，将档案盒的资料目录采用二维码来标识，既可以节约资源，又方便管理，只需用智能移动终端进行扫描就可以阅览档案盒内资料目录。建立资料室档案室 BIM 模型将各柜体资料布局通过三维模型展示出来，通过二维码扫描可准确获得资料的位置，同时也可以关联包含各档案盒目录的二维码。二维码技术的应用可规范资料管理，便捷资料查询，有效解决传统资料管理的诸多弊端。资料档案管理中二维码运用如图 3-2-15 所示。

第 3 章　公路工程项目全寿命周期 BIM 智慧化管理系统

图 3-2-15　资料档案管理与二维码

3.2.4.2　移动互联技术应用

在这里，本书提出一个基于移动互联的 BIM5D 应用解决方案。该应用主要面向造价员，可以支持用户随时随地进行办公，既支持 PC 机在网络上进行操作，也支持移动设备（手机、Pad）连接网络后直接操作。

本章之前已提出了一个基于 BIM 的造价大数据管理解决方案，该方案包括建模子系统、造价云子系统和权限控制子系统。本方案是造价云子系统下的移动互联解决方案，可以从 BIM 造价大数据库中下载和上传数据。

1. 系统主要功能

系统主要有数据下载、模型浏览、计算式查看、套清单定额、意见标注、标记审核状态、数据上传 7 个功能模块，如图 3-2-16 所示。

数据下载：用户登录系统后，选择自己的工作项目，就可以下载项目数据，其中包括 BIM 模型数据、工程量计算式、清单、定额、意见标注等。

模型浏览：用户可以打开已下载好的 BIM 模型进行浏览，但无法编辑模型。若用户打开未下载到本地的项目，则系统会自动下载该项目的数据到本地存储。本系统目前支持 IFC 文件。建立 IFC 标准的目的是促成建筑业中不同专业以及同一专业中的不同软件可以共享同一数据源，从而达到数据的共享及交互。目前，IFC 标准由国际中立组织 buildingSMART 制定并维护。

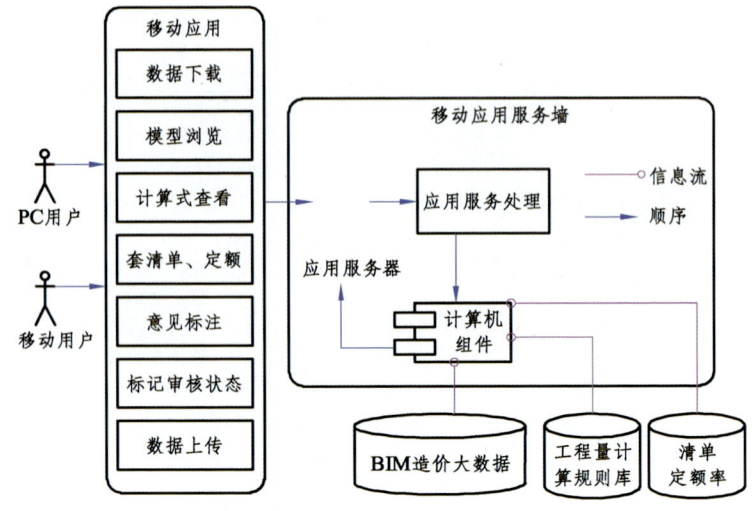

图 3-2-16　系统主要功能

计算式查看：用户可以选择模型构件查看相关的计算项目，以及对应的计算式。如果是自己提交的计算式，就可以编辑修改，如果是别人的，则只能做意见标注。

套清单定额：用户可以对计算项目进行套清单定额工作。同样，有权限的可以编辑修改，没有权限的只能做意见标注。

意见标注：用户可以对一些工作内容进行标注，且可以专门指定给某个用户看。

标记审核状态：对于模型构件，有未审核、正在审核和已审核状态。在未审核状态下，构件相关的造价数据都可以编辑修改；如果标记为正在审核和已审核，该构件的造价数据就无法修改，只能做标注；如果标记为已审核，则表示该构件的造价计算工作已获认可。

数据上传：用户可以将自己的工作成果上传到服务器，并分享给其他工作伙伴。

该系统虽然无法进行 BIM 模型编辑等操作，但已基本满足造价员日常主要工作需要，并且可以多人分工合作，邀请外部的专业人员同步审核，将传统的单向串行工作模式转变为多线并发工作模式，使造价工作更轻松、专业、可靠。

第 3 章　公路工程项目全寿命周期 BIM 智慧化管理系统

2. 移动端技术架构

本系统采用基于 HTML5 的移动应用技术架构。HTML5 是新一代的超文本标记语言，虽然 2014 年 10 月 29 日 W3C（World Wide Web Consortium，万维网联盟）才最终制定完该标准，但从 2008 年开始大部分现代浏览器已具备了某些 HTML5 支持。经过多年发展，其在技术上已有一定的成熟度。

采用 HTML5 作为移动应用架构最直接的好处是可以降低开发成本，提高工作效率，而且常用功能的实现效果与原生代码相近。如果都采用原生代码开发,则需要组建一支安卓开发团队和一支 IOS 开发团队，分别用 Java 和 Objective-C 开发，成本高且工作量大，测试也需要分别进行。采用 HTML5 技术只需要一支 HTML5 开发团队，完成编码后就可以直接打包成 Android 和 IOS 应用程序，还可以方便地实现 PC 端的 B/S 应用，大部分代码可以重用。但 HTML5 并不是十全十美的，它的标准和技术目前还在完善中，对于一些复杂效果，HTML5 无法实现，或实现代价大，但可以配合使用原生技术来实现这些复杂效果。

总的来说，基于 HTML5 开发的移动应用具有最小化成本、更新敏捷性的优点，而采用原生技术开发则具有最大化性能和良好用户体验的优点。目前这两种开发方式并不存在激烈的竞争替代关系，而是可以取长补短，混合使用，在不断地寻找和获得优秀用户体验的同时，尽力降低开发成本。

系统采用基于 HTML5 技术的一个主要原因是目前的功能需求该技术都可以实现,无论在开发成本上还是在开发进度上都具有很大的优势。后期如果需要开发复杂功能，譬如调用手机核心功能接口（包括地理定位、加速器、联系人、声音和振动等），可以结合 HTML5 移动应用开发平台使用混合技术。

移动端应用开发主要还是使用 HTML5+CSS3+JavaScript 技术，同时也使用了第三方界面开发框架 jQuery Mobile，这是 jQuery 在手机上和平板设备上的版本。系统还有一个主要功能是 BIM 模型浏览，这里选择 BIMServer 下的开源项目 BIMViews 作为相应的 BIM 浏览器。该 BIM 浏览器也是基于 HTML5 的 WebGL，与本系统的移动应用架构一致。

在开发其他功能的过程中还需要用到 HTML5 的一些标准和技术，如本地持久化使用 HTML5 的离线存储技术（localStorage）、上传下载使用的 Websocket 技术、多线程处理使用 Web Worker 等。移动端技术架构如图 3-2-17 所示。

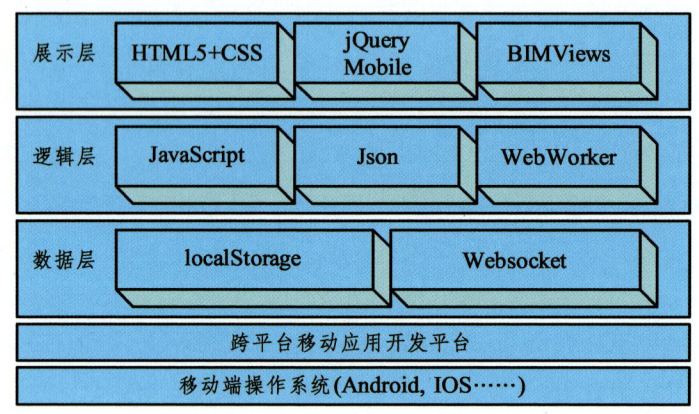

图 3-2-17　移动端技术架构

目前，主流的 HTML5 跨平台移动应用开发平台有 PhoneGap（后来被 Adobe 收购成为 Cordova 开源项目）、APICloud 等，本章主要采用 PhoneGap。

3. 系统运行

用户在移动设备上启动系统后，系统会要求用户登录。若用户拥有会员账号，可直接输入正确的用户名和密码登录系统；若无账号，则可先注册后，再行登录。登录系统后，可以看到系统中所有项目的列表（新用户注册后，会有默认的示例工程）。点击项目名称，可以进入项目文件夹，在项目文件夹中点击模型名称，即可进入项目的 BIM 三维模型浏览。在此过程中，模型会被自动下载到本地。当然，如果用户此前下载过该模型数据，则系统不会重复下载。

图 3-2-18 所示为在手机中浏览某办公大楼的 BIM 模型。通过单指旋转、双指移动、双指缩放等各种手势操作，结合各个工具按钮可以完成模型浏览、漫游、工程量查看等功能。

第 3 章　公路工程项目全寿命周期 BIM 智慧化管理系统

图 3-2-18　手机中浏览 B1M 模型效果图

测试环境为四核 1.8GHz 处理器、3GB 内存、搭载安卓 6.0 操作系统的智能手机。以图 3-2-18 所示的模型为例，在此环境下浏览模型，在移动或缩放的过程中，需要 1~3s 的加载及渲染时间。随着移动设备硬件系统处理能力的不断提升，相信这个时间会越来越短，最终人们会无法察觉这个时间的存在。

3.3　BIM 多元数据（库）标准的构建

数据信息是 BIM 建设的灵魂，更是公路管理分析的基础，而公路全寿命周期的项目数据类型庞杂、数据量大，如何有效组织管理海量数据、提高数据的访问效率是一个非常重要的问题。因此必须对公路全寿命周期数据进行规划，研究制定相应的数据编码规则，使得各阶段材料能够有序存放。采用 Arc-GIS 分图层管理，并应用制定的编码规则（表 3-3-1）将具有相同特征的空间信息放在同一图层，便于存储和调用。将公路 BIM 数据库分为基础地理信息类、公路设计信息类、公路施工建设类、多媒体文件文函图片类四大类，每一类数据信息分若干个图层或属性表，构成数据库总体框架。

表 3-3-1　数据分层（部分）

母类	子类	图层名	类型	系统编码	典型信息	备注
基础数据类	基础地形信息	等离线	线图层	JC-DX-L-DGX	点属性：ID、图层名、颜色、类型、高程、坐标 线类属性：ID、图层名、颜色、类型、高程、线型、线宽、长度 面类属性：ID、图层名、颜色、类型、高程、面积	
		高程点	点图层	JC-DX-P-GCD		
		……	……	……		
公路设计类	路线	桩号	点图层	GL-LX-P-ZH	ID、图层名、颜色、类型、高程、xy 坐标	
		平面	线图层	GL-LX-L-PM	ID、线型、项目编号、起点、终点、单元长度	
		……	……	……	……	
	路基路面	边坡	线图层	GL-LJLM-L-BP	ID、边坡类型、路侧、图层名、颜色	
		……	……	……		
	……					
施工进度数据类	路基路面	施工	属性表	SG-LJLM-TAB	ID、部件编号、上次日期、上次状态、记录日期、进度状态、备注	
	桥涵	施工	属性表	SG-QL-TAB	ID、部件编号、上次日期、上次状态、记录日期、进度状态、备注	
		……	……	……		
	……					
多媒体文件类	设计文件	第 n 合同段	各标设计成果	DM-SJ-WJ	目录结构与编制办法一致	包含设计图表、合同等
		概预算	概预算	DM-SJGS-WJ		
	文函	合同	合同	DM-HT-WJ		
		……	……	……	……	

在严格按照各类 BIM 编码规则的基础上，分类别逐层次构建 BIM 信息数据库，创建的数据有着统一的编码标准，且包含相互关联扩展属性。将 BIM 多元数据无缝联结为一体，从而实现数据一体化的相互调用。数据库架构如图 3-3-1 所示。

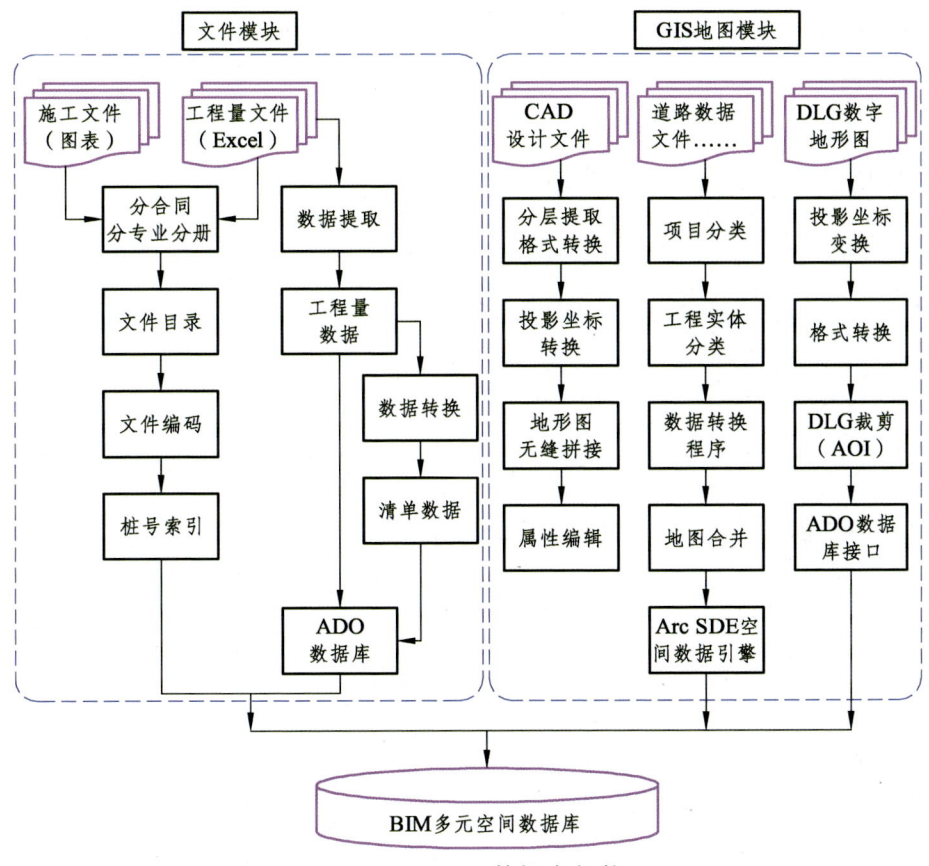

图 3-3-1　BIM 数据库架构

3.4　公路 BIM 三维模型构建技术

三维模型构建基于"分割—归并"的组装思想，分别研发了地面、道路主体、桥涵及附属构造物等三维实体建模技术和软件模块，通过这些软件技术实现公路三维场景各要素模型的快速构建。

3.4.1　地形三维模型

地形三维模型其核心是 DTM（数字地面模型）的构建和应用。系统设计采用不规则三角形格网（TIN）作为数字地面模型。三角网由逐点插入法生成，基本步骤如下：

（1）建立初始三角网。

（2）定位三角形。

（3）确定影响域。

（4）根据视点对 TIN 地形散点进行 LOD 简化来减少散点数目。

（5）对影响域内的三角网重构。

由于该技术已经非常成熟，在此不再赘述。

3.4.2 道路主体模型

考虑到国内的设计习惯，结合设计成果的文件形式（多以 DWG 形式），路基建模基于 AutoCAD 进行二次开发，利用 Object ARX 开发方式，将公路填方段的坡脚线和挖方段的坡口线作为公路区域和 DTM 区域的约束边界，并计算坡脚、坡口线与地形线的交点，在地形线上动态加入这些约束交点，让坡脚线上的点同时参与公路区域不规则面网和地面 TIN 的构建，从而建立公路与地形三维整体模型。

建立的路基三维模型不仅仅是路基的几何模型，而且还附带了相关的设计信息，如桩号、宽度、纵坡、横坡等信息。其示例如图 3-4-1 所示。

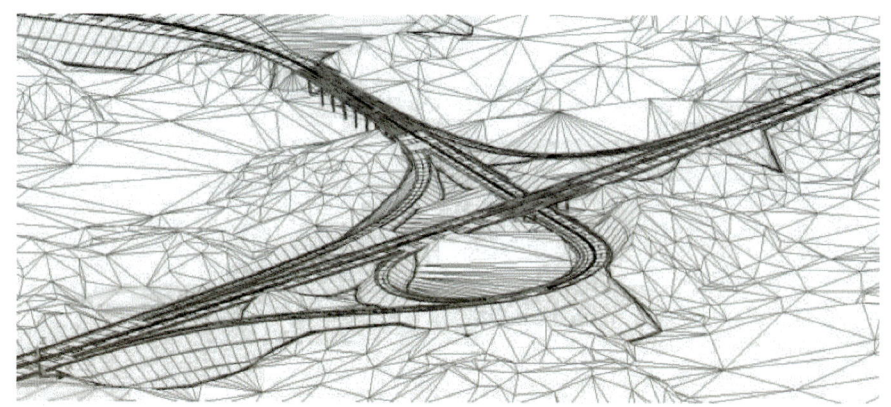

图 3-4-1 道路主体模型

3.4.3 桥涵等构造物模型

高速公路桥涵构造物较多，且形式多样，尤其是天桥和分离立交这一问题更为突出。为了精确地建立桥涵模型，采用 ObjectARX 开发技术针对不同类型开发了专门的建模工具（软件模块），以控制参数输入和提取图纸几何信息与属性的方式，实现桥涵构造物的精确建模。桥涵构造物的任一模型，不但具有与设计完全一致的几何尺寸信息，而且具有结构部件的总体信息。其示例如图 3-4-2 所示。

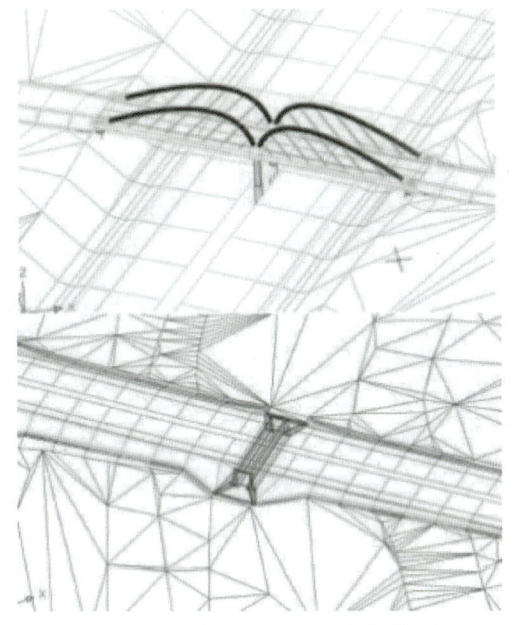

图 3-4-2　桥梁、涵洞信息模型

3.4.4 隧道模型

隧道建模模块由洞身建模和洞门建模两部分组成。由于隧道洞身处于地面以下，不会与地面表层相交，因此建模相对简单，以分段标准断面沿着路线方向拉伸建立隧道模型；而对于洞门，由于与地表相交，因此隧道洞门模型会因地形的起伏而变化各异，因此，针对该问题开发了洞门地面边界自动搜索功能,实现洞门边界与地面的剖切。此外,配套开发了安全设施等建模模块,通过提取图纸信息和路线设计数据,建立了全线的公路三维模型。其示例如图 3-4-3 所示。

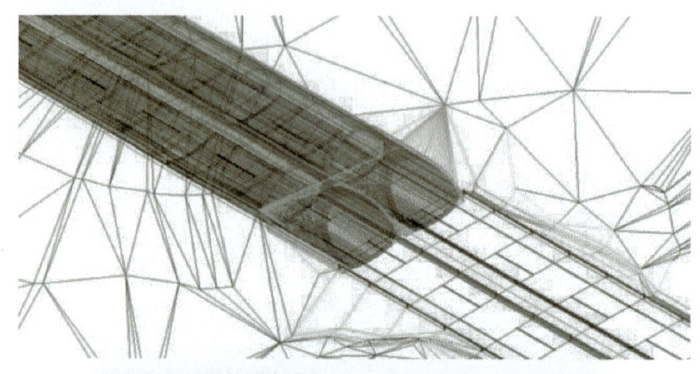

图 3-4-3　隧道、交安信息模型

3.5　公路 BIM 关键技术

3.5.1　公路三维模型和 BIM 数据库的关联

上述构建的 BIM 三维模型虽然已经具备了部分关键信息(如部件、桩号等),但还不够全面完整,缺少公路周边环境、路网、水系等宏观信息,且没有与空间地理位置进行必要关联。因此,有必要将公路三维模型与 BIM 多元数据库进行无缝关联,从而实现附带多元信息数据的精准

第 3 章　公路工程项目全寿命周期 BIM 智慧化管理系统

模型平台——公路 BIM 模型，即公路三维模型和数据库共同构成了公路 BIM 模型。

前面构建的 BIM 数据库是一个二维的界面，公路三维模型是一个三维的展示平台，它们都是对同一空间事物的不同描述，具有相同的空间坐标和固定的空间关系。要实现公路 BIM 的深度应用，就得通过利用共同的空间坐标位置、构造物名称、桩号等关键信息将三维模型与 BIM 数据库关联，应用 Windows 的 WM_COPYDATA 消息进行通信，实现进程间的数据交换技术，如图 3-5-1 所示。

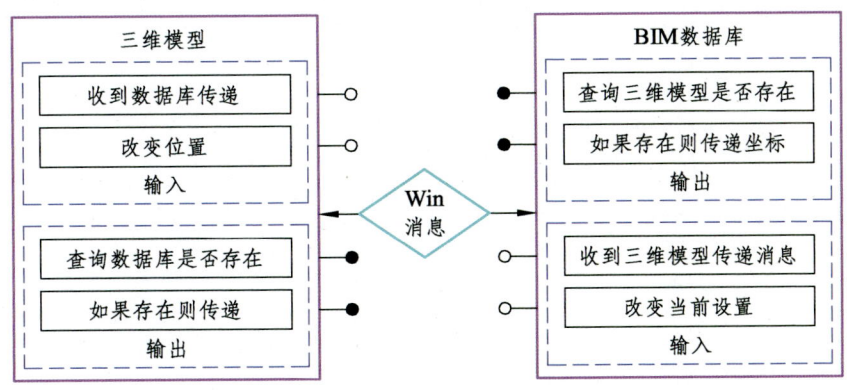

图 3-5-1　三维模型平台和 BIM 数据库信息交换示意

3.5.2　海量数据模型的处理技术

实现基于公路 BIM 的综合应用，不仅对系统各组成模块的数据关联、共享、协同提出了很高的要求，而且更需要 BIM 场景逼真程度、海量数据实时调用等关键技术。

3.5.2.1　BIM 海量影像纹理数据与地形准确叠加技术

公路 BIM 模型是精准的模型，更是信息丰富的模型，因此只有采用最高精度影像方可达到公路沿线地貌表征细致程度的要求。这主要通过影像纹理数据映射来实现。其基本思路是，在原始影像数据中，影像中的地物与现实地形三维空间本身存在一一对应的关系，根据这一对应关系找到地形空间坐标（x, y, z）与纹理空间坐标（u, v）之间的对应关系（图 3-5-2），从而将二维的影像纹理图案映射到三维几何模型的表面。

将实景纹理空间 u、v 两个方向最大值设为 1 时，实景纹理空间坐标（u, v）与地形空间坐标（x, y, z）可以建立双线性映射关系，其纹理像素坐标（u, v）即为空间点（x, y, z）对应的距离坐标，经推导纹理坐标与空间坐标关系如下：

$$\begin{cases} x=(1-u)(1-v)x_1+u(1-v)x_2+uvx_3+(1-u)ux_4 \\ y=(1-u)(1-v)y_1+u(1-v)y_2+uvy_3+(1-u)uy_4 \\ z=(1-u)(1-v)z_1+u(1-v)z_2+uvz_3+(1-u)uz_4 \end{cases} \quad (3\text{-}5\text{-}1)$$

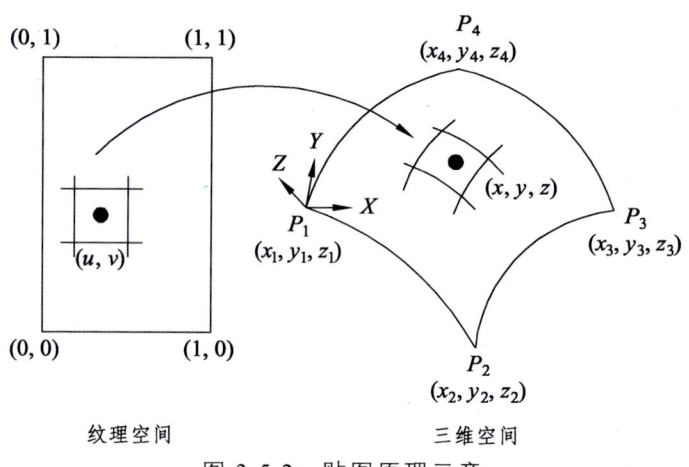

图 3-5-2 贴图原理示意

3.5.2.2 模型金字塔技术

由于三维公路模型的数据量往往很大，并且其存储的复杂程度已远远超过计算机的计算能力，对于一台普通计算机，不可能将所有的数据一次性调入内存中等待应用程序的调度渲染。因此，有必要对海量数据按照从低层次到高层次的顺序进行切片分块存储于外存中，同时对实时调入内存中的每一块地形数据，进行多分辨率的显示。这种分层分块存储与调度的思想就是金字塔模型的重要体现。从金字塔的顶层到底层，分辨率呈现出越来越高的趋势，模型越来越精细，但是每个层次内所有文件拼接出的地理范围都是相同的。每一层的分辨率都是上一层分辨率的 2 倍，如图 3-5-3 所示。

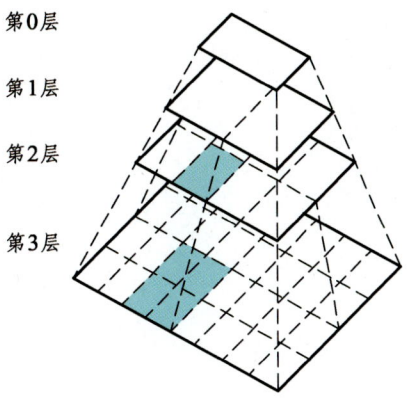

图 3-5-3　金字塔结构示意

3.5.3　工程进度计划推演技术

进度是公路建设管理的一大关键，但传统的公路工程进度是以图表文件的形式呈现的，施工单位与建设单位之间只能以周报或者月报的形式来报送进度信息，其更新和动态响应周期难以满足现代化精细化管理的要求。

公路 BIM 模型中各部件自身具有独立的桩号属性、名称以及从属关系，而公路工程施工进度（计划）是部件在不同时间段内所处的状态。要表现公路工程的施工进度，只需要赋予不同时间节点部件状态属性即可。对于施工状态的动态显示，主要是根据部件的进度属性数据控制部件的三维绘制和显示（透明度），从而达到部件施工状态的动态显示，如图 3-5-4 所示。

对于构造物部件的透明度处理，通过融合方式进行，Alpha 通道决定透明度，其中 Alpha 值介于 0 和 1 之间。根据施工计划或者完成情况给定 Alpha 值后，通过融合函数实现公路施工进度动态推演功能，如图 3-5-5 所示。

图 3-5-4　公路 BIM 模型部件与名称响应示意

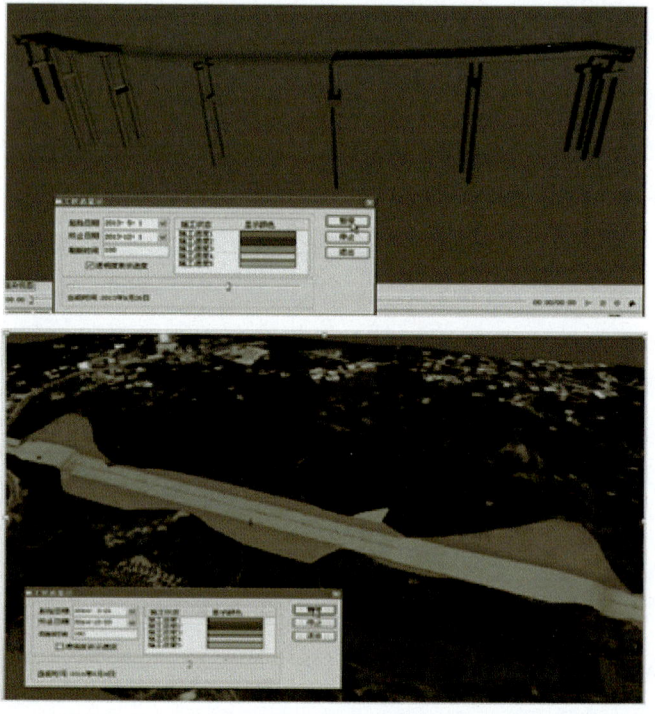

图 3-5-5　桥梁、路基施工进度动态显示示意

3.6 公路 BIM 的应用

公路 BIM 的应用是覆盖整个生命周期的，其目的是全面控制高速公路生命周期中的各项活动，辅助管理者正确决策，使得公路在全生命周期内的效益最大化。

（1）有助于施工方案的合理设计。

在高速公路工程项目的建设中，充分运用 BIM 技术，加强对建筑信息模型的设计，通过模型模拟计算对项目建筑设计方案进行优化改革，从而增加施工效率和加强工程效益。用 BIM 技术可进行可视化模拟，在施工过程中进行分段、分部研究，对重点施工部分，可强化施工人员进行设计细化，使施工质量得到大幅提升。

（2）可进行高速公路工程施工过程的模拟。

在现实的施工作业中，要把实际施工作业的三维资料和施工材料进行信息数据的集成，从而建设模型，让现场施工作业人员可以参考建筑模型，对其施工方案中的不足之处，加以改进优化。同时，使用施工模型进行作业模拟，可以使施工方案最优化和减少作业工作量，大大节约成本和缩短工程进度。

（3）简化施工协调管理的工作难度。

在施工作业的时候，各工区管理工作可通过 BIM 技术实时进行连接，在施工管理中方便各方人员的沟通。施工管理中的进度可通过 BIM 技术的应用得到优化，这样在施工时，各工序间出现交叉作业的情况就可避免，同时可加强工程项目作业人员和现场管理人员对于各项作业工艺的了解程度，重新对施工现场中的仪器设备的放置和使用进行规划和管理，对施工现场进行模拟，最大程度地避免施工作业中的安全隐患发生。

3.6.1 设计阶段

3.6.1.1 设计方案展示

常规公路三维模型能够实现全路段的三维可视化展示，较之以前传统效果图展示已经有很大的改进和优势,已经在行业内被广泛采用。但单纯的三维模型展示常因缺乏必要的公路数据信息实时支撑,与常规的视频动画展示无异。公路 BIM 模型不仅提供逼真的视觉展示,而且在其基础上能够提供更多有效信息(图纸、平纵指标等)支撑,使得受众对方案的理解和分析更加详尽全面,有利于作出正确决策和判断,如图 3-6-1 所示。

图 3-6-1　方案展示

3.6.1.2　道路安全性评价

道路交通安全关系重大,然而传统设计方法由于技术手段匮乏,对于公路这个复杂空间体而言,对道路安全性的考虑往往基于"满足规范"这一基本要求,从而导致安全隐患,诸如视距保障、安全设施设置等。如在包茂公路 BIM 模型中,结合"视线棱体"原理上实现公路停车视距的测量和评估，准确发现视距不足路段和致因。又如通过构建车辆灯光模型，评判公路行车时对向车辆眩光影响的程度以及防眩板设置的位置和尺寸等，如图 3-6-2 所示。

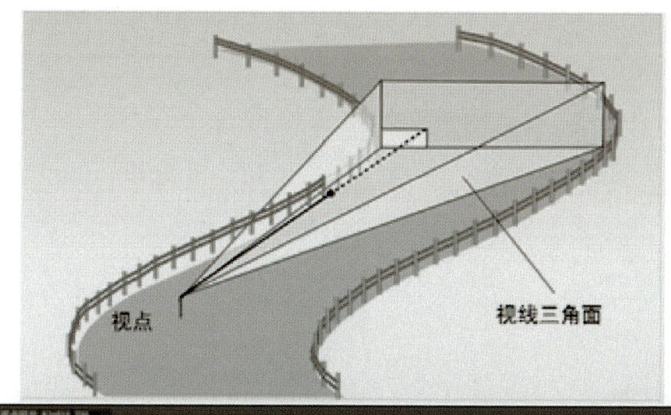

图 3-6-2　视距、眩光分析

3.6.1.3　设计成果数字化

公路行业设计成果数量繁多，传统的纸质文件交接虽然已经非常成熟，但由于其管理、存储以及深度应用难度较大，导致后期建设和运营时的查阅、存储、编辑费时费力，传统的成果提交方式落后、低效和易损的缺陷已无法适应现代公路建设对设计成果深度利用的需求。结合公路 BIM 编码规则和编制办法规定，充分考虑公路行业出版习惯，将项目设计文件分合同段、分专业存储，并提供类似资源管理器界面的成果管理窗口，方便设计成果查询和统计功能，同时还提供了工程变更文件等过程文件的录入和管理功能，最大限度地留存工程建设信息，为日后建设运营以及资产管理提供最基础的数据支撑，如图 3-6-3 所示。

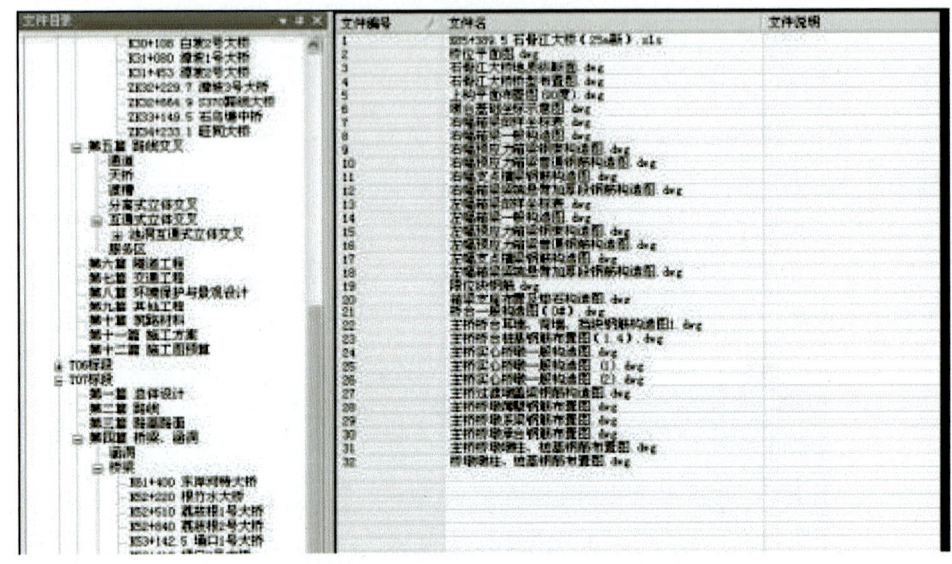

图 3-6-3　设计成果数字化界面

3.6.2　施工建设阶段

3.6.2.1　几何校核

施工建设管理主要是以设计成果为基础，通过收集整合、分析公路工程项目实施过程中的过程数据信息，实现对工程进度、质量和投资三大要素的控制。除了施工进度的推演技术外，公路建设过程还有质量控制的要求。为了保证公路位置的准确性，须对施工场地的建筑红线桩和中（边）桩点进行严格的校核。由于公路 BIM 模型中存储了整个项目完整的边桩、中桩及路面任一点信息，因此只要与专业 GPS 手持终端实现即时通信，即能实现中桩边桩位置的误差校核，其原理如图 3-6-4 所示。

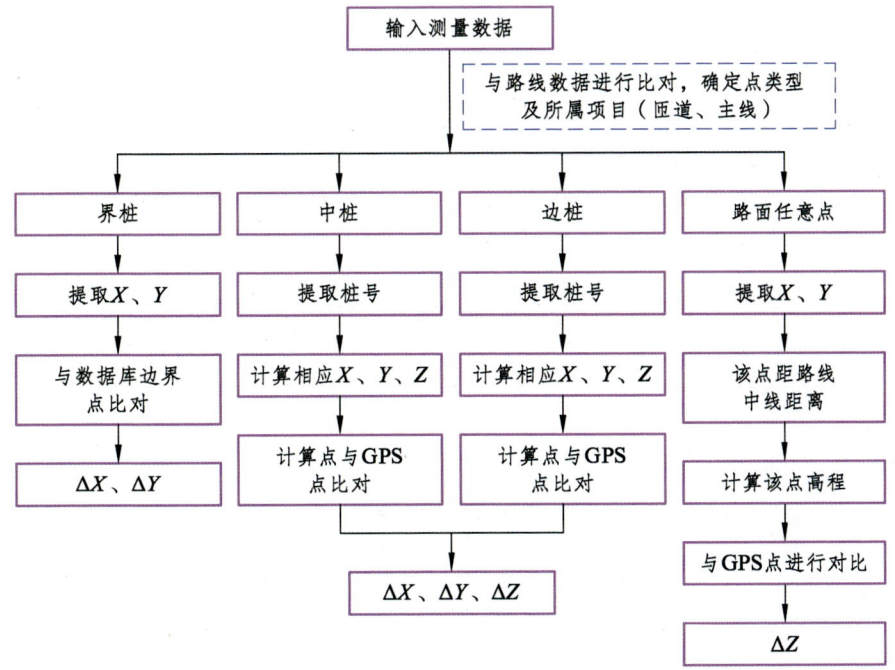

图 3-6-4　几何质量校核原理

3.6.2.2　BIM 技术在施工方案中的应用管理

根据 BIM 提供的工程施工方案，项目管理人员可对正在施工的工程过程进行直观理解，并了解各项施工作业工艺流程中的先后顺序和施工时间节点之间所存在的交叉现象，从而使工程施工效率达到最大化，保障施工工程的顺利进行。通过使用 BIM 技术建设三维可视化模型对施工作业进行模拟，从而从模拟结果中分析得到作业时可能存在的安全隐患，同时可将施工中的难点找出，在实际施工作业之前优化施工方案，可最大限度地保证工程的安全性能。并且当在进行高速公路工程项目施工作业的时候，针对施工现场的勘查工作可通过 BIM 技术实现，从而减小施工现场出现安全漏洞的概率，使施工作业过程中可以保证安全的最大化。当在进行模板安装时，针对于模板之间的缝隙要进行严密检查，避免漏浆现象的产生，最大限度地保障其牢固安全。而模板台车的流通轨迹属于Ⅲ级围岩段，底板垫层铺设在填充混凝土面上。

通过应用 BIM 技术，在公路工程施工中，进行隧道衬砌施工现场三维信息可视化模型的建立，使工程施工设计人员对公路工程施工建设整体情况的了解更加直观，从而有针对性地制定解决方法，减少施工交错难题。

3.6.2.3　BIM 技术在施工阶段的应用管理

在施工过程中，利用 BIM 技术可使二维层面设计、三维构建模型优化、实际施工过程的精准作业等等一系列流程得以展现，最大化地呈现 BIM 技术的核心特点。

1. 质量管理

在质量管理方面，利用 BIM 技术，本项目工程的施工作业质量得到了大大提高。就以工程项目的隧道模板安装为例子，隧道模板的作业单位首先是通过 BIM 技术进行模板安装的建模，并在此三维立体可视化模型上模拟，通过模拟可以得到具体的施工节点、工作构建、工艺要点、加工尺寸和工艺流程顺序等信息，并且进行优化，从而使设计中的缺陷得到有效解决。隧道施工三维可视化模拟如图 3-6-5 所示。

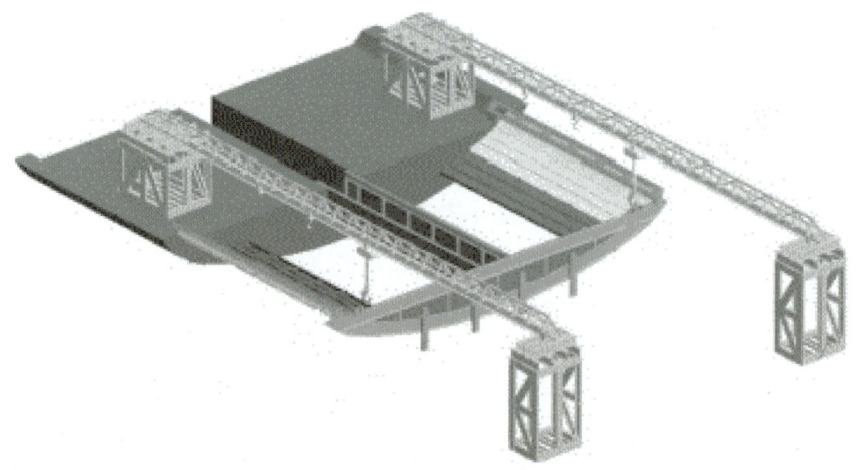

图 3-6-5　隧道施工三维可视化模拟

利用 BIM 技术，在施工中可对现场进行动态检查，从而对施工过程中是否按照技术交底、相关工程设计图纸、施工作业规范标准和工艺操作等进行检查,并和 BIM 模型模拟结果进行比较分析,使现场施工作业中可能造成的偏差大幅减少。

2. 进度管理

在实际的施工作业过程中,作业人员要实时根据 BIM 模型模拟的情况,对每一个施工流程进行追踪和比较,通过和施工进度的比较分析,避免施工过程中造成的进度偏差。利用三维模型,可对某些工序提前进行精准设计,从而节约时间,例如在隧道岩体砌筑过程中,可对管线穿孔进行精准预留,施工进度得到加快。隧道风管预留孔洞模拟图如图 3-6-6 所示。

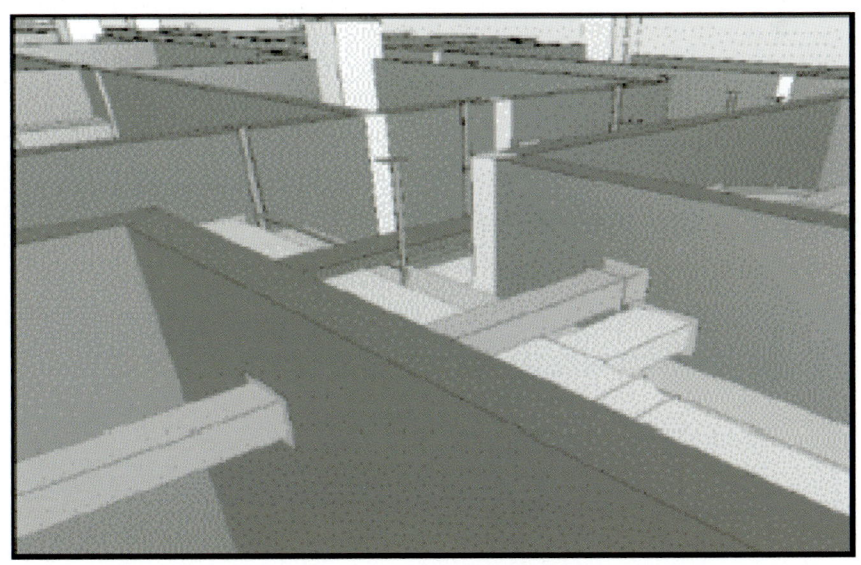

图 3-6-6 风管预留孔洞

3. 成本管理

在项目成本管理方面,工程量计量非常重要。在这个环节,每一个施工工艺中需要的构件和结构都要进行详细的说明。隧道支护三维模型如图 3-6-7 所示。

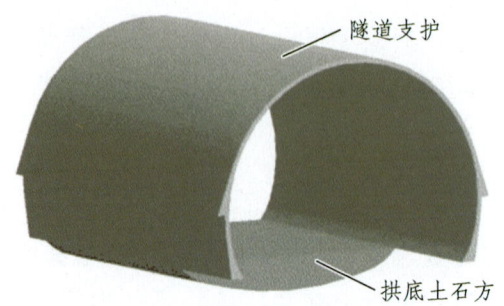

图 3-6-7　隧道支护三维模型

按照设备设施的编码方案，BIM 咨询单位和各施工参与方共同对设备设施进行编码，对编码手册、编码标准进行编制。通过 BIM 模型，业主方可直接掌握每种设备材料的价格信息，方便对成本进行管理。

3.6.3　运维阶段的 BIM 技术管理

根据本工程对运营维护阶段的要求，结合运维管理平台，对以 BIM 技术为背景的三维管理进行相关实施，尤其是针对设备的运行维护管理、放置空间管理、更新优化、模拟实景培训、能耗管理、应急管理等，并将 GIS、物联网等信息技术和着重使用的 BIM 技术进行高度的集成化，从而保障工程项目的管理实现人工智能化和信息自动化。

3.7　BIM 技术建设高速公路工程的价值验证

3.7.1　优化构建高速公路

通过 BIM 技术的使用，工程项目施工设计人员可对高速公路隧道工程的施工三维模型中的施工方案进行优化，并且实施碰撞分析和结构分析。BIM 技术设计应用的结构如图 3-7-1 所示。

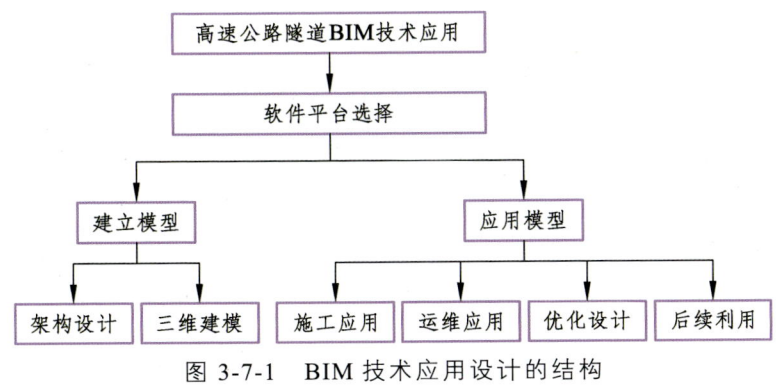

图 3-7-1　BIM 技术应用设计的结构

3.7.2　基于 BIM 技术设计高速公路隧道施工流程

在高速公路工程项目隧道施工方案设计时，应对施工作业工程周边环境的地质条件等做实地考察和分析，再参考该区域的地质断面形状，对施工作业条件和现场支护装置进行优化。基于 BIM 技术进行施工流程的仿真设计如图 3-7-2 所示。

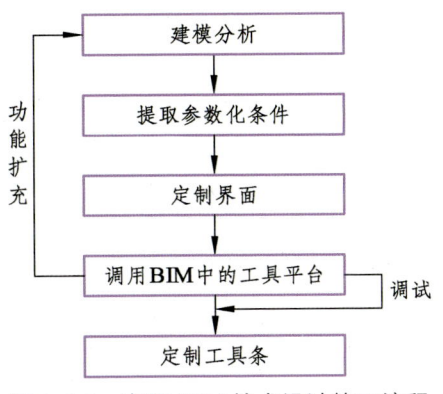

图 3-7-2　应用 BIM 技术设计施工流程

3.7.3　仿真构建

在公路工程建设中，基于 BIM 的施工模型，可通过对 BIM 技术工具平台调用，做一个后续的开发设计。通过设计施工隧道的三维立体模型程序，用户可以获得相应的隧道衬砌的相关工艺参数，并且可以参考该参数，重新进行三维模型的建设和设计。这极大地简化了设计的工艺流程，为后续设计的修改和使用提供了方便。隧道施工现场的断面形式如图 3-7-3 所示。

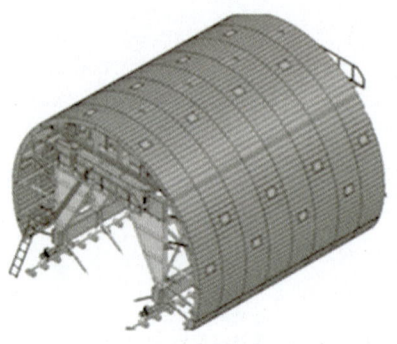

图 3-7-3　施工现场的断面形式

3.7.4　优选隧道施工衬砌结构

当在进行隧道衬砌断面设计的时候,用户可以在文本框中输入相关工艺参数,然后就可进行衬砌的创建。在实际的应用过程中,这一个个隧道衬砌创建也可以通过对信息数据库中许多资料的调动实现。这样就可顺利完成复合式衬砌结构的优化设计,使施工质量得到提升。图 3-7-4 所示为隧道施工仿真模型。

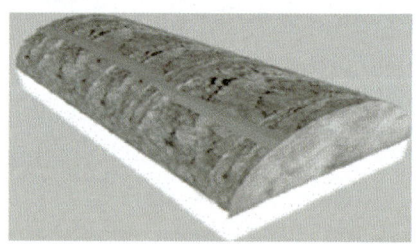

图 3-7-4　隧道施工仿真模型

3.8　全寿命周期 BIM 智慧化管理系统应用开发

3.8.1　基于 BIM+GIS 技术的公路工程项目工程管理平台架构

基于 BIM+GIS 技术的公路工程项目工程管理平台架构如图 3-8-1、图 3-8-2 所示。

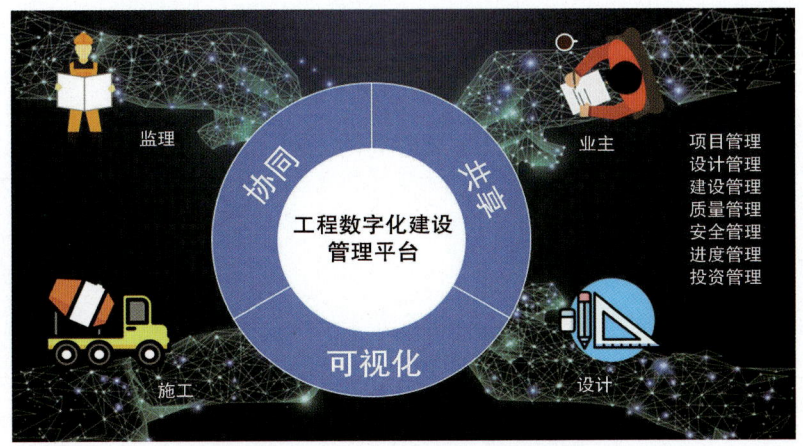

图 3-8-1　项目工程管理平台架构

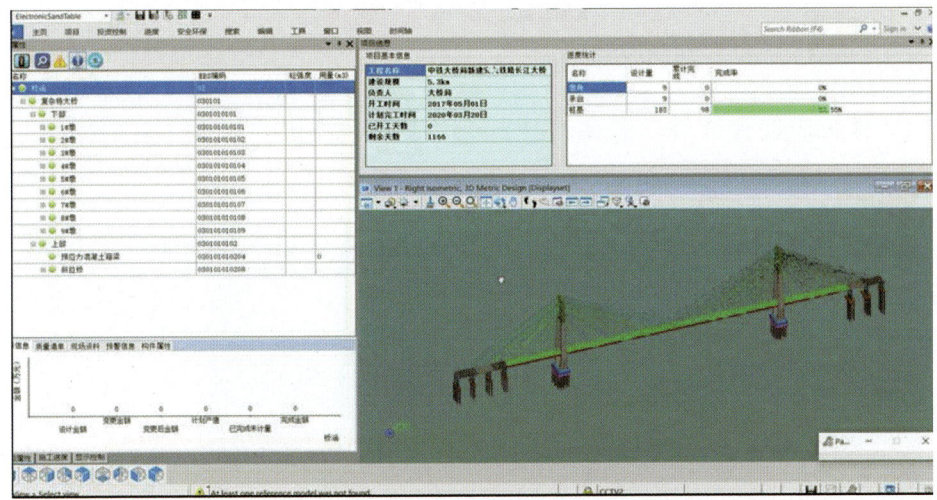

图 3-8-2　项目工程管理平台架构

3.8.2　项目工程管理平台优势和特点

3.8.2.1　传统公路工程建设管理+BIM 平台的特点

可视化精确 BIM 模型（主流任意格式 BIM 模型文件）与公路工程建设管理的进度、质量、安全、技术等管理要素相结合，形成 4D-BIM 施工建设管理。

3.8.2.2 BIM+GIS 公路工程建设管理+BIM 平台的特点

（1）宏观 GIS 与微观 BIM 的结合。

（2）可视化：各参与方可直观参与和了解项目情况。

（3）精准化：按公路工程质检分部分项要求，按公路工程专业精确建模。

（4）一个平台：相关参与方在一个平台下协同工作，同时支持 C/S、B/S 和移动端。

（5）面向未来运维和资产管理：后期可通过定制化扩展升级进行项目运维和资产管理。

（6）可用于同类项目：后期可用于同类建设工程项目的管理。

（7）弹性扩展：根据需求弹性扩展功能与性能。

3.8.3 施工进度管理

施工进度管理可以做到随时导入、查看、预演，如图 3-8-3 所示。

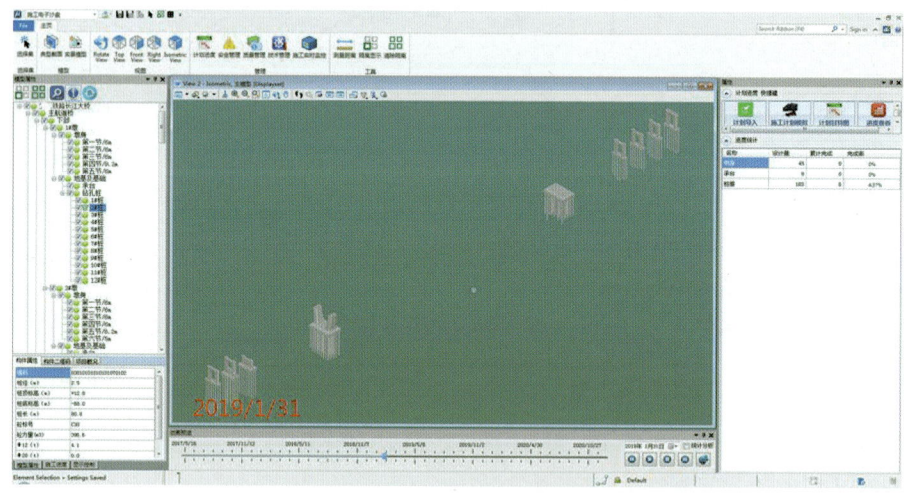

图 3-8-3　4D 进度管理

基于 BIM 技术的 4D 进度管理是将 BIM 模型赋予时间的维度，形成 4D 模型，按照时间进程动态化地演示施工过程。4D 模型将 BIM 模型和进度关联起来，在软件中赋予每一个子模型时间信息，于是 BIM 模型就具有了时间的属性。这样工程人员能清晰地看到特定的时间有哪些施工工作在进行，提前对施工进度进行模拟，并以此为依据安排最合理的施工进度。同时，也可在施工过程中将计划进度与实际的施工进度进行对比，发现进度偏差时能及时采取赶工措施。利用 BIM 技术进行 4D 进度管理的具体内容如表 3-8-1 所示。

表 3-8-1 4D 施工进度管理内容

阶段	内容	目标
施工准备阶段	4D 模拟施工过程,制定合理施工进度	模拟施工进度,可视化地展现施工过程
施工阶段	（1）将计划施工进度与实际施工进度进行对比，若发现实际施工进度滞后，则采取赶工措施纠正进度； （2）若出现不可抗力因素导致进度滞后，则修改 4D 进度模型，重新进行进度模拟，以指导后续施工	对实际施工过程做到全程监控

具体实施过程如下：

1. 施工计划进度导入与编辑

将 Project 施工计划进度导入"施工管理/电子沙盘"。

2. 施工计划进度模拟

施工计划进度生成后可以自由融入 EBS（Engineering Breakdown Structure，工程分解结构）分解列表，从而在计划中有分部分项工程及任务分解。利用 EBS、进度计划与 BIM 模型联动，能够全方位动态展示随时间推移的大桥计划施工 BIM 模型，即 4D 计划施工过程模拟。

3. 实际进度导入与编辑

通过下载云端服务器数据到本地,将施工实际进度导入"电子沙盘"。

4. 实施施工进度查询查看及比对

将计划进度和实际进度采用甘特图直观地表示展现整个工程的进度情况，便于管理者合理制定之后的工作安排。在三维 BIM 模型中，以时间轴的形式动态展现各时间段、各个构件的施工进度情况，并用不同颜色标明哪些处于正常施工、哪些处于延期施工状态，方便管理人员很快了解项目进展状况。图 3-8-4 所示是施工进度对比。

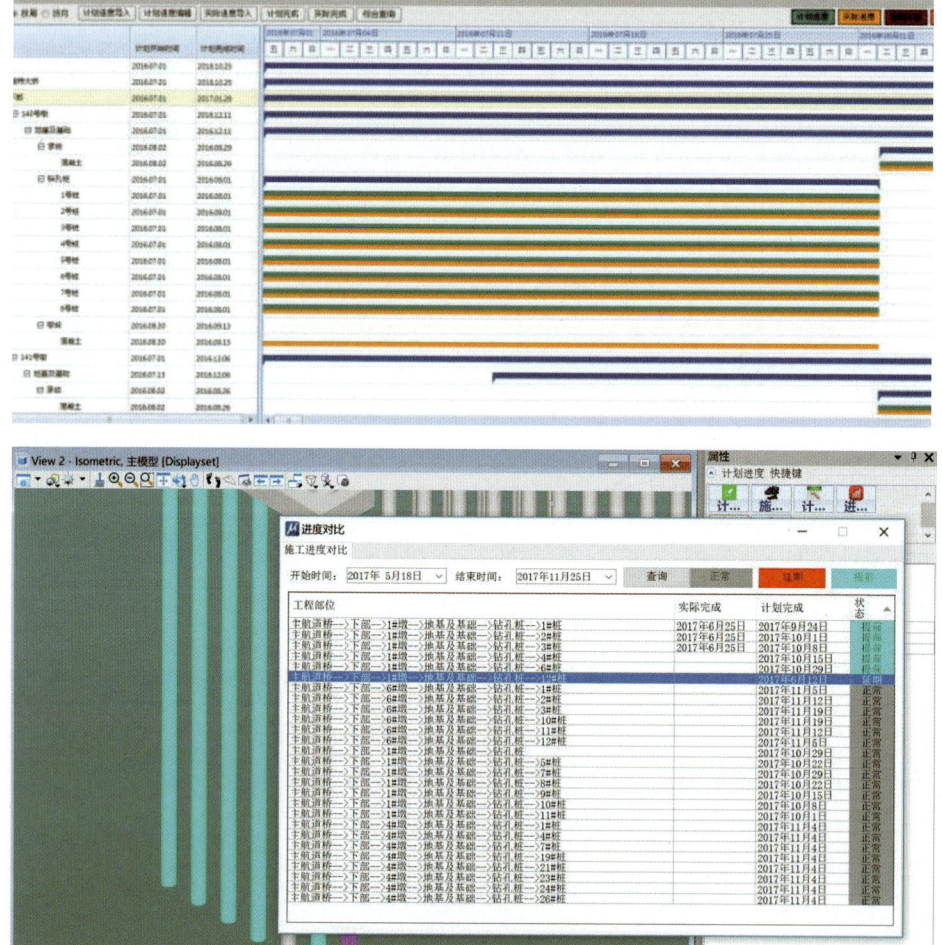

图 3-8-4　施工进度对比

第3章　公路工程项目全寿命周期 BIM 智慧化管理系统

3.8.4　工程量查看及统计

在模型中直接选中构件，自动统计得出工程量，并且根据实际结构数量，对主要结构进行进度统计。可以查询任意构件以及各种构件组合的工程数量及统计，如图 3-8-5 所示。

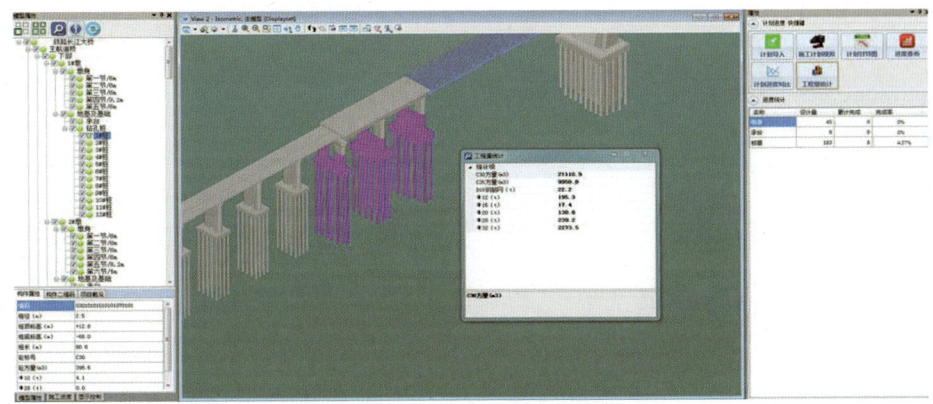

图 3-8-5　工程数量查询

3.8.5　施工安全管理

可以对工程建设过程中的安全问题进行管理，如图 3-8-6 所示。

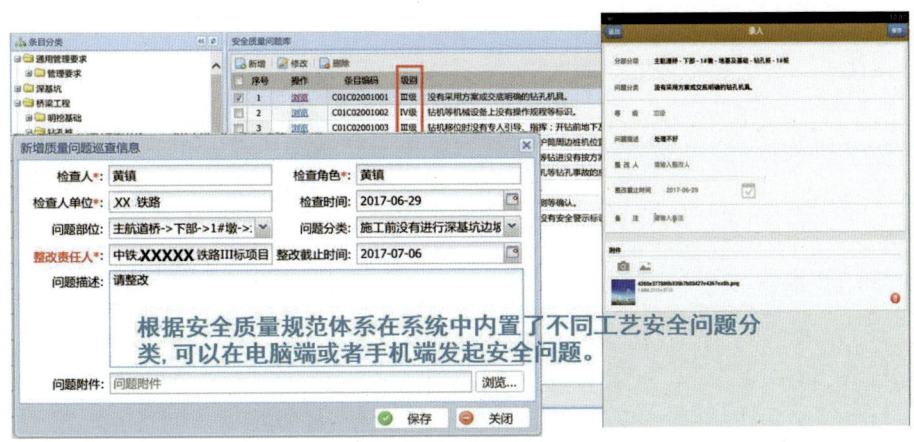

图 3-8-6　安全管理及查询

3.8.6 施工技术及质量管理（图 3-8-7）

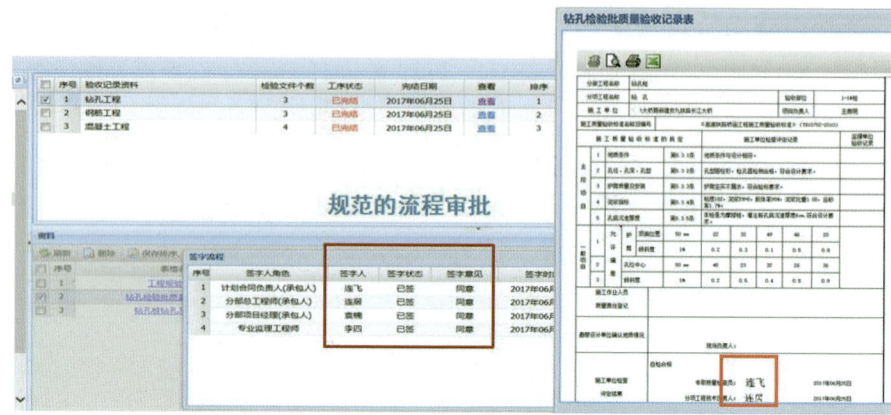

图 3-8-7　施工技术及质量管理

3.8.7 与现场监控管理系统的集成（图 3-8-8）

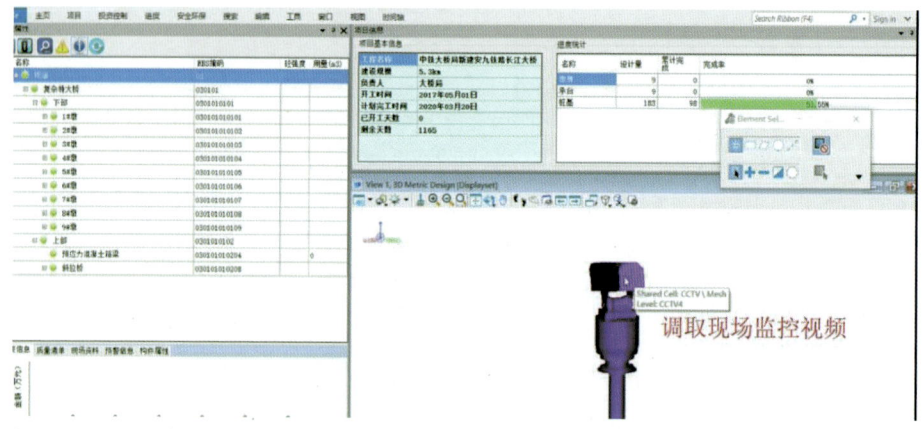

图 3-8-8　现场监控资料调取和查询管理

3.8.8 其他定制化功能（按需）

以上介绍的软件平台"施工管理平台"和"工程管理平台"（图 3-8-9）都提到了其基本的功能模块，但是在实际的工程应用中，根据不同项目的特点，以及不同的管理需求，还需要考虑一些定制化功能及应用的可能，因此我们预留了一定的接口去做相应的功能开发。这些开发需要具体与项目人员探讨并确定需求后再行确定。

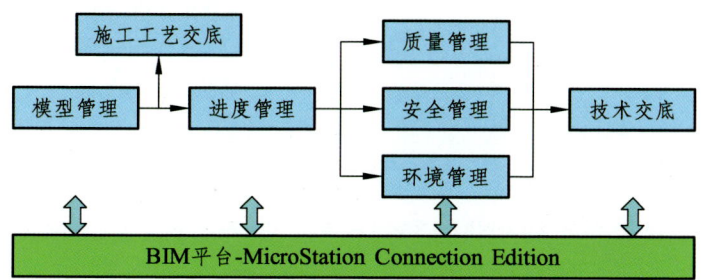

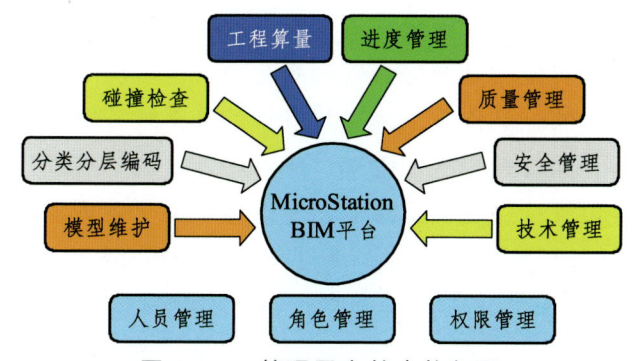

图 3-8-9　管理平台基本构架图

第 4 章 工程项目管理信息系统与 BIM 结合应用方案

4.1 工程项目管理信息系统概述

工程项目信息管理（PM）指以项目管理为目标，以工程项目信息为管理对象，所进行的有计划地收集、处理、储存、传递、应用各类各专业信息等一系列工作的总和，其重点是围绕工程项目在施工过程中的进度、成本、质量、安全、资金、资源等方面进行管理与控制，最终实现项目利润最大化。施工企业综合管理系统项目级解决方案是针对项目经理部的业务提出的，又称为工程项目管理信息系统（图 4-1-1），包括项目管理策划、合同管理、进度管理、成本管理、物资管理、设备管理、人工管理、分包管理、资金管理、质量管理、安全管理、现场管理、变更控制、风险管理、竣工管理等，共 21 个子模块，覆盖工程项目管理主

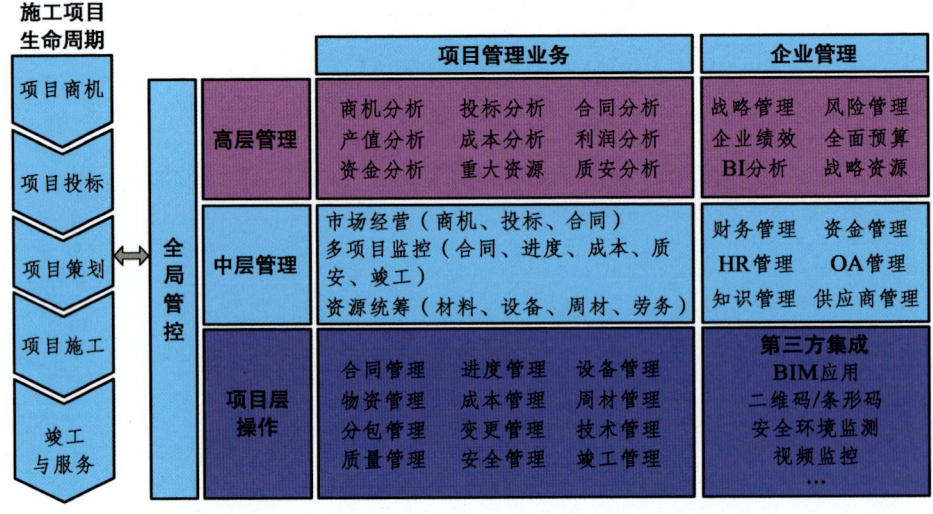

图 4-1-1　工程项目管理信息系统平台基本构架

第4章 工程项目管理信息系统与BIM结合应用方案

要业务。通过不同模块的组合能够满足建筑施工行业工程项目主要管理模式的管理要求，如自营、分包、自营+分包（劳务、工程和机械）等，实现公司对项目的进度控制、成本控制、质量控制、安全控制等"四控"，实现公司对项目的合同管理、信息管理及项目档案资料的管理等"三管"，实现公司与项目经理部、各项目间的部门高效协调。

以企业的精细化管理为基础，配合企业体制、机制、管理和技术的持续创新，充分利用现代信息技术，经过系统的应用，建立和形成满足公司及下属项目经理部、分公司协同运转、高效管理和科学决策需要的企业集成管理信息系统，为深度开发信息资源、加速信息流通、实现信息资源共享和提高信息利用能力提供有效手段，促进公司及下属公司生产、经营、管理和决策方式的改进和优化，提高企业整体创新能力、经济效益和市场竞争力。

图 4-1-2 所示是系统的逻辑框图：

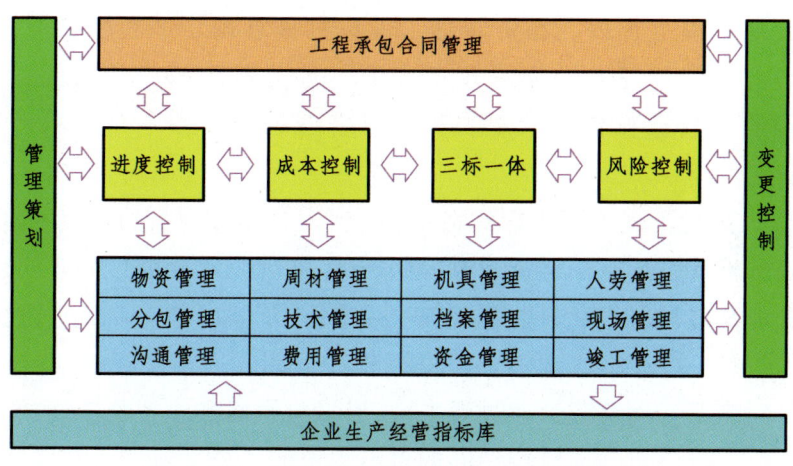

图 4-1-2　工程项目管理信息系统逻辑框图

工程项目管理信息系统通过建立一个全方位的企业级信息平台，实现从项目→分子公司→总公司多层的审批流程、数据汇总、信息传递，数据精确到项目级，体现企业（法人）对企业内各个项目的管理、控制、监督以及决策，而不是简单的项目级管理。

- 247 -

4.2 工程项目管理信息系统的应用价值

工程项目管理信息系统是建筑企业管理信息平台的核心，是要求站在管理层的角度，建立一个针对全体项目实施有效管理的信息化平台和环境，从而实现项目管理模式的统一和规范、日常工作的协同管理与运作。

（1）通过工程项目管理信息系统，可以实现多项目统筹管理，主要有如下几个方面的内容：

① 统一基础数据，规范企业项目管理。

② 多项目资源协调。

③ 多项目数据汇总，穿透查询查证，掌控项目执行情况。

（2）通过工程项目管理信息系统，可以实现集成化的项目职能管理，包括合同管理、成本管理、分包管理、进度管理、质量管理、安全管理、竣工管理、物资管理、设备机械管理、工程资料管理等，而不是各个职能管理分别采用不同的、彼此隔离的工具软件，集成化才能避免数据孤岛，体现工程项目管理思想，而不是简单的职能管理思想。

（3）通过工程项目管理信息系统，实现公司对项目的进度控制、成本控制、质量控制、安全控制等"四控"，实现公司对项目的合同管理、信息管理及项目档案资料的管理等"三管"，从而对施工项目进行决策、计划、组织、控制、协调等全过程的全面管理。

（4）建立工程项目管理协同平台，通过与协同办公系统功能的集成，实现集团、分公司、项目经理部的多组织架构，公文流转、在线审批、在线申请流程管理等协同办公，从而实现公司与项目经理部、各项目间的部门高效协调和一体化管理。

（5）建立施工项目管理信息门户，可对项目的施工组织设计、进度、成本、合同、质量、安全、机材等所有信息进行实时动态的查询和展示。

第4章 工程项目管理信息系统与BIM结合应用方案

4.3 工程项目管理信息系统总体功能架构

工程项目管理信息系统向企业提供系统设置服务、工作流服务、消息服务、预警服务、搜索服务、规则服务、授权服务等基础服务功能，实现流程优化及风险管理。在业务上，与企业级的业务系统，如项目统筹管理、人力资源管理、固定资产管理、集中采购管理、财务管理等，实现流程对接和数据共享，支持集团、分子公司、项目经理部协同管理；在资料管理上，与档案管理系统将进行集成，实现项目档案资料的集成管理；在财务处理上，将与集团财务管理模块无缝集成，保证数据的畅通交互，实现业务财务一体化。

工程项目管理信息系统提供基础数据统一设置、基础数据共享、权限统一分配功能，所有的子系统都采用统一的组织结构和权限管理引擎，通过门户实现单点登录认证的，用户一次登录，即可访问有权限的各功能模块。工程项目管理信息系统各功能高度集成，能够实现业务与财务的一体化管理，通过业务数据可自动产生财务数据，实现财务与业务单据的双向联查。

工程项目管理涉及的业务如图 4-3-1 所示。

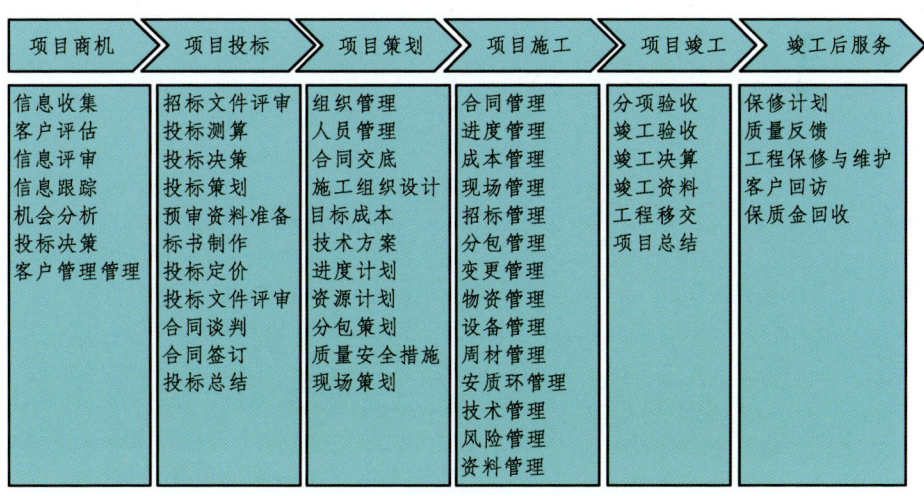

图 4-3-1　工程项目管理信息系统主要业务范围

4.4 工程项目管理信息系统功能设计

工程项目管理信息系统是以每一施工项目为单位建立的项目信息集成和工作交流的平台,包括从项目投标开始,到项目中标后的策划,以及施工过程中的合同、进度、成本、质量安全管控,以及竣工后的维护等,是所有用户能参与的工程项目管理协同平台,且能反映协同办公的各组织机构,实现企业与项目间的协同办公。

系统的总体功能框图设计如图4-4-1所示。

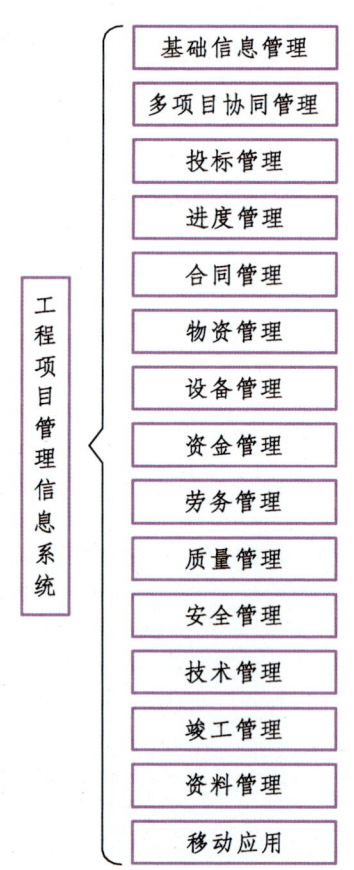

图 4-4-1　工程项目管理信息系统总体功能框图

4.4.1 基础信息管理

工程项目施工是一个复杂的系统工程，需要在有限的时间、空间和预算范围内将大量物资、设备、人力、资金、信息和众多参建单位组织在一起，按计划组织作业，达成项目目标。管理工作千头万绪，需要从项目实施的目标出发，对项目范围、组织、时间、成本、合同等各种项目管理要素进行综合规划，全面构思、规划设计，慎重选择合理可行的项目管理方式，形成正确决策和高效工作的模式。

管理规划首先要建立起各业务条线协同的机制和基础，在此基础上设置管理目标。工程项目管理信息系统项目管理策划从项目组织规划、项目工作分解、成本科目、项目资源、统计期间等几个方面，帮助企业建立一套科学合理的项目管理协同的基础与控制体系。该体系可以结合现有的企业管理和业务管理模式，贯穿项目施工全过程的管理控制。

通过管理规划为工程项目管理系统提供基础性、规范化的业务数据标准，以供公司范围内各个项目引用，从而保证各项目基于同一标准，实现各项目级的横向比较、纵向汇总与分析等。

基础管理是工程项目管理系统最为基础也最为关键的一环。

工程项目管理系统在基础系统上遵循"小前端大后台"的设计理念。

总部是各种标准建立的集中地，是大后台。项目经理部则引用总部已经建立的标准，根据实际情况作相应的调整，是小前端，如图4-4-2所示。

4.4.1.1 资源清单（RBS）

系统实现资源的分类管理，建立企业级的资源编码体系，包括人工、材料、设备等，供各分子公司、项目经理部引用。资源编码可根据企业管理和项目管理的需要进行调整。

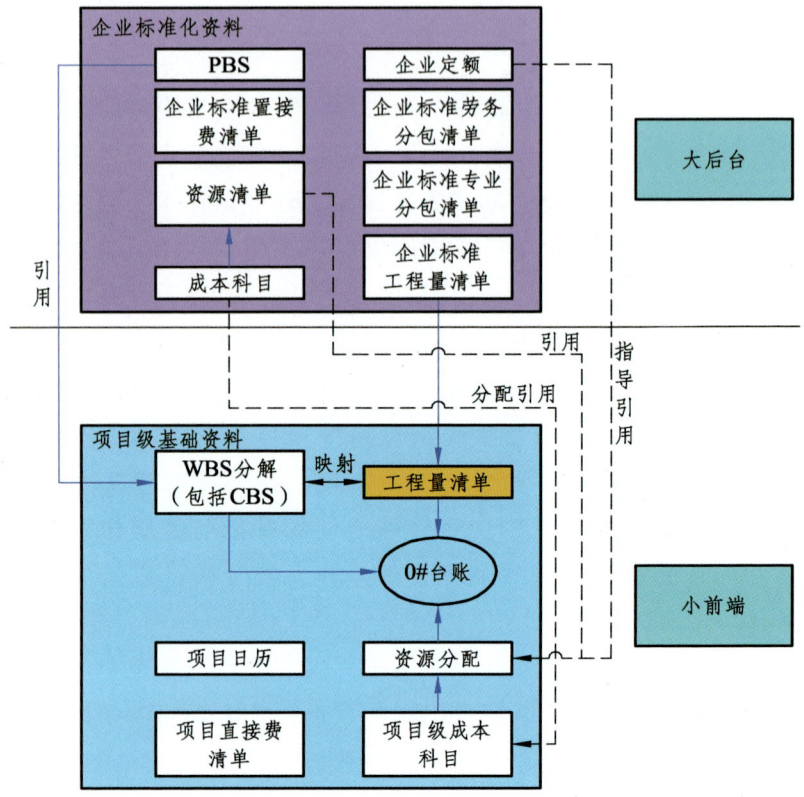

图 4-4-2 工程项目管理信息系统管理规划

4.4.1.2 企业标准工作分解结构（WBS）

根据实际工作的需要对工程项目进行分解，细化管理精度，进一步明确管理责任，明确成本的核算对象，便于实施和控制实际工作。例如我们可以将项目分解为单项工程、单位工程、分部工程、分项工程等，这样就能够针对分项工程、分部工程、单位工程等单独进行成本核算和分析。

4.4.1.3 企业级成本科目（CA）

与会计科目类似，成本科目是项目成本核算的重要维度，项目成本科目，是在企业分配给项目经理部的成本科目基础上，项目经理部根据自身管理要求，扩充细化而成，作为项目成本核算的基础。

施工项目成本是指建筑业企业在以施工项目作为成本核算对象的施工过程中所耗费的生产资料转移价值和劳动者的必要劳动所创造的价值的货币形式，即某施工项目在施工中所发生的全部生产费用总和，包括所消耗的主、辅材料，构配件，周转材料的摊销费或租赁费，施工机械台班费或租赁费，支付给生产工人的工资、奖金以及项目经理部（或分公司、工程处）一级为组织和管理工程所发生的全部费用支出。施工项目成本是建筑业企业的产品成本，亦称工程成本，一般以项目的单位工程作为成本核算对象，通过各单位工程成本核算的综合来反映施工项目成本。按生产费用计入成本的方法来划分，施工项目成本可以分为：

（1）直接成本，是指直接耗用于并能直接计入工程对象的费用。

（2）间接成本，是指非直接用于也无法直接计入工程对象，但为进行工程施工所必须发生的费用。

4.4.1.4　企业定额

企业定额或称为企业指标，是施工企业在正常条件下，根据自身的技术专长、施工设施配备情况、材料来源渠道及管理水平等所规定的为完成单位工程实体所消耗的各种人工、机械、材料和其他费用的标准。它反映企业的综合实力、技术水准和经营水准，是企业确定工程成本和投标报价的依据。

企业定额是可以重复使用的成本结构预测。建立企业指标库有利于提高施工企业的工程项目经营管理水平。

工程项目管理企业定额管理将定额分为直接工程费定额、措施费定额以及间接费定额。直接工程费定额又可为四类——消耗量指标、经营指标、费用指标和综合指标，可以适应自营、分包等不同模式编制成本和资源预算的要求。企业可以参考住房和城乡建设部颁布的《建设工程工程量清单计价规范》（GB 50500—2013）或所属主管部委的相关指引，结合企业自身的要求，建立企业指标体系。

在工程项目管理企业指标中，指标的管理分量和价两个部分：在量的方面，系统可以根据已完工项目统计，建立和优化企业各类企业指标水平；在价的方面，系统可以根据采购、租赁、分包、招标等业务历史数据，提取资源历史成交数据和供应商的历史报价，根据企业价格管理的要求定期或不定期发布企业内部指导价，其基本业务逻辑如图 4-4-3 所示：

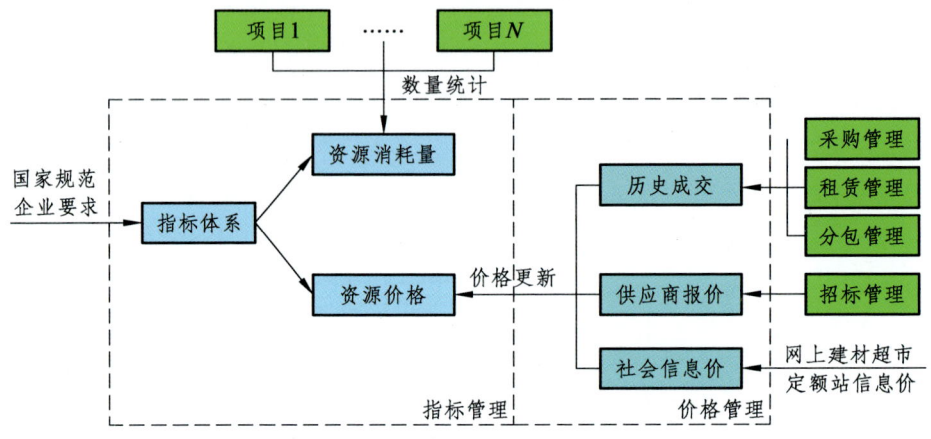

图 4-4-3　工程项目管理信息系统业务逻辑框图

工程项目管理指标管理，能够管理同一指标不同管理模式和技术方案下的消耗量和价格水平数据，更加灵活、准确。

4.4.2　多项目协同管理

通过多项目管理中心，可协助施工企业建立多项目资源协调机制，提供各类资源分配分析数据（如多项目的采购，多项目人力资源协调，多项目资金、人工、材料、机械等资源的协调），实现企业管理层与项目管理层在同一平台上协同工作，为其提供方便、快捷、准确的数据归集和分析平台，切实地辅助企业决策层和各业务部门提高科学决策能力。

系统基于实时详尽的数据来源，提供按照项目、人员、时间、地域等多维度对项目进度和实施情况进行综合统计分析，掌握人员工作情况，全面支持公司对项目资金、收入、支付、进度、合同、成本、采购等多

第 4 章　工程项目管理信息系统与 BIM 结合应用方案

业务数据的真实、动态、准确的监控，从而实现企业经营部、财务部、人力资源部、合约部、物资部等多业务部门围绕工程项目为中心的成本控制体系的建立。多项目统筹管理主要有如下几个方面的内容：统一基础数据，规范企业项目管理；多项目资源协调；多项目数据汇总，穿透查询查证，掌控项目执行情况。其功能模块设计如图 4-4-4 所示。

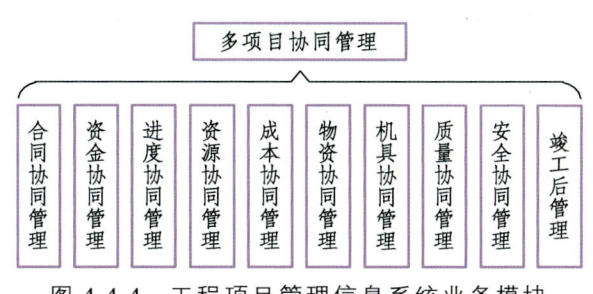

图 4-4-4　工程项目管理信息系统业务模块

4.4.2.1　合同协同管理

合同管理侧重对所有项目级合同（总包、分包、采购合同、外委、内部合同等等）、企业级合同的综合管理与控制。其重点是合同付款的审批、支付。施工企业的项目经营生产都是围绕着合同履约进行的，录入登记合同基本信息，维护合同内容管理，保存合同电子文件，在项目执行过程中对合同变更索赔进行记录，对承包合同的计量支付进行记录，对分包合同的验工计价和结算支付进行记录和流程审批，建立完整的合同台账，能够按条件对这些信息进行检索。需要监控合同的执行过程，通过设置不同的临界值，自动预警。同时通过监控企业所有合同的执行过程，灵活企业的资金使用。

4.4.2.2　项目资金协同管理

（1）项目资金使用统筹。

各个项目经理部根据合同履约需要，提出支付/用款计划，企业汇总各项目的用款申请，并根据企业资金预算和管理要求，审核批复各项目经理部的用款计划，下发执行，基本流程如图 4-4-5 所示。

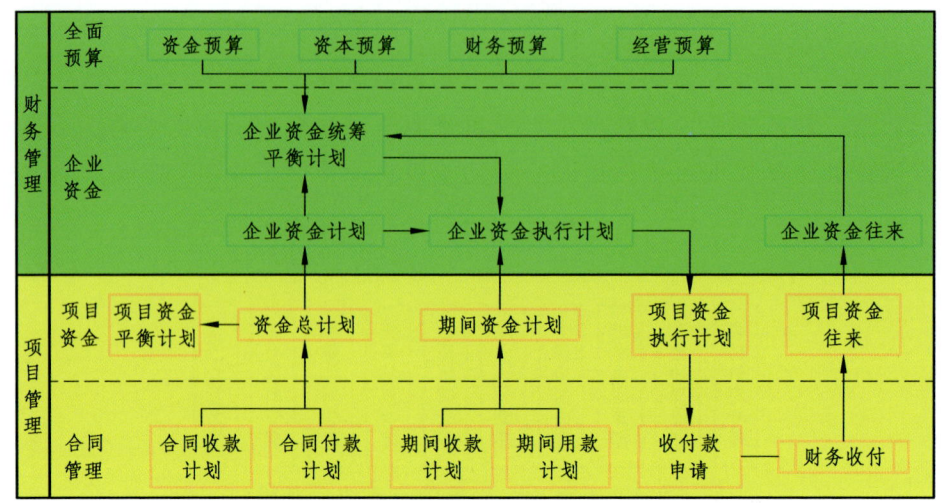

图 4-4-5　工程项目管理信息系统资金管理业务流程

（2）合同支付统筹。

以合同为主线，根据合同金额、变更金额、结算金额、已支付金额和保证金预留金额等合同履约数据，审查和批复付款申请，防范合同履约风险。

（3）供应商支付统筹。

以供应商为主线，根据该供应商与企业的全部合同金额、变更金额、结算金额、已支付金额和保证金预留金额等合同履约数据，审查和批复与该供应商相关合同的付款申请，平衡与供应商的关系。

4.4.2.3　进度协同管理

企业级的计划进度管理主要是对多个项目的计划进度进行审批、汇总多个项目的计划进度、依据多个项目的计划进度在企业范围内合理调配资源。

按照企业级项目管理的理念，企业所有的活动都可以按照项目来进行管理。在统一项目体系下，可以对企业所有活动的计划、进度、需要的资源、实际使用的资源、产生的费用都有一个直观的了解。

4.4.2.4　资源协同管理

（1）资源需用计划：项目经理部各自独立编制自己的资源需用计划，提交公司进行综合统筹，确定资源的供应方式（内部调拨、外租还是采购），对大型关键设备，建立企业级的设备配置计划。

（2）集中采购管理：支持物资、周材和设备的集中采购管理，包括询价、比价、定标等；也支持周材和设备的集中租赁业务。

（3）资源调拨管理：支持对企业中物资、周材、设备的调拨管理业务及结算。

（4）周材资产管理：周材与物资的不同在于具有资产属性，因此单独针对周材提供资产管理。

4.4.2.5　成本协同管理

项目成本科目：企业建立统一的成本科目结构，分级分配给项目经理部使用，形成项目成本一套账，如图 4-4-6 所示。

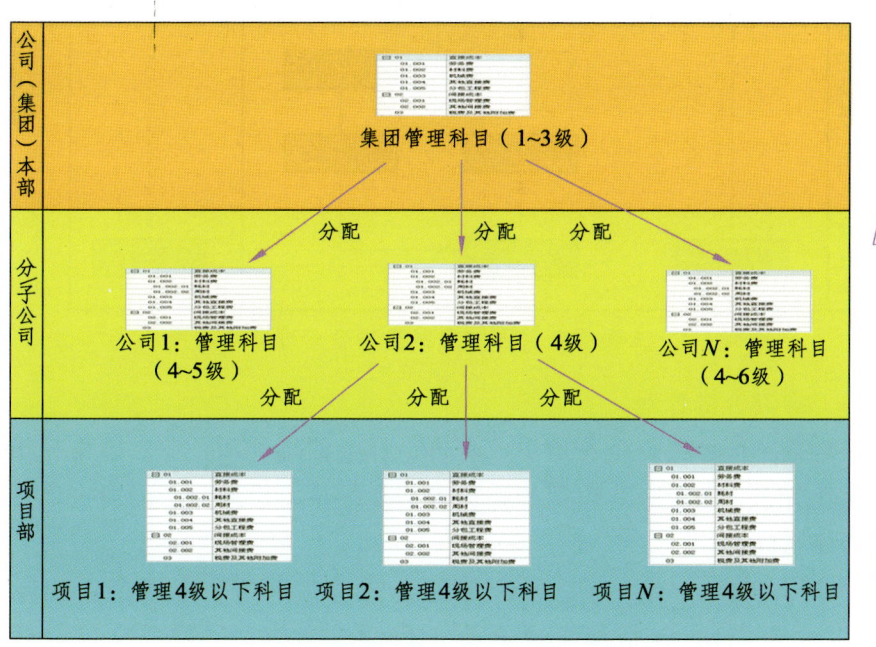

图 4-4-6　工程项目管理信息系统资源管理业务流程

4.4.2.6 物资协同管理

（1）物资编码体系管理。

统一管理企业的物资编码体系，包括编码规则和编码，编码建立后，分级分配下发给分公司、项目经理部使用。

（2）业务统筹管理。

① 需求汇总与大宗采购。将项目物资主要材料，根据管理范围内的物资需求汇总，有利于建立大宗采购订单，降低成本。

② 物资供应与利库平衡。根据企业物资需求，在企业范围内进行利库平衡处理，制订供应计划，这样可以盘活存量资产，减少资金占用，根据供应计划制订调拨计划和采购计划。

物资协同管理流程如图4-4-7所示。

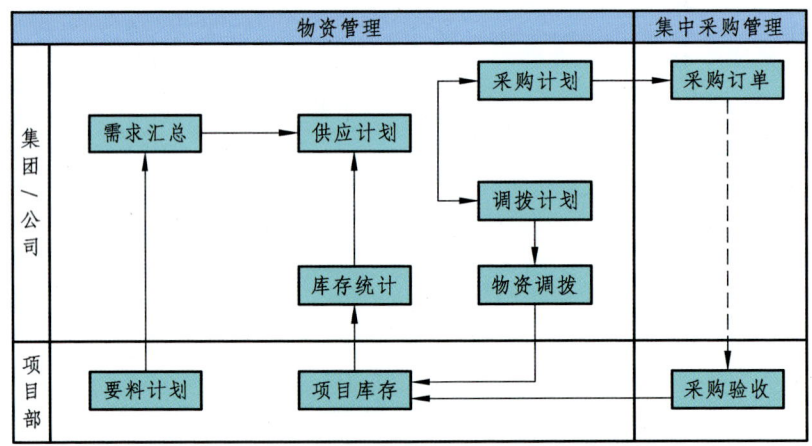

图 4-4-7　工程项目管理信息系统物资管理业务流程

（3）物资价格管理。

采购指导价：根据企业历史成交价、社会信息价和企业对价格的预测和管理要求，制定企业内部的物资采购指导价，协助分子公司、项目经理部控制成本。

历史成交价：统计项目经理部和企业采购部门一定时期内实际签约的物资单价，包括最高成交价、最低成交价、平均成交价、最近成交价。

供应商报价：收集整理供应商投标报价数据，为物资价格和供应商管理提供信息。

社会信息价：收集整理当地定额管理机构、网上建材超市的物资价格信息。

价格分析：根据收集的各种物资价格信息，对物资价格走势进行分析预测，指导企业物资采购和管理。

4.4.2.7　机具协同管理

（1）机具动员计划统筹：项目经理部各自独立编制自己的机具动员计划，提交公司进行综合统筹，确定机具的供应方式（内部调拨、外租还是采购），或是调整项目机具动员计划，对大型关键设备建立企业级的机具总调配计划。

（2）机具分布与调配管理：对企业的机具分布和使用情况进行统一跟踪，根据机具调配计划，进行机具调配业务处理。

（3）机具单机单车核算与效益分析。

4.4.2.8　质量协同管理

质量管理在企业层面的应用主要是为各个项目的质量管理提供统一的规范、标准和体系文件，保证公司的质量管理体系在各个职能部门和项目经理部的执行，同时汇总各个项目的质量管理数据，进行查询统计分析，包括质量管理规范体系管理、质量数据统计分析、质量隐患管理、质量事故管理等。

4.4.2.9　安全协同管理

与质量管理类似，安全管理在企业层面的应用主要是为各个项目的安全管理提供统一的规范、标准和体系文件，保证公司的安全管理体系在各个职能部门和项目经理部的执行，同时汇总各个项目的安全管理数据，进行查询统计分析。安全管理规范体系管理、安全数据统计分析、危险源管理、安全事故管理等。

4.4.2.10 项目竣工后服务

工程竣工、项目经理部解散后，还有一些与项目相关的业务需要处理，称为竣工后服务管理，由企业工程部或其他部门负责。其主要内容包括：

（1）遗留事务处理：项目竣工时无法处理或来不及处理的事务，在项目经理部解散以后有企业接管。

（2）工程质量反馈与维修维护管理：工程竣工后，质量保证期内出现的工程质量问题反馈和维修维护情况。

（3）客户回访：主要包括客户回访计划、客户回访记录。

（4）保证金回收：预留的质量保证金管理，工程质量保证期结束后，对预留保证金进行回收管理。

（5）项目关闭：完全关闭项目，进入历史资料库，不能对该项目的数据进行任何修改。

4.4.3 工程项目投标管理子系统

工程项目投标管理与项目施工综合管理实现业务一体化。项目施工的历史数据，通过整理归纳，形成企业的生产经营指标库，为项目投标报价提供依据，是控制投标风险的有效手段，同时，与以往的投标资料库结合，整合财务、固定资产管理等各种资源，有效降低投标的工作量，实现快速、准确进行项目投标，实现投标管理的闭环管理。投标管理与工程项目管理集成的总体业务逻辑流程如图4-4-8所示。

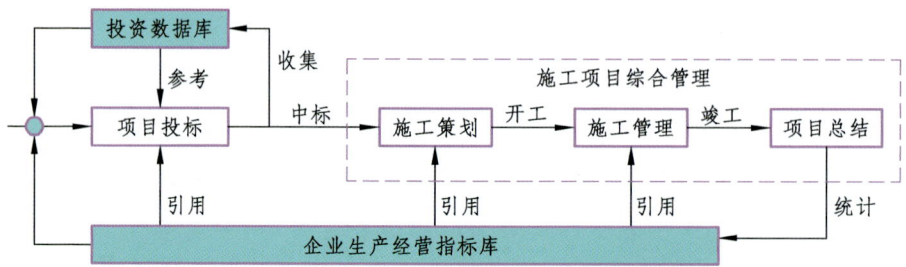

图 4-4-8 工程项目管理信息系统招投标业务逻辑管理业务流程

第 4 章 工程项目管理信息系统与 BIM 结合应用方案

工程项目投标方案以业主或发包单位的建设规划与工程发包工作流程为线索，勾串起施工企业项目投标的主要业务过程。根据管理的需要，设计商机管理、竞标管理、签约管理、投标费用管理以及投标数据库管理等模块，全面支持施工企业在这些业务过程中的主要业务处理。其基本的业务流程如图 4-4-9 所示。

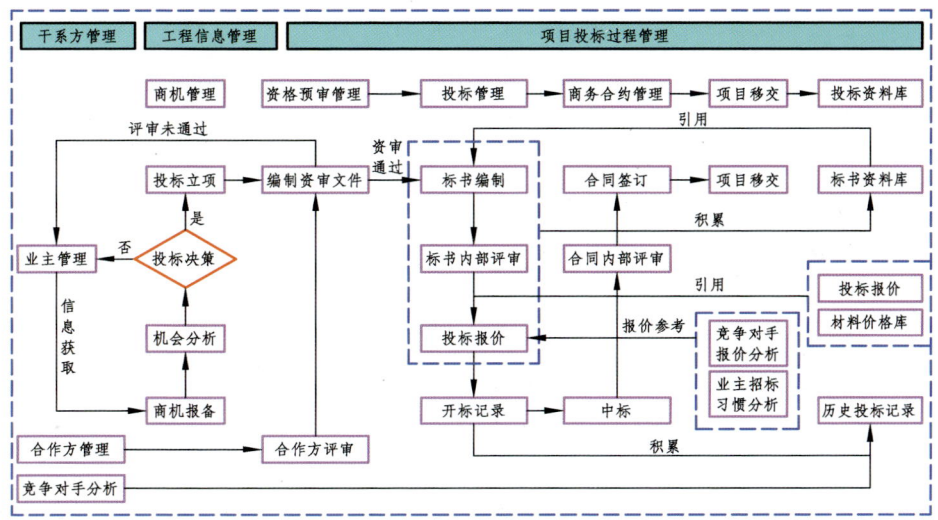

图 4-4-9 工程项目管理信息系统招投标管理业务流程

4.4.4 企业供应商管理子系统

现代企业的竞争，其实就是供应链的竞争。而供应商质量的好坏，直接影响企业的成败。

供应商管理，主要管理供应商花名册，以及确定供应商引入、评价的机制，并构建集团统一的评价指标体系。

4.4.5 工程项目进度管理子系统

进度管理是项目现场管理工作的主要内容之一，其工作载体是工作分解结构（WBS）和工程量清单（PLS）。WBS 建立工程管理部、合同管理部、项目组采购口、项目组工程口等各个参与项目管理部门的工作任务，制订各工作项的负责人和参与人员以及执行计划，并通过进度报告和工作指示实现信息及时高效共享，便于领导掌控全局；对于超期工作及时提醒，避免和降低项目风险。

工程项目管理进度管理以 PDCA 思想为指导开展工作，主要内容如图 4-4-10 所示。

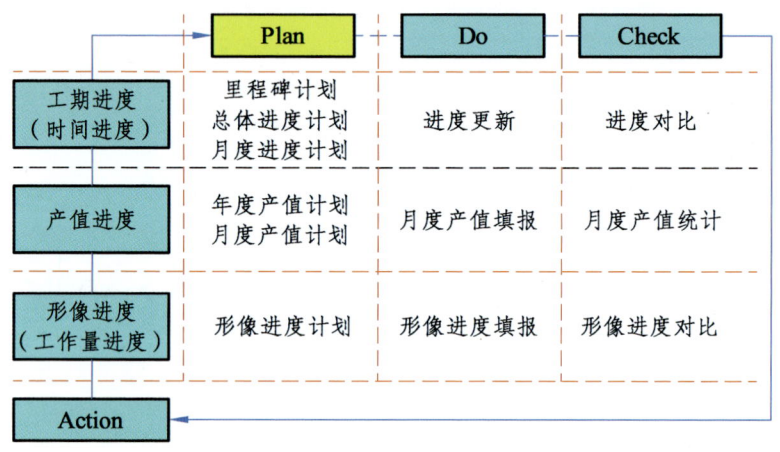

图 4-4-10　工程项目管理信息系统计划管理业务流程

以计划驱动业务的集成应用，包括进度、产值、物资需求等多种计划，实现了进度与成本、资源、质量安全的集成应用。

提供三种维度的进度管理，包含工期维度、产值维度、形象进度，可自由组合进行管理，有效指导工程过程施工。

通过进度计划，可转换成产值计划，根据产值计划，自动生成物资、周材、设备需用计划，同时也支持手工新增的功能，满足精细化与简约化的不同管理需求。

4.4.6　工程项目合同管理子系统

大概有 80%的工程成本和合同有关，因此在工程项目的管理中，合

第 4 章　工程项目管理信息系统与 BIM 结合应用方案

同管理是整个业务流程的中心。合同管理是一个非常烦琐的工作，每个工程项目涉及的合同不仅数量非常大，而且种类繁多；作为成本控制核心的合同成本，从合同订立，到合同变更，再到合同结算和最后的合同付款，整个合同管理的跟踪需要花费大量的时间和精力。如何有效跟踪管理合同、降低成本，这成为成本控制的关键点。

在工程项目管理中，项目成本分为经营成本、生产成本和财务成本三种类型，经营成本以合同为载体、结算为依据、价格管控为核心，生产成本以资源为载体、资源耗费为依据、数量管控是核心，财务成本以凭证为载体、发票等凭据为依据、资金管控为核心；在管理层面，对所有合同进行集中综合管控，合同所有收入、支出、利润和资金一目了然，在操作层面，合同履约按类别分类管理，保障各类合同管理的特性要求。

建筑施工工程项目的合同包括收入合同和成本合同；收入合同对应项目的收入，成本合同对应项目成本，工程项目管理合同管理将所有收入合同和成本合同统一管理，可以让管理人员一目了然地了解所有收入合同组成的项目总收入、所有成本合同组成的项目总支出（即项目中的经营性成本）以及项目的经营毛利润等等项目经营数据。

工程项目管理合同管理模块对合同管理业务进行了深入研究、总结和抽象，合同管理的业务可以归纳为以下几个方面：合同签订过程、合同内容、合同主体（缔约方）、合同标的、合同变更与索赔、合同结算与支付、履约风险、履约联系、合同终结与总结等。这样，所有合同采用一致的处理模式，包含合同全生命周期和合同管理全要素管理。当然，合同的类型不同，具体的内容有所区别，如：对工程合同，合同标的为工程量清单；对采购合同，标的为采购清单；等等诸如此类。工程项目管理采用的是在同一架构下，不同对象调用不同的标准化业务处理组件，处理这些局部差异。

合同管理的总体设计如图 4-4-11 所示。

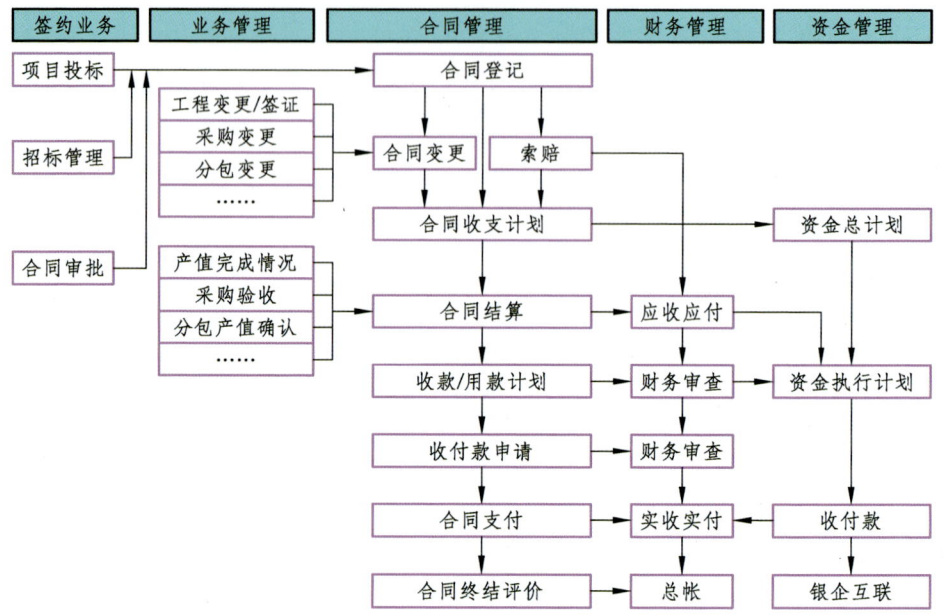

图 4-4-11　工程项目管理信息系统合同管理业务流程

合同管理模块功能设计如图 4-4-12 所示。

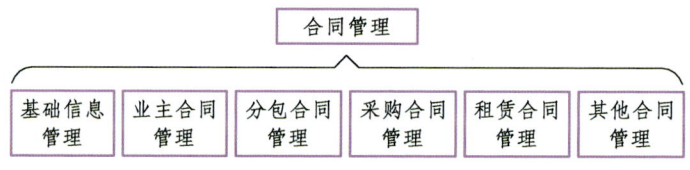

图 4-4-12　工程项目管理信息系统合同管理业务模块

4.4.7　工程项目施工过程物资管理子系统

整个工程项目成本中，材料一般占到很大一部分，因此，物资管理是项目管理一个非常重要的工作，施工工程行业由于具有材料种类多、使用范围分布广、计划性强等特点，管理难度较大。材料按管理特性的不同，通常分为耗材管理、周转材料管理。工程项目管理将耗材管理叫作物资管理，周转材料的管理叫作周材管理。

物资模块涉及的基础数据主要包括物料、仓库、事务类型、施工队伍、供应商、客户，后续出入库业务中需要选择某个物料、某个仓库，

第4章 工程项目管理信息系统与BIM结合应用方案

并且要明确出入库单据的事务类型是什么。

（1）处理物资业务时，最基本的条件为建立物料基础资料。

（2）在物资出入库过程中，需先建立好仓库，并建立好仓库与项目的关联关系。

（3）物资出入库时，会出现冲减库存或增加库存的情况，此时需在此之前建立影响库存的事务类型。

4.4.7.1 业务综合集成

工程项目管理物资管理不仅能完整实现材料管理的所有主要业务，而且能实现与进度、成本、合同、招投标、质量等业务模块综合集成，并能够在公司层面对各项目的物资申请、供应、结算与支付等业务进行综合统筹，有效提高物资管理的效率。图4-4-13所示是工程项目管理物资管理的基本业务流程：

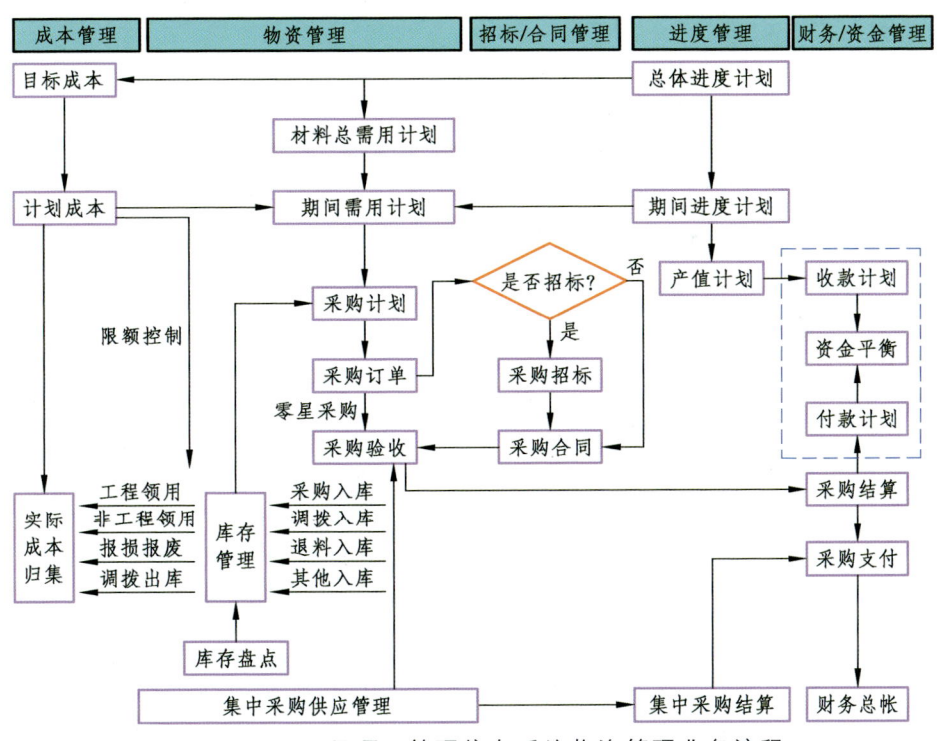

图4-4-13 工程项目管理信息系统物资管理业务流程

4.4.7.2 管理要素完备

工程项目的物资管理不仅管理物资的品种，还对数量、单价、时间、质量、批次等方面进行管理，如图4-4-14所示：

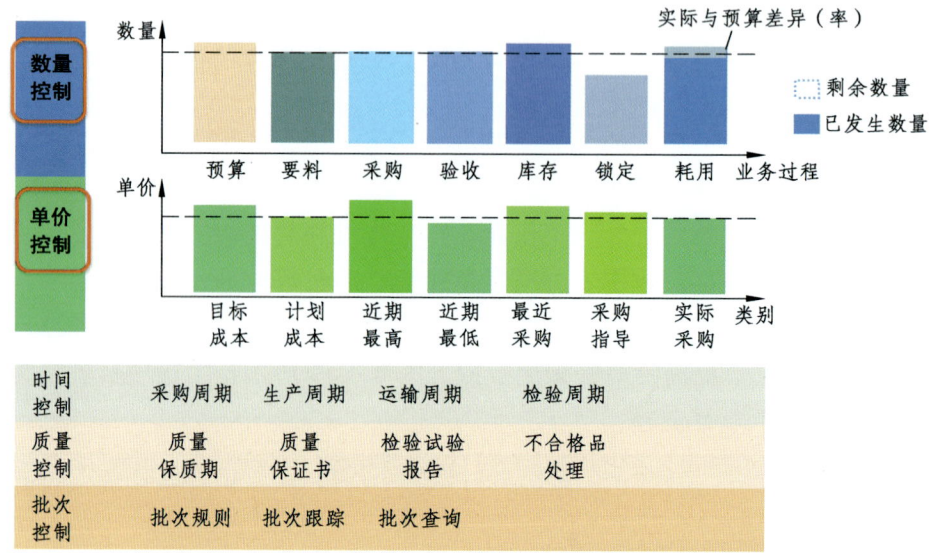

图4-4-14 工程项目管理信息系统物资管理业务要素

数量控制方面有预算数量、要料数量、采购数量、库存数量、锁定数量和耗用数量等，实现数量全方位管理，杜绝浪费。

单价控制方面有目标成本单价、计划成本单价、近期采购最高、最低、平均单价，企业内部指导单价以及实际采购价，等，由此可实现价格全方位管理，控制成本。

时间控制方面有采购周期、生产周期、运输周期和检验周期等，可以更科学合理地安排采购、控制库存、保障供应。

4.4.7.3 材料计划

根据材料预算和进度计划，编制各种详细的材料计划，包括供应的材料名称、数量、单价、金额及需用时间等。

项目确定施工时间后，物资计划部门根据进度资源计划排定情况，制定每月份物资需用申请单，保证采购物资及时供应。

4.4.7.4 材料采购

根据材料采购计划以及和供应商签订的合同,编制材料采购订单,对订单中的材料种类和数量,系统提供材料合同数量和累计入库数量等参考值,限制本次下达订单的数量,如果需要增加采购数量及种类,则通过合同变更调整。

(1) 根据物资需用计划编制物资的采购计划,初步确定采购数量、采购日期、收货时间等信息。

(2) 签订采购合同后,给供应商下达订单,按月份使用情况分批收货,分别下达订单。

4.4.7.5 材料出入库管理

多种材料入库形式[采购入库(对于退库的处理,则通过材料采购入库的事务类型进行)、调拨入库、其他入库],通过入库单来记录材料入库的时间、种类、批次、实收数量、供应商、采购人、收货人、仓库以及存放库位等数据信息,如图 4-4-15 所示。

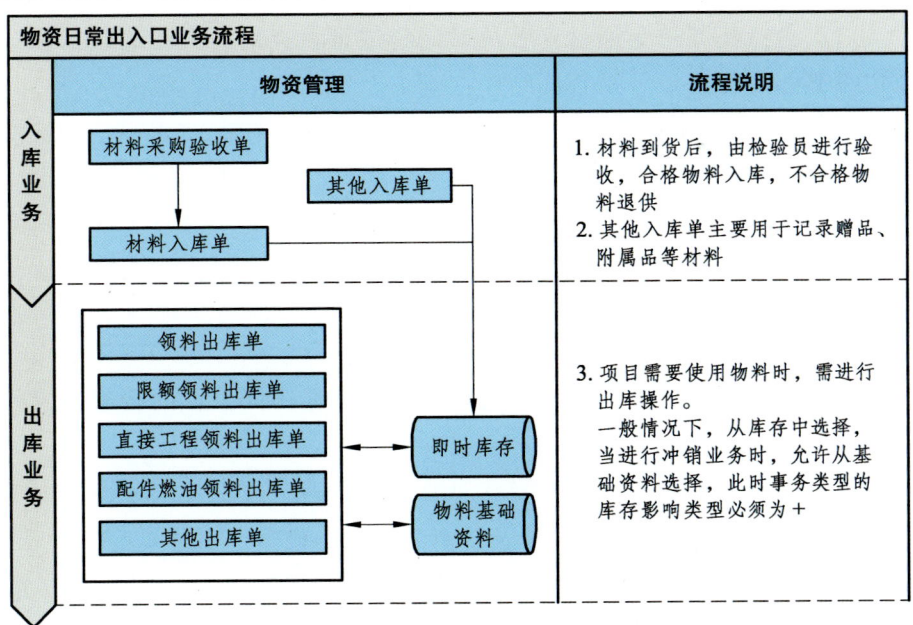

图 4-4-15 工程项目管理信息系统物资出入库管理业务流程

4.4.7.6 材料调拨管理

项目经理部在使用材料的过程中,发现仓库中没有某些材料,但该公司下其他项目经理部或分公司本部有剩余材料,可通过调拨的方式使用。公司内部两个组织之间的调拨称为两方调拨。调拨之后,调拨双方进行材料内部结算。

(1)需要使用物料时,项目经理部编制此单据。

(2)集团采购中心收到申请后,编制调拨通知单,初步给出调拨意见。

(3)需要调拨时,下达正式的调拨单。

(4)集采中心调拨材料出库。

(5)项目经理部收到材料后,进行调拨入库。

(6)调拨业务完成后,需进行材料内部结算。

4.4.7.7 材料库存盘点

记录盘点人、盘点时间等详细信息,盘点完成后,自动生成库存盘点单,调整库存量。

(1)盘点任务单为周材仓管员对周材进行盘点前的准备确认工作,确定对哪些周材盘点、是否冻结库存等。

(2)库存盘点单是周材仓管员进行现场盘点后的记录,库存盘点单只能由盘点任务单审核后自动生成,生成后,不允许反审核对应的盘点任务单。

(3)盘点得到的数据需要更新 EAS 系统即时库存,库存人员编制库存盘点调整单记录。

4.4.7.8 材料成本归集

工程项目管理系统,对材料成本的归集根据不同企业的管理模式分为两种归集方式:

(1)材料出库业务能够明确到 WBS+PLS 的,或是月末分摊时可明确到的,这类客户则通过出库单及核销分摊单进成本,如图 4-4-16 所示。

(2)物资出库时只能到成本分解结构或工作分解结构,如图 4-4-17 所示。这类客户归集成本时直接获取出库单的数据即可。

第4章 工程项目管理信息系统与BIM结合应用方案

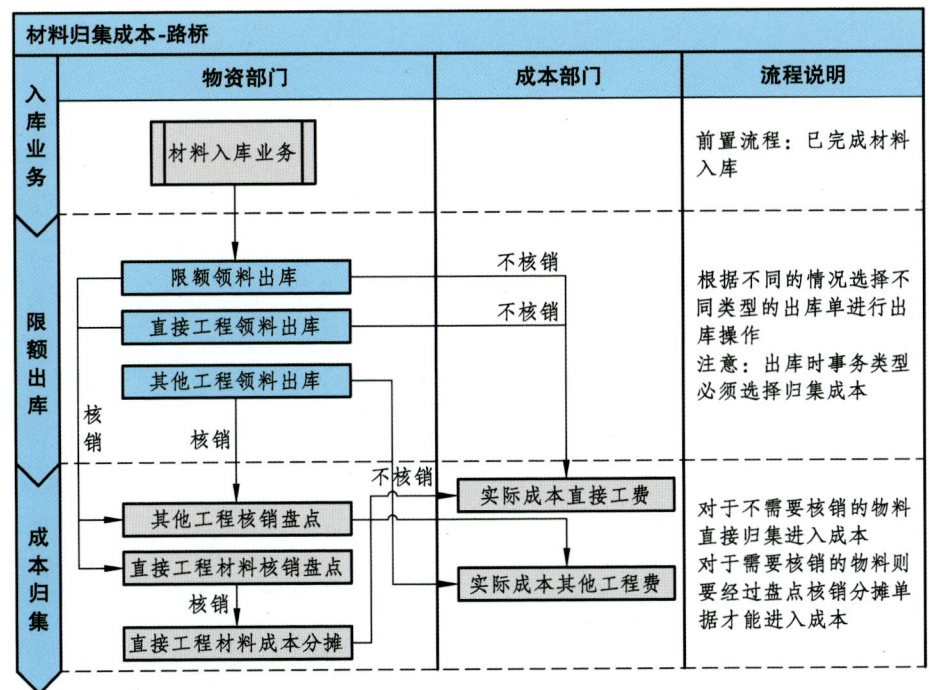

图 4-4-16 工程项目管理信息系统材料成本管理业务流程（1）

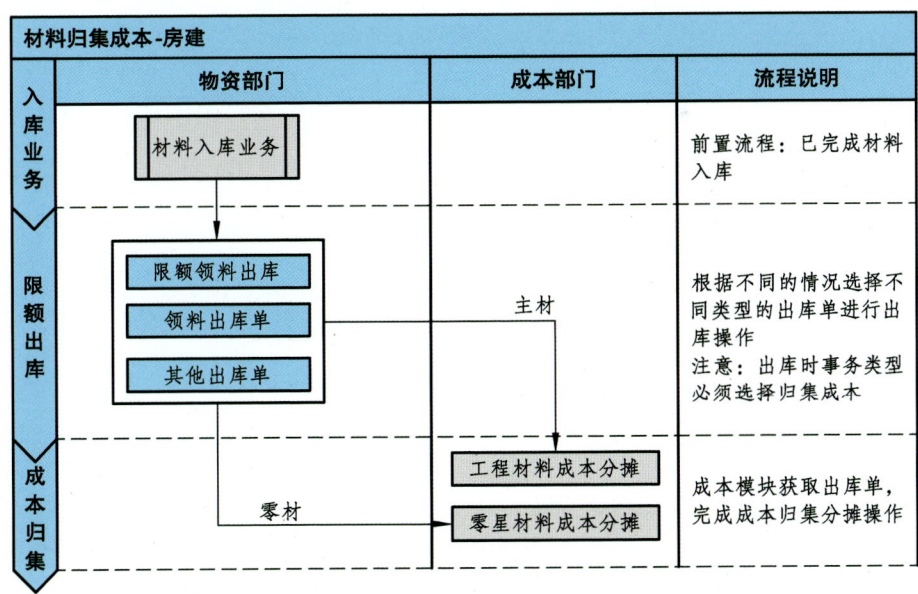

图 4-4-17 工程项目管理信息系统材料成本管理业务流程（2）

4.4.8 工程项目施工过程设备管理子系统

大型机具设备具有生产资料、资产设备多重属性，作为生产资料，需要对其使用成本和调配、使用过程进行管理，作为资产设备需要对其维修维护保养、建立档案、计提折旧和核算投资收益等；工程项目管理将施工机具作为资产设备属性的功能主要有企业级固定资产管理，项目经理部的机具管理主要处理大型施工机具作为生产资料的功能，两者分工协作又有机集成，有利于项目经理部灵活处理更为复杂机具管理业务：如机具来源不同，可以是企业自己的，也可是外部租赁来的，不同来源的机具管理模式可能不一样，包括成本核算、维修维护等，对于内部设备，项目经理部的维修维护、使用数据自动进入企业设备档案，基本业务流程如图 4-4-18 所示。

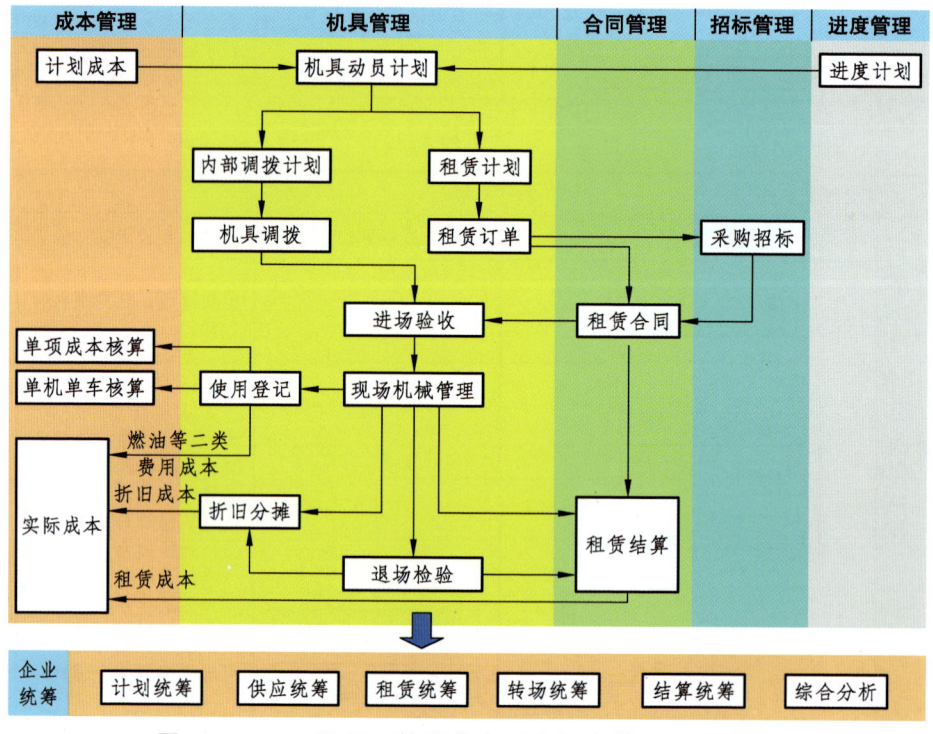

图 4-4-18　工程项目管理信息系统设备管理业务流程

第4章 工程项目管理信息系统与BIM结合应用方案

现代社会，随着科学技术的强大和工业的发展，需要更好的工业管理制度和技术管理制度。设备管理的地位越来越高，作用越来越重要，这是因为企业生产规模急剧扩大，管理现代化程度不断提高。在现代管理阶段，由于科学技术的快速发展，企业很多生产过程中人的作用逐渐被机器设备所取代，因此设备开始影响生产，设备管理的作用在企业管理中越来越重要。

而任何管理，都是一个逐步细化的过程，所以PDCA循环在管理中非常重要。信息化管理中，也充分引入此理念。物资管理、设备管理，都遵循这个理念，如图4-4-19所示。

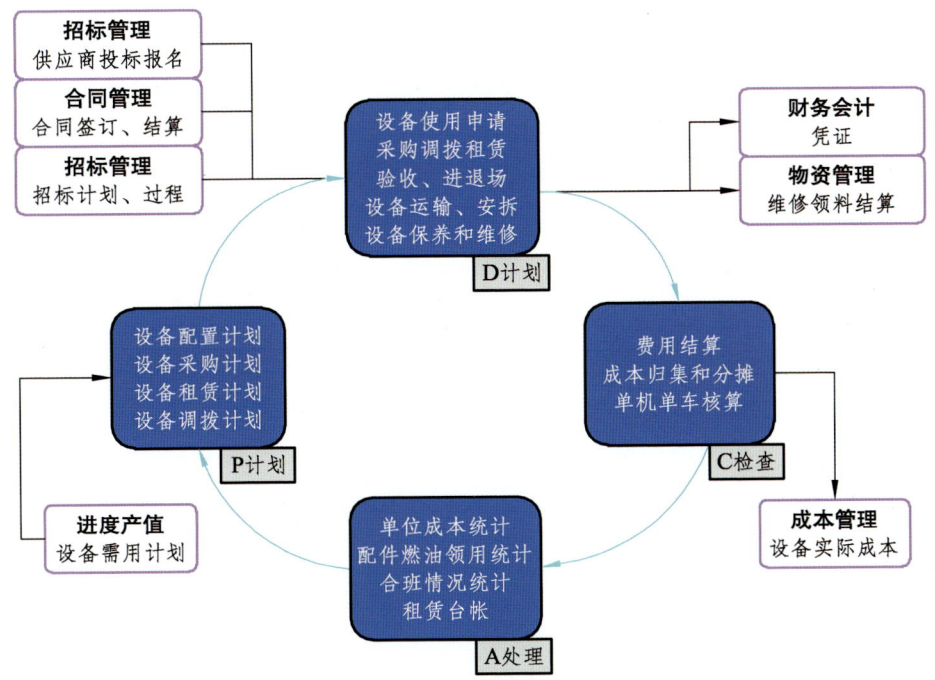

图4-4-19 工程项目管理信息系统设备管理PDCA循环

4.4.9 设备计划管理

（1）配置计划。

项目之初需要对整个项目所需要的机械设备，根据目前库存情况，做一个配置安排，就是设备总体配置计划。安排包括：自有、内租、外租、采购等。

（2）设备使用申请。

编制设备总体配置计划后，对于需要安排的设备要填写设备使用申请。申请的设备安排包括：自有、内租、外租、采购等。

4.4.9.1 设备采购

设备采购管理的目的是保证采购产品符合技术标准和设计要求，满足工程质量要求，并严格控制成本。

（1）设备采购计划：设备采购计划，是对于配置为拟购新设备的情况，公司拟订的采购计划，用来统筹规划。对于需要集团采购的，可以集团采购；对于需要招标的，可以进行招标，以降低成本。从分公司角度，需要对整个分公司的配置情况作一个统计。而从总公司层面，则需要对整个公司的设备配置规划有一个统一的汇总查询。

（2）设备采购订单：采购订单应正确填写机械设备的商品品名、价格、厂商名称和地址等，按照要求，达到一定金额的采购要进行招标。

（3）设备验收：设备验收一般由设备管理分公司来完成，有时也会直接由项目经理部完成验收，并形成设备卡片。

（4）采购结算：设备采购的结算在合同管理模块完成，设备管理模块不做采购结算。

4.4.9.2 租入外部设备

建筑产品结构与功能多样性的发展要求有与之相适应的多种类型的专用设备。因此在施工中需要租用满足现场需要的设备。租用设备，不但解决了企业施工的一时之需，而且省去了企业不少负担，例如设备操作人员、维修人员的配备，设备购置费、配件费、备件费和修理费资金占用等。

（1）设备租赁计划：在申请设备租赁之前，分公司对整个租赁做一个统筹的租赁计划。后续根据此计划，项目经理部可以申请进行设备租赁。

（2）外租设备申请单：当项目经理部真正需要使用设备，而公司又没有可调配的设备，根据分公司之前的租赁计划，可以申请向外租赁设备。

（3）设备租赁合同：租赁清单及其他合同信息。

（4）租赁结算：设备采购的结算在合同管理模块完成，设备管理模块不做租赁结算。

4.4.9.3　调拨设备

设备通常属于分公司或者集团。集团的很多设备，在一些单位闲置，另外一些单位却要筹集资金去外部采购，不能有效地对集团内的设备进行动态管理，整个集团的设备利用率很低，影响了集团的整体效益，给企业造成了不必要的损失。这时，会产生内部租赁的需求。

（1）设备调拨计划：在设备调拨之前，分公司对整个调拨做一个统筹的调拨计划。后续根据此计划，系统可以做一个预警，而调拨业务，也可以调拨计划为起点来进行。

（2）设备调拨：当设备发生内部单位租赁时，从分公司调拨到分公司，或者从分公司调拨到项目经理部，需要使用设备调拨单完成。

4.4.9.4　设备运输和验收

（1）使用申请：编制设备总体配置计划后，对于需要安排的设备要填写设备使用申请。申请的设备安排包括：自有、内租、外租、采购等。

（2）设备运输计划表：设备运输计划是分公司对设备运输的一个统筹规划，可能用到的情况并不多。但在调拨计划、租赁计划比较明确的情况下，事先做个运输计划，对后续成本花费的节约有一定作用。

（3）设备运送单：当设备进场或退场时，通常都发生运输费用。这时，通过设备运送单来进行记录。

（4）设备验收：当设备采购合同签订之后，需要通过采购订单来要货。货到之后，需要进行验收检查。另外，当设备调拨时、外租设备回收时、劳务队伍设备进场时，设备进入项目经理部，项目经理部也需要对设备进行验收检查。

（5）运费结算：当设备进场或退场时，通常都发生运输费用。这时，通过设备运费结算单来进行记录。

4.4.9.5 设备的使用

机械设备的使用，是设备管理的主要内容。无论是采购，还是租赁、调拨，都是为了将机械设备放到现场去施工。由此，将产生设备的机手工资，燃油、配件的领用，维修保养的发生，产值的产生。后续将进行成本核算。

（1）设备进场：当设备在项目进场时，可以在设备进场单中记录相关进场信息。

（2）设备退场：当设备使用完成之后，设备需要从项目中退场，在设备退场单中可以对此信息进行记录。

（3）设备使用记录：当机械设备投入使用时，在设备使用记录单中可以录入设备使用的具体信息。

（4）使用结算：根据所使用设备的不同，需要使用不同的结算单；外租设备，指与外部单位签有租赁合同的设备。这种租金结算，最终是通过合同结算来完成的。在租赁合同之外，有时需要临时使用劳务队伍的设备，而又不走租赁合同结算时，需要按付款方式，给劳务队伍款项。在实际施工的过程中，劳务队伍有时会临时使用项目经理部的机械设备，这时候，在月末结算的时候，需要将这笔钱扣除。这通过劳务队伍使用设备扣款单来做结算汇总。

4.4.9.6 设备维修保养

先进的机械设备需要先进的维修保养技术，工程机械设备在施工项目成本中的直接费用占了很大比重，加强机械设备管理，对节约工程费用,提高施工企业效益有着重大意义。

(1)设备保养计划:为了保证设备的使用寿命,要求项目经理部在指定的时间,对设备进行保养。因此需要对设备的保养制订一个计划,后续系统可根据此计划完成和监督保养工作。

(2)委托维修:当项目经理部需要修理或者保养设备,但自己又无法完成时,就需要向租赁公司、维修公司提出委托维修申请。

(3)配件使用申请:维修人员在维修项目时,会对配件的使用产生需求。在平时使用过程中,也可能要产生对设备配件的使用需求。由于配件的管理在物资部门,所以,这里需要提出配件的使用申请。后续物资部门可以根据配件的库存情况,决定是否采购。

(4)维修保养记录:在设备的使用过程中,当设备出现状况后,需要进行维修。对于小的维修,项目可以自行维修,填写维修记录单即可。对于大的维修,将向租赁维修公司提出委托维修申请,由租赁维修公司来维修,同时也需要进行维修记录。同样,按照分公司的要求进行保养,也需要进行维修记录登记。

(5)维修保养结算单:当维修完成之后,需要进行最终结算,以此结算单,最终完成账务处理过程。

4.4.9.7 设备费用核算

每个期末,机械设备都需要根据机械设备运行记录、进退场记录、维修单等单据核算设备费用。

(1)运费结算:当设备进场或退场时,通常都发生运输费用。这时,通过设备运费结算单来进行记录。

(2)机手工资结算:每个期末,机械设备都需要根据机械设备运行记录,计算机手的工资。

(3)自有设备使用结算单。

属于分公司的设备,管理权归分公司,租给项目经理部使用。每个月,将向项目经理部收取租金。这种类型的租金结算,通过"自有设备使用结算单"来记录。也可叫作自有设备租金结算单。

（4）租入设备费用结算：外租设备，指与外部单位签有租赁合同的设备。这种租金结算，最终是通过合同结算来完成的。但设备部门，可以先与劳务合同的收方单一样，做一个外租设备的租金结算单，然后生成合同的结算单。

（5）使用劳务队伍设备的结算：在租赁合同之外，有时需要临时使用劳务队伍的设备，而又不走租赁合同结算时，需要按付款方式，给劳务队伍款项。

（6）劳务队伍使用公司设备的结算：在实际施工的过程中，劳务队伍有时会临时使用项目经理部的机械设备，这时候，在月末结算的时候，需要将这笔钱扣除。这通过劳务队伍使用设备扣款单来做结算汇总。

（7）设备出租费用结算：对外租赁的设备，每个月也是要收租金的，这将作为分公司的一部分收入。"设备出租结算单"是根据租赁时间及合同中的租金价格来进行自动计算的。计算之后，用户可以手动修改。

（8）电费结算：对于一个大项目而言，电费也是比较大的一个支出，所以需要按月对电费进行结算。电费将分为三个部分：一部分劳务扣款，另一部分分摊到设备上，剩下的作为其他费用处理。

（9）设备折旧结算单：有时设备的折旧费用需要租用的项目经理部承担租用期间的折旧。

（10）设备其他费用结算：除了可以明确归属的费用之外，有些费用，是临时发生，且无法明确归属，但确实又经常会发生，这些费用的支出，归到其他费用付款单中来。

4.4.9.8 费用的归集和分摊

（1）设备成本归集：项目经理部的"设备成本归集表"，是将设备的租金、燃油费、配件费、机手工资、项目经理部承担的维修费、运输费、其他支出费等归集在一起。设备成本归集表，只需要项目经理部级编制即可，分公司不需要。

（2）直接工程费分摊：对于设备的实际成本，特别是直接工程费成本，最终要作单项成本核算，这需要具体到 WBS 与清单上去。

（3）其他工程费成本分摊：对于设备的实际成本，像拌和楼、栈桥，也是成本的一个组成部分。这就是其他工程费成本，是需要分摊的。最终公司根据需要，还要进一步分摊到 WBS 与清单上，以便与报价相对比。

（4）直接工程费成本分摊调整：在直接工程费成本分摊的时候，存在未分摊的成本。但在设备退场时，这部分成本最终是需要全部分摊才行的。这时候，以成本调整表的形式来完成。

4.4.10　工程项目施工全过程成本管理子系统

成本管理一直是建筑施工企业管理中比较薄弱的环节，主要问题是"有预算没执行"，核算过程复杂、工作量大、差错甚至造假。在极端情况下，一个建筑施工项目做下来，根本就是一笔糊涂账。如何建立一套科学适用、易于操作的成本管理体系，保障项目经营成果，防范企业经营风险，是成本管理要解决的根本问题；工程项目管理的成本管理解决方案，在全面清理业务流程和管理需求的基础上，通过创新成本管控与核算模型，植入并贯彻先进的管理思想，合理设置系统功能，帮助建筑施工企业不断提升成本管控水平。

通过对行业成本管理业务的深入研究，工程项目管理成本管理，根据 PDCA 管理思想，在预算的执行、简化核算程序、降低核算劳动强度方面，通过理论创新，建立了一整套成本管理思想、方法，实现了"双循环"的成本管理业务模型，即：在项目层面，通过合同预算、目标成本、计划成本建立项目成本控制标杆，按时间、资源分类、工程构成等维度进行目标分解，在项目实施过程中进行成本控制，并根据实际执行情况进行成本预测，根据成本执行效果和预测情况，进行控制标杆的修正，实现 PDCA 业务循环，其目标是帮助成本管理人员"算得清、管得住，并力争做到管得好"，在企业层面，通过将以往项目的生产经营数据提炼成企业生产经营指标，为下一个项目的投标和生产提供指导，实现在企业层面的一个大循环，目标是项目成本水平持续提高和效率的不断改善，如图 4-4-20 所示。

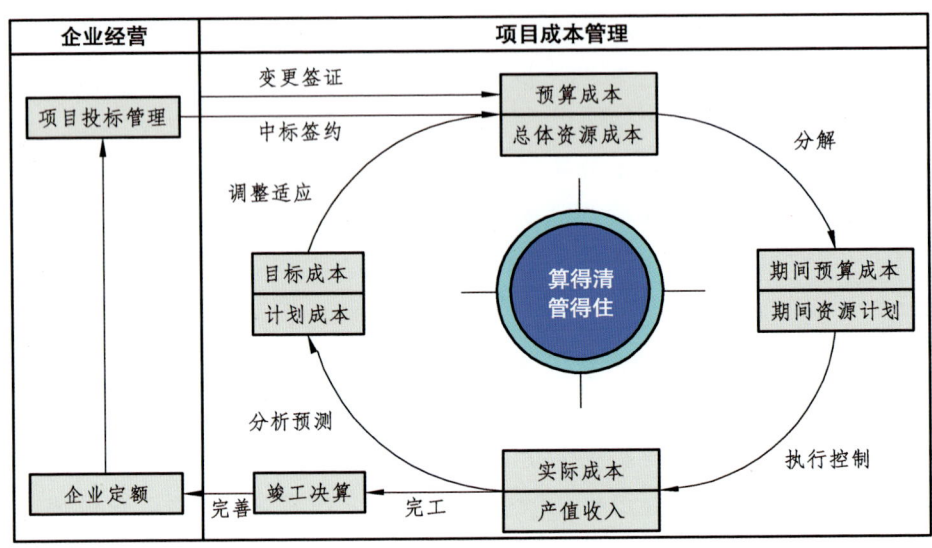

图 4-4-20　工程项目管理信息系统精准而易用、创新的成本核算模型

在梳理业务流程的基础上，工程项目管理成本管理，根据行业管理要求，建立了一个科学合理、简单易行的成本核算模型。施工项目成本分成三大块：与工程实体相关的工程成本、与施工组织措施与技术的施工成本、与完成项目任务所需的管理成本，并可以从工程构成（WBS）、资源和成本科目等维度进行统计和核算。

在资源维度上，项目成本分为具体工、料、机资源费用；在成本科目上，项目成本分为直接费、间接费，直接费又分为耗材、周材、机具、人工、其他直接费等；如果需要，所有项目成本都应该能够核算到 WBS 上。

工程成本在 WBS、资源和科目三个维度上具有直接的对应关系，施工成本在资源和科目维度上具有直接对应关系，在 WBS 维度上需要进行分配分摊核算，管理成本在科目维度上具有直接对应关系，在 WBS 和资源维度需要进行分配分摊核算，如图 4-4-21 所示。

第4章 工程项目管理信息系统与BIM结合应用方案

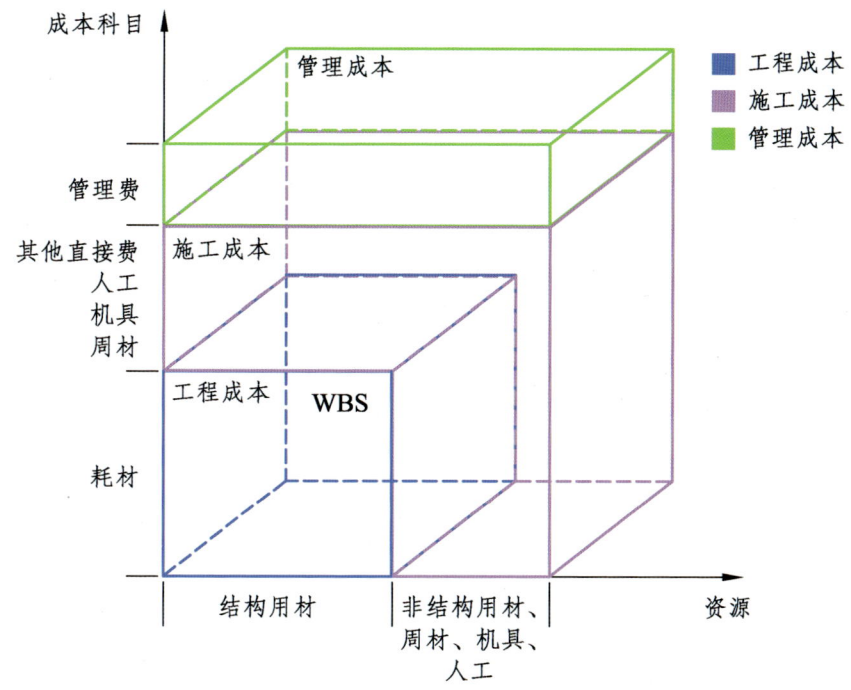

图 4-4-21 工程项目管理信息系统三大成本核算模型

根据工程（实体）成本、施工成本和管理成本的上述特点，工程项目管理成本管理提出了以下管控要点：所有成本都要进行事前预算，对工程成本以 CBS（Cost Breakdown Structure，成本分解结构）为管控对象，在事中采用限额控制，事后进行统计汇总，直接进入项目成本，考核成本管理水平的指标是各 WBS 节点的资源损耗率；对施工成本和管理成本，事中采取费用预分配，事后进行差异统计，并对预分配额进行差异调整核算。这样可以大大简化核算，提高核算精度，对施工成本和管理成本管理水平的考核指标是差异率，如图 4-4-22 所示。

项目成本	管控对象	管控要点			考核指标
		事前	事中	事后	
工程成本	WBS	总量预算	限额控制	统计汇总	损耗率
施工成本	资源		预分配匹配处理	差异统计调差核算	差异率
管理成本	费用				差异率

图 4-4-22 工程项目管理信息系统成本管控要点

工程项目的成本核算就是将事前、事中、事后各种费用，按照一定的规则，进行归集，反映项目成本的各种状况，便于管理。成本核算归集目标包括工程项目、核算对象和核算项目集中类型，组合构成项目的成本分解结构。一般地，行业习惯将单位工程作为成本核算对象，工料机、分包等资源与费用和预算与实际耗费，根据成本核算准则，通过分摊、分配和直接进入三种方式进入项目成本，如图4-4-23所示。

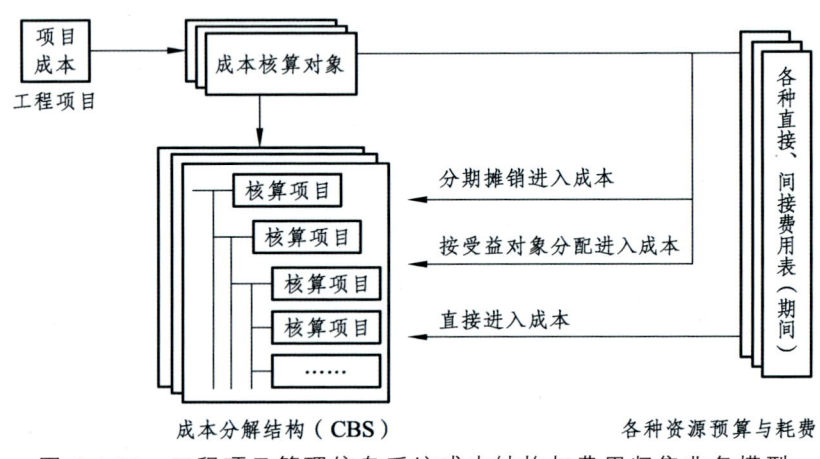

图 4-4-23　工程项目管理信息系统成本结构与费用归集业务模型

在一个业务核算期，产值计量和目标成本收入根据完成工程量的清单价格直接计算，实际成本包括自营和分包两大部分。自营成本根据费用不同，进入项目成本的方式不同，物资、施工人工以及部分机械费用直接进入当期成本，当期企业管理费管理、共用费用需要进行分配，明确承担费用的核算对象，进入项目成本，其他费用包括预提、待摊等费用，需要经过摊销、分配进入项目成本，如图4-4-24所示。

通过全面而清晰的业务流程梳理，实现施工项目成本管理分事前成本计划、事中成本控制、事后成本核算等，如图4-4-25所示。

工程项目管理成本管理在上述成本管理思想和管控模型的理论指导下，建立了完整的业务模块，支持成本管理中"三条主线、四个阶段"的全部业务处理。"三条业务主线"是项目收入、目标成本、计划成本。

第4章 工程项目管理信息系统与BIM结合应用方案

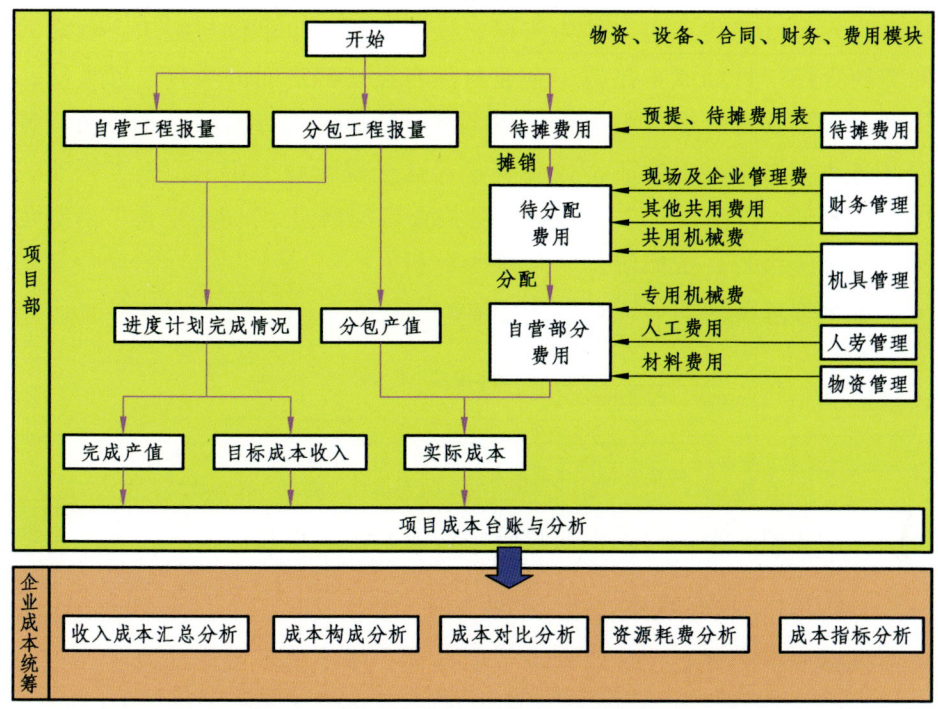

图 4-4-24 工程项目管理信息系统成本结构与费用归集业务组成

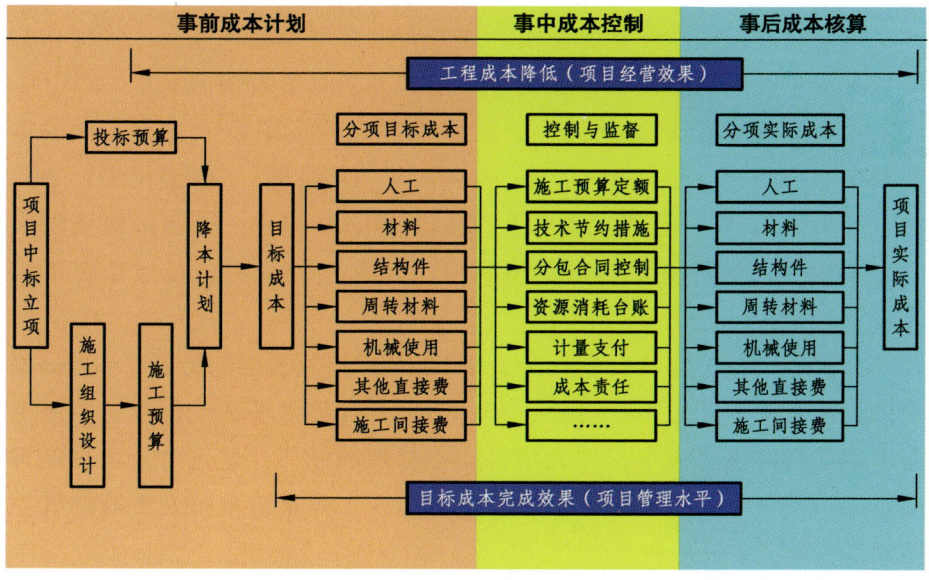

图 4-4-25 工程项目管理信息系统成本结构与费用归集业务流程

项目收入是以工程承包合同为依据，反映的是发包单位与施工企业之间的契约责任；目标成本是施工企业与项目经理部之间的项目经营责任；计划成本是项目经理部根据目标成本制定的成本执行标杆，是对项目经理部各业务岗位提出的成本控制要求。这样就明确了业主、施工企业、项目经理部、作业层各个层面成本管控要求与职责。"四个阶段"是制定标杆、分解执行、费用统计、核算与分析。

成本管理模块功能设计如图 4-4-26 所示。

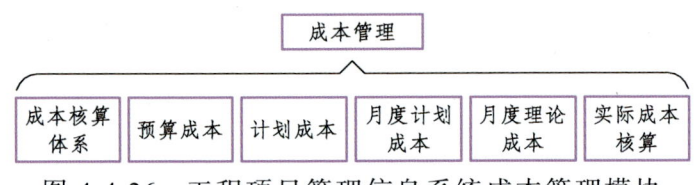

图 4-4-26　工程项目管理信息系统成本管理模块

4.4.10.1　投标成本

投标成本测算在投标管理章节中描述，本小节不做详细说明。

4.4.10.2　预算成本

预算管理是成本控制的源头，成本管理部门编制预算成本管理作为项目成本考评的基准，考评项目成本的超支还是节省情况。

在预算成本编制的过程中，工程项目管理系统必须支持几种成本管控模式的编制，如 WBS 工作分解结构+RS 资源+工程量清单、CBS 成本分解结构+RS 资源、PLS 工程量清单+RS 资源，企业可根据项目的工期情况，系统支持多次调整，但按照管理的规定，经过流程审批才可调整。

预算成本即工程项目中标后，施工企业（总公司或分公司）需根据中标工程范围、施工组织设计、企业的经营管理水平和经营指标，制定并下达项目的预算成本，作为项目成本管理的标杆。这也是对项目经理项目成本管理工作的重要考核，以下以 PLS 工程量清单+RS 资源的管控模式进行阐述。

4.4.10.3 计划成本

项目经理部接到集团或分公司下达的预算成本，根据图纸及结合项目现场的实际情况，综合预算成本，进行成本的重新编制，从而明确完成成本目标需努力的方向，制定更加详细的降本措施，作为指导项目成本管理的依据。这就是计划成本。

计划成本结合工程所在地区的经济、物资等及施工图纸、施工组织设计方案进行编制，较之预算成本而言，项目计划成本更具有指导意义。

除以上之外，计划成本的编制，与预算成本的编制完全一样。

这个计划成本，是针对整个项目而言的。

4.4.10.4 月度预算成本

项目施工过程中生产任务与资源配置会随着项目施工的不断推进而有所变化，针对每一个期间，需结合项目实际生产进度及具体资源配置编制期间计划成本，供项目日常管理执行。

工程项目管理提供的编制方式快捷、精准，大大减少了过程编辑工作量，根据月度产值计划和总预算成本分解的单位资源消耗量，自动计算期间预算成本和工料机等资源消耗量，指导项目采购计划，控制项目资源消耗，如图4-4-27所示。

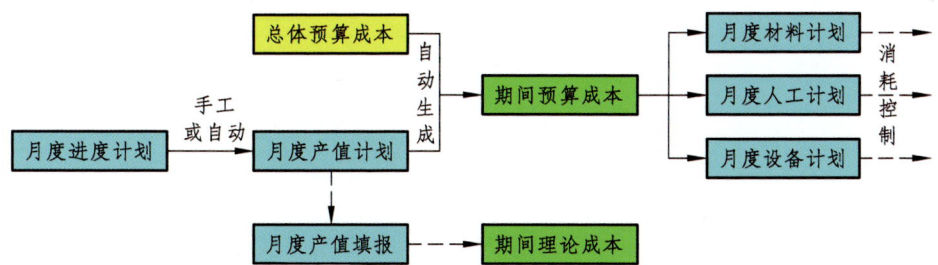

图 4-4-27 工程项目管理信息系统月度预算管理流程

4.4.10.5 实际成本核算

实际成本数据来源于物资、设备、周材、合同等业务模块，在系统中，成本模块只是对发生的成本数据按核算的要求进行了归集。实际成本包含实际发生成本与实际确认成本，其区别为，实际发生成本代表的业务发生，费用出现即计算成本，而实际确认成本是对发生的成本跟进度匹配后分摊到各对应期间的成本，如图4-4-28所示。

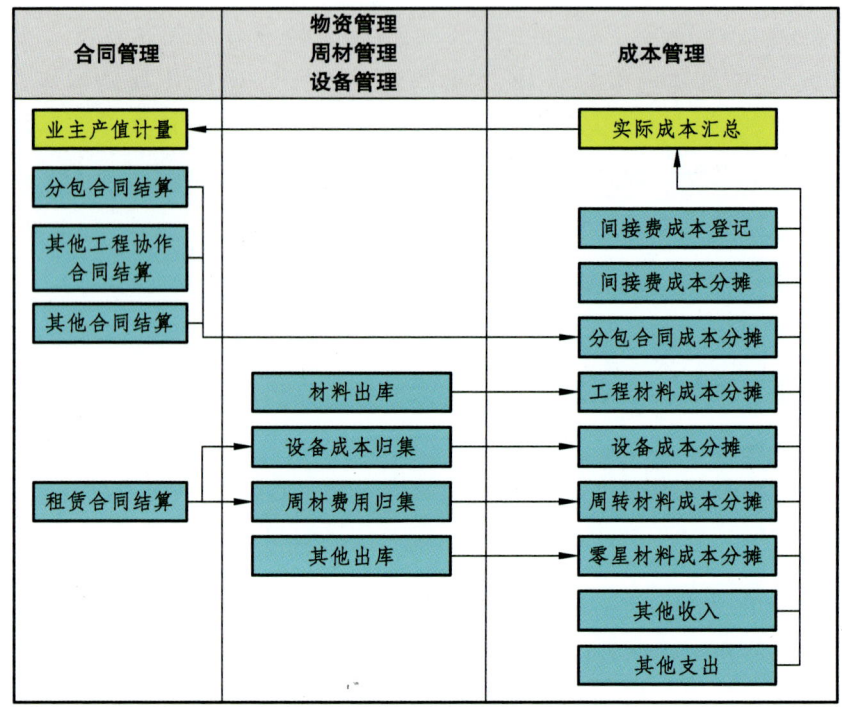

图 4-4-28　工程项目管理信息系统实际成本核算归集

4.4.11　工程项目全过程资金管理子系统

建筑施工企业是资金密集型企业，很多建筑施工企业经常会出现如下情况：有时要付款时却缺乏资金，而有时又会有大笔资金准备完毕却暂时不需要支付，占用资金成本。所以对施工企业来说，资金计划的正确制作是非常重要的。管理系统应构架出决策层、管理层、操作层三级资金控制的方式，如图4-4-29所示。

第4章　工程项目管理信息系统与BIM结合应用方案

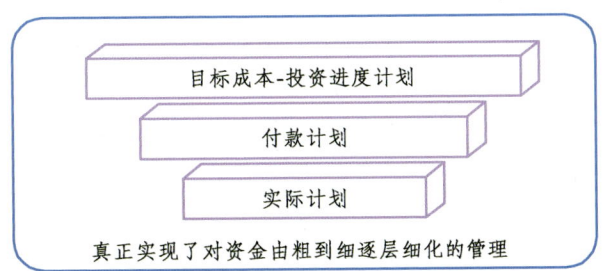

图 4-4-29　工程项目管理信息系统资金管理层级控制

首先，根据企业确定的目标成本，编制工程项目开发预计的资金投资进度，对项目资金进行宏观控制。

在开发初期，根据签订的施工合同，确定工程项目的付款计划，通过对付款计划的跟踪管理，实现对年度（或季度）的资金控制。在项目开发工程中，通过对付款审批单的流程审批管理，管理层可以实时监控项目进展，并严格控制工程款的支付。

项目资金管控的业务流程如图 4-4-30 所示。

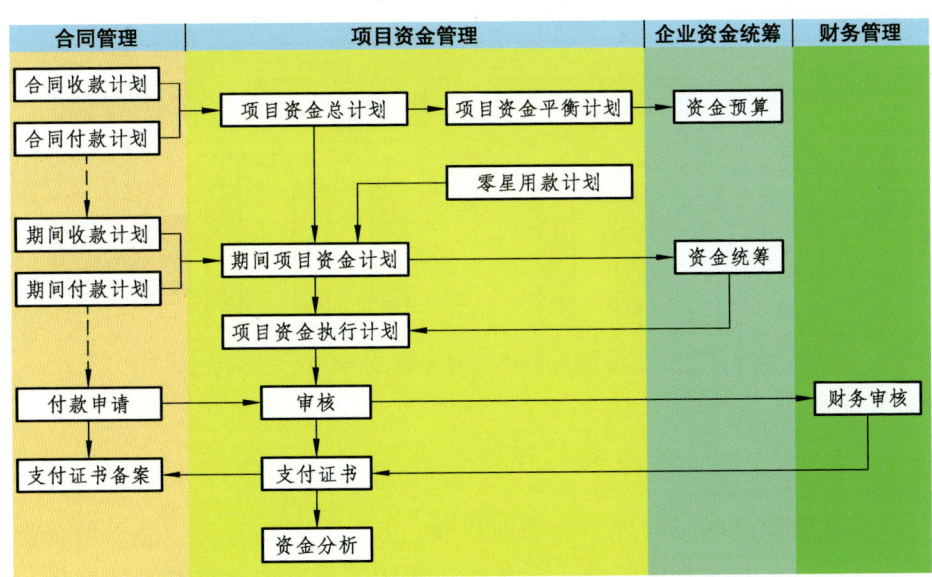

图 4-4-30　工程项目管理信息系统资金管理计划流程

项目资金总计划：满足项目对资金控制的更高要求，从金额和时间两个维度来控制项目投资的资金链管理。在项目前期，首先确定责任成本（预算成本）；根据工程项目的计划进度，进行合同策划，制订合同付款计划，所有合同计划汇总得出项目资金计划，包括期间、收款总额、付款总额、资金盈余等内容。

项目总体资金计划与财务的资金管理系统对接，可以进一步汇总到公司的资金计划，以至集团的资金计划。从而打通项目到集团的资金管控。（注：前提是购买财务方面的资金管理。）而资金又是与预算打通的，从而，实现从项目的资金管控，到集团的资金管控以及企业的全面预算管控，如图 4-4-31 所示。

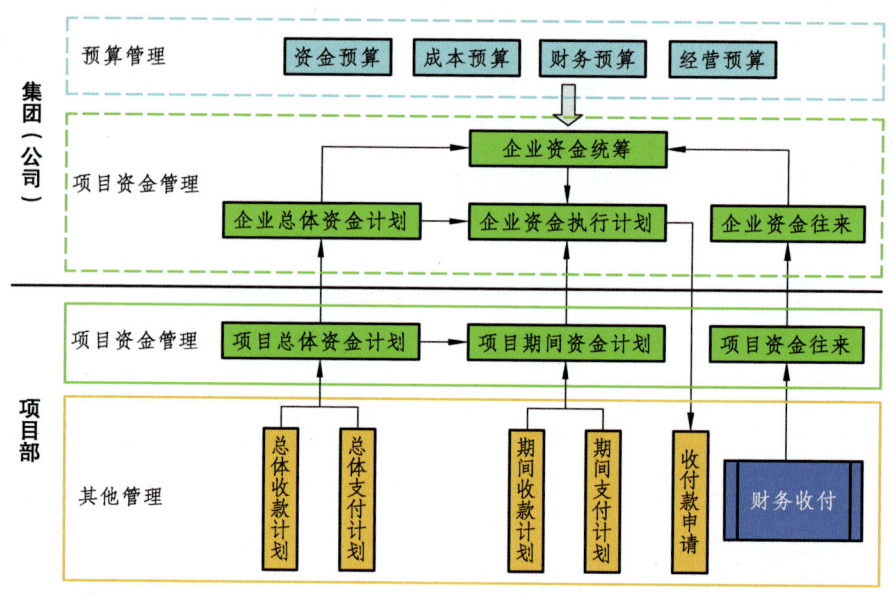

图 4-4-31 工程项目管理信息系统总体资金计划流程

4.4.12 工程项目施工现场劳务管理子系统

劳务管理是项目管理中的辅助环节，但是有重要意义。总承包企业对劳务分包企业的日常管理、劳务作业和用工情况负有监督管理责任，对监管不到位及因转包、违法分包造成拖欠劳务人员工资的，依法承担相应责任。劳务企业应当每月对劳务作业人员应得工资进行核算，按照劳动合同约定的日期支付工资，并在工地现场公示栏进行公布，接受劳务作业人员的监督，不能以工程款拖欠、结算纠纷、垫资施工等任何理由随意克扣或无故拖欠。

（1）项目劳务人员花名册。

劳务班组进场后，由项目经理部劳资员与劳务人员签订劳动用工合同，并登记造册，根据班组人员实际进场情况，填写《项目劳务人员花名册》。

（2）项目劳务人员考勤登记。

劳务队伍进场后，由班组长对劳务人员进行考勤，填写月度考勤记录，编制《项目劳务人员考勤登记表》，由项目经理（项目承包人）审核。

（3）项目劳务人员工资发放登记。

项目经理部劳资人员根据《项目劳务人员考勤登记表》编制《项目劳务人员工资发放登记表》，由项目经理（项目承包人）审核，确定项目劳务班组人员当月工资发放数额，根据项目劳务人员花名册及考勤登记确定实际发放工资。

（4）纠纷处理和班组评价。

任务完成后对劳务班组的完成情况进行评价，并反映到劳务班组的基础资料中，方便后续跟踪和利用班组信息。

4.4.13　工程项目施工全程质量管理子系统

质量管理主要针对施工的现场管理，涵盖施工生产的组织和实施、技术质量管理的实施、检查、复核和监督、物料进场、检验、试验和使用管理等方面。项目级应用工程项目管理进行质量管理，包含如下几个方面：

（1）质量保证：主要是对项目经理部质量体系运行情况进行管理。

（2）质量控制：包括对设计质量、采购质量、施工质量的控制，控制的方式是通过过程管理实现。

（3）质量策划：主要指质量验评的划分，以及质量检查项的建立。

（4）质量过程管理：签证、验收评定管理和不合格项和纠正措施。

（5）统计分析。

质量管理主要是过程的文档记录管理，其根本是国家法律法规的要求，以及企业的社会责任心。其手段是检查与整改，其目标是预防，最终要形成企业的质量知识库，如图4-4-32所示。

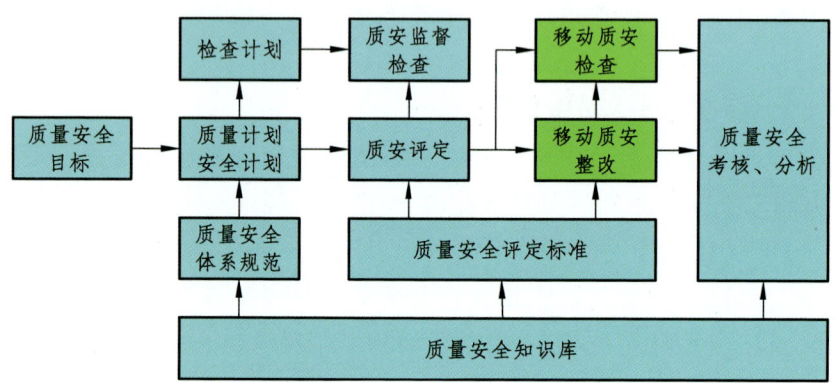

图4-4-32　工程项目管理信息系统质量管理计划流程

1. 总体策划

总体策划由分公司经理主持进行。对大型、特殊工程，可邀请公司质量经理、总工程师和相关职能负责人等参与策划。

2. 细节策划

被任命的项目经理、项目工程师应立即进入角色，熟悉施工现场和图纸，沟通各种联系渠道，同时组织临建施工。待项目经理部人员到位后，项目经理组织项目工程师、技术质量、成本核算、材料设备等方面的负责人根据总体策划的意图进行细部策划，如图4-4-33所示。

为了促进我国建筑工程施工质量的全面提高，争创国际先进水平，创造一流的工程质量，国家设立了很多工程质量方面的奖项，如鲁班奖、各省级优质工程奖等。

为了更好地达到创优的目标，需要在项目开工前、施工过程中进行大量的准备和检查、沟通工作。

第 4 章　工程项目管理信息系统与 BIM 结合应用方案

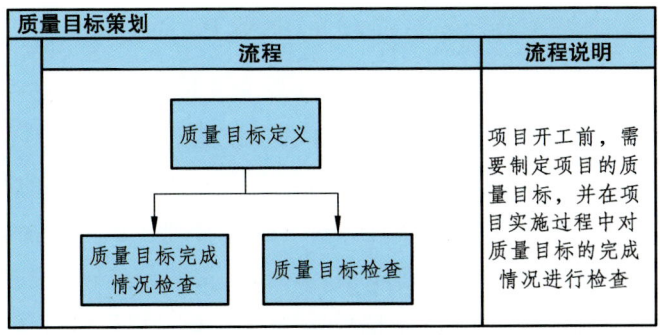

图 4-4-33　工程项目管理信息系统质量目标策划

为了使施工过程质量得到控制，保证其能依据所策划的安排实施完成，达到预期效果，在施工过程中需要进行周期性的检查。检查项目工程实体质量及项目经理部质量管理状况，包括分包单位分包项目的质量检查。

3. 移动质安检查

传统的质量安全检查费时费力，总是要花费较多的时间对资料进行整理。移动质安则将此过程简化，通过"拍照，画圈，录音"系统几个人基本简单的动作，选择相应的资料，然后点上传，即可同步到服务器中，不需要再额外花费时间整理，如图 4-4-34 所示。而现场整改完成之后，总部也可以通过手机端进行验证处理，省去了去现场的进一步动作，节省了公司成本。

图 4-4-34　工程项目管理信息系统质量管理移动终端

4.4.14 工程项目施工过程安全管理子系统

安全管理的目的在于对施工项目的安全文明施工情况进行有效的控制和标准化的管理，主要实现安全管理的系统策划、工程项目的安全宣传教育活动台账管理、新员工安全教育台账管理、作业危险源的控制、安全检查及安全整改、违章处罚的管理、安全事故管理、分包单位安全管理台账、危险施工安全作业票、安健环状态评价、安全设施管理、特种作业人员登记、特种设备统计、施工基础风险统计、安全报表管理等功能。

在企业层面，安全管理的目的在于保证企业的安全管理体系在系统平台上的执行，企业级安全管理相关规范和体系的建立、下发，以及对各个项目经理部的安全管理执行状况的检查与监督控制。所有项目的安全管理业务数据要汇总到企业层面。

应用工程项目管理进行安全管理包含如下步骤与方法：

（1）确定项目的安全分解结构：策划（危险源识别、环境因素管理、作业危险源），产生控制计划（安全防护计划），并进行 $LECD^*$ 量化；安全作业票的管理；培训教育管理。

（2）日常控制：开工检查、专项检查、安全大检查、安全罚款、安全作业票、安全整改单、安全设施管理等；量化考核。

（3）统计分析：统计分析可以得出哪些地方、哪些单位容易出现安全隐患，进而采取进一步的预防控制措施。

（4）重大风险源管理。

① 危险源识别：运用系统的方法对危险源进行辨识和评价，建立重大危险源指标体系，对工程中的重大危险源进行定义，建立危险源清单和风险源管理责任人。

② 危险源监控：根据重大危险源监控实施程序建立危险源的巡查和重点监控制度，可以调用远程视频监控对危险源进行巡查，发现情况及

---

* 注：$D = LEC$
式中：L——发生事故的可能性大小；
　　　E——人体暴露在这种危险环境中的频繁程度；
　　　C——且发生事故会造成的损失后果；
　　　D——危险性。

时记录、上报和预警，以提前发现问题，消除安全隐患。

③ 危险源处理：处理重大危险源和审核上报。

④ 公司重大危险源管理识别：每年年初由公司的安全管理部门，识别和制定公司的重大危险源清单；编制重大危险源应急预案方案（每年修订一次）；组织应急实施工作。

⑤ 项目重大危险源识别与交底：在项目开工前，相关人员需要对项目进行危险源识别，确定项目重大危险源，列出重大危险源清单，开展项目重大危险源交底。

⑥ 项目危险源过程管理：项目重大危险源过程管理实际上就是重大危险源专项大检查，因此，项目重大危险源过程管理记录就是"检查性质"="重大危险源检查"的安全检查记录。项目重大危险源过程管理在项目重大危险源开始发生后进行。

⑦ 危险源结束总结：危险源结束后，需要记录结束的时间并进行过程总结。

⑧ 事故报告及处置：对安全事故及时进行登记，并逐级上报，包括安全管理人员、项目经理、公司负责人和上级行政主管部门，记录安全事故的处置情况。对实际存在的或潜在的不符合采取纠正或预防措施，消除发现的或潜在的不符合原因，以减少损失，确保体系有效运行。

⑨ 事故报告：出现安全事故后，必须填写报告单。

⑩ 事故处理：安全事故处理的情况需要在系统中做记录。

⑪ 安全培训：包括安全教育制度、安全培训组织、安全培训考核和安全资质管理等功能。

4.4.15　工程施工技术管理子系统

项目经理部技术管理主要包括本项目执行的技术标准和规程管理、施工组织设计、技术方案管理、施工图纸会审、施工图纸管理、施工技术交底等内容，可以集成查阅企业层维护的技法工法和专利成果等技术资料。工程施工技术管理子系统对各类施工技术统一进行管理，特别是针对四新技术应用提供了专门的支持。同时结合附件管理、档案系统及质量管理模块中的相关内容，可灵活地支撑不同的业务需要。

施工组织设计管理主要管理施工组织设计文档，记录施工组织设计编制、审批、变更等信息；技术方案管理的内容包括技术方案的编制、审批和变更，可以上传和查阅相关附件；施工图纸管理包括图纸分类目录、图纸摘要信息、上传和查阅图纸文件、图纸保管、借阅归还等内容。

（1）国家技术法规、规范、标准。

按照国家技术法规、规范、标准，公司分别建立一览表，能够索引一览表中任意文件的内容与5年内的变动情况。

（2）企业技术管理制度、企业施工标准。

按照企业技术质量管理制度、企业工法、工艺标准、科技成果资料、施工组织设计、施工方案、作业指导书等，业主公司分别建立一览表，能够索引一览表中任意文件的内容与5年内的变动情况。

（3）设计交底与图纸会审。

设计交底与图纸会审流程管理应按照项目建立设计图纸、变更图纸的设计交底、图纸会审的相关信息一览表，应能够索引文件内容。

（4）常规技术管理。

可将国家技术法规、规范、标准及企业技术质量管理制度、企业施工工法、工艺标准、科技成果资料、施工组织设计、施工方案、作业指导书等内容设置为系统标准，后续进行技术交底，如图4-4-35所示。

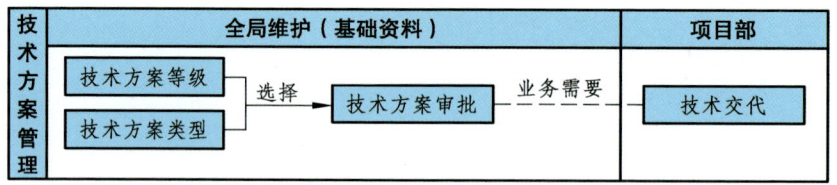

图4-4-35　工程项目管理信息系统安全技术方案管理

4.4.16　工程施工竣工管理子系统

管理与跟踪项目验收执行情况，全面考核项目建设成果，主要包括工程验收、工程移交、项目终结和项目总结几个方面的内容，如图 4-4-36 所示。

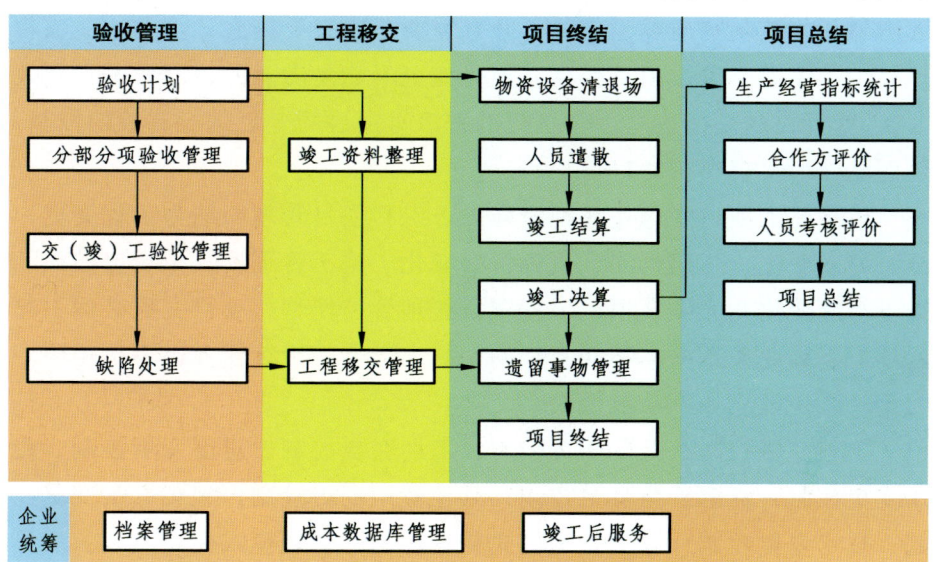

图 4-4-36　工程项目管理信息系统竣工资料管理

对整个项目进行综合验收，通过系统定义与验收相关的基本信息，管理和跟踪项目竣工验收执行情况，并记录执行过程中的所有文档资料。竣工验收是项目建设过程的最后一环，是全面考核项目建设成果、检验设计和工程质量的重要步骤。

4.4.17　工程项目资料管理子系统

从项目投标到工程交付过程会产生大量的资料，包括前期资料、招投标资料、合同资料、变更资料、施工资料、结算资料、维修工程资料等等，也包括一些非项目类资料。

资料是企业的宝贵知识财富，通过资料的积累，实现企业经验、知识和文化的沉淀，使实施新项目的项目经理可以有经验可循。

4.4.18　工程项目施工过程变更控制子系统

当项目发生某些变化时，项目的进度、成本、资源预算、质量也要发生变化。项目发生变化并不意味着项目就会发生变更，只有项目变化影响到某些控制基准发生变化，并且需要采取必要措施，才能达成项目目标时，才需要进行项目变更。项目变更不能是随意的，需要进行有效控制。变更控制是指建立一套正规的程序对项目的变更进行有效的控制，从而更好地实现项目的目标。

建筑施工项目变化是多种多样的。工程项目管理归纳为工程变更、施工方案变化、工期延误、资源价格变化、施工管理模式（承包模式）、质量标准变化几大类。根据工程项目管理管控模型，项目变更必然引起后续一系列业务调整。不同类型的变更，影响的后续业务也不尽相同。为此，系统设立如下功能模块：

工程变更控制、范围变更控制，工期变更控制、进度变更控制，费用变更控制，资源价格变更控制，其他费用变更控制；施工方案变更控制、技术变更控制；施工管理模式变更控制、管理模式变更控制；质量变更控制等。

工程项目管理建筑将这些变更业务，分散到不同的模块，但解决方案其实是一体的。具体的变更流程如图4-4-37所示。

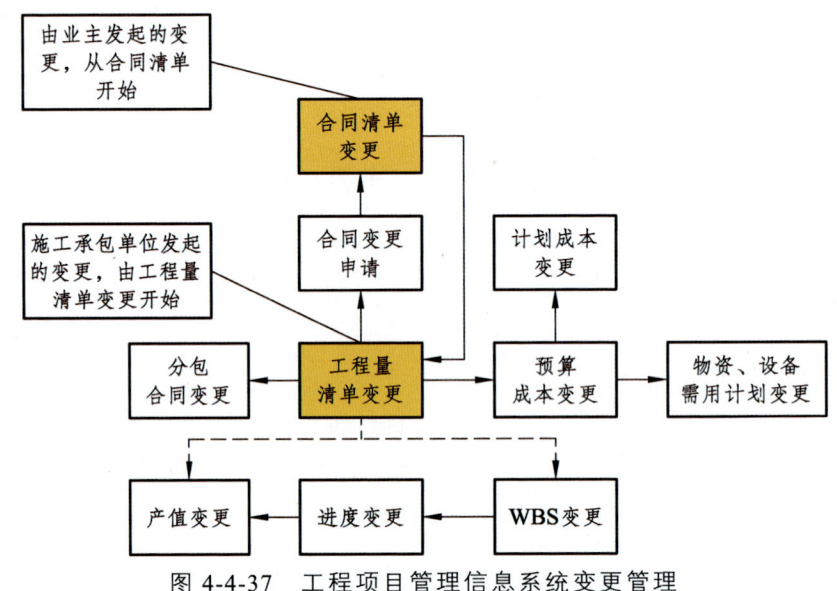

图4-4-37　工程项目管理信息系统变更管理

4.4.19　工程项目管理智能设备移动应用

现在社会是高速发展的时代，是互联网时代。使用先进的手段是必然趋势。

（1）领导看板。

用户聚焦：企业董事长、总经理、各业务高管等。

业务聚焦：聚焦企业的关键业务数据，如合同签约、产值收款、资金监控、企业税负、经营利润等。

（2）项目看板。

用户聚焦：项目经理、企业各职能部门管理人员。

业务聚焦：聚焦项目的关键业务数据，如合同收入、成本执行、项目税负、支付合同、资源采购、项目质安、项目信息等。

（3）业务应用。

用户聚焦：项目经理部业务人员、企业各职能部门管理人员。

业务聚焦：业主合同、分包管理、采购管理、库存管理、增值税管理、成本管理、质量安全管理等。

4.5　基于 BIM 的工程项目管理信息系统设计构想

随着全球化、知识化和信息化时代的来临，信息日益成为主导全球经济的基础。在现代信息技术的影响下，现代建设项目管理已经转变为对项目信息的管理。传统的信息沟通方式已远远不能满足现代大型工程项目建设的需要，实践中许许多多的索赔与争议事件归根结底都是由于信息错误传达或不完备造成的。如何为工程项目的建设营造一个集成化的沟通和相互协调的环境，提高工程项目的建设效益，已成为国内外工程管理领域的一个非常重要而迫切的研究课题。

目前在信息系统理论研究方面，国内绝大多数研究将焦点集中在整个系统构架的理论研究上。我国建筑业的信息化，充其量是为建设项目管理的过程提供了一些工具，而没有为我国建设项目管理带来根本性的变革。国外项目管理信息系统集成化程度较高，但也只是几个建设过程信息的集成、功能的集成，并不是完全意义上集成化的项目管理信息系统。近年来，作为建筑信息技术新的发展方向，BIM 从一个理想概念成长为如今的应用工具，给整个建筑行业带来了多方面的机遇与挑战。

4.5.1 建筑信息模型

建筑信息模型是指在开放的工业标准下设施的物理和功能特征，及其相关的项目生命周期信息的可计算或可运算的表现形式。BIM 以三维数字技术为基础，通过一个共同的标准，目前主要是 IFC，集成了建设工程项目各种相关信息的工程数据模型。作为一项新的计算机软件技术，BIM 从 CAD 扩展到了更多的软件程序领域，如工程造价、进度安排，还蕴藏着服务于设备管理等方面的潜能。BIM 给建筑行业的软件应用增添了更多的智能工具，实现了更多的智能工序。设计师通过运用新式工具，改变了以往方案设计的思维方式；承建方由于得到新型的图纸信息，改变了传统的操作流程；管理者则因使用统筹信息的新技术，改变了其前前后后工作日程、人事安排等一系列任务的分配方法。

在实际应用上，BIM 的信息技术可以帮助所有工程参与者提高决策效率和正确性。比如，建筑设计可以从三维的角度来考虑推敲建筑内外的方案；施工单位可取其墙上参数化的混凝土类型、配筋等信息，进行水泥等材料的备料及下料；物业单位则可以用之进行可视化物业管理；等。基于 BIM 的项目系统能够在网络环境中，保持信息即时刷新，并能够提供访问、增加、变更、删除等操作，使建筑师、工程师、施工人员、业主、最终用户等所有项目系统相关用户可以清楚全面地了解项目此时的状态。这些信息在建筑设计、施工过程和后期运行管理过程中，促使加快决策进度、提高决策质量、降低项目成本。

4.5.2　基于 BIM 构建的工程项目管理信息系统的优势分析

传统的建设工程项目管理信息系统，由于工程管理涉及的单位和部门众多，信息输入只能停留在本部门或者单体工程的界面，常常出现滞后现象，难以进行即时整体工程的相互传输，阻碍了整个工程的信息汇总，必然形成信息孤岛现象。基于 BIM 构建的工程项目管理信息系统除了具有传统管理信息系统的特征优势外，还能满足以下要求：

（1）集成管理要求。随着工程总承包模式的不断推广和运用，人们越来越强调项目的集成化管理，同时对管理信息系统的要求也越来越高。如：将项目的目标设计、可行性研究、决策、设计和计划、供应、实施控制、运行管理等综合起来，形成一体化的管理过程；将项目管理的各种职能，如成本管理、进度管理、质量管理、合同管理、信息管理等综合起来，形成一个有机的整体。

（2）全寿命周期管理要求。全寿命管理理念就是要求工程项目的建设和管理要在考虑工程项目全寿命过程的平台上进行，在工程项目全寿命期内综合考虑工程项目建设的各种问题，使得工程项目的总体目标达到最优。反映在管理信息系统建设上，就是管理信息系统的建设不仅仅是为了工程项目实施过程，同时应考虑管理信息系统在工程竣工后纳入企业运行阶段的应用，这样既可以满足业主实际工作的需要，又为业主、最终用户、承包商、分包商、监理机构、施工方等提供了一些后期总结数据。

4.5.3　基于 BIM 的工程项目管理信息系统的架构及功能

4.5.3.1　工程项目管理信息系统架构

系统采用 B/S（Browser/Server）结构，用户通过 Web 浏览器，访问广域网即可实现信息的共享。大多数事务通过服务器端来实现，终端和服务器以及终端之间通过网络的连接，数据可以得到即时的传输和集成加工。这样的系统架构分为 3 层，即操作层、应用层和数据服务层，如图 4-5-1 所示。

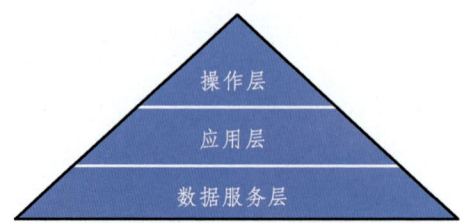

图 4-5-1　基于 BIM 的工程项目管理信息系统架构

第 1 层是操作层，也叫用户界面，供终端用户群（包括业主、设计单位、总承包方、分包方、施工方、最终用户等）使用。通过网络提供的浏览器，用户群在网络许可范围内（专线、VPN 甚至整个广域网），通过 Http 网络协议，经过身份识别，并进行相应操作权限赋权后进入系统，进行相关操作。

第 2 层是应用层，将管理信息系统应用程序加载于应用服务器上，通过中间件接收用户访问指令，再将处理结果反馈给用户。

第 3 层是数据服务层，通过中间件的连接，负责将涉及数据处理的指令进行翻译和处理，如读取、查询、删除、新增等操作。

其中，数据流同步触发器是一个实现 BIM 的重要组件。在系统数据库进行实现的时候，该触发器是加载在数据库所有数据表空间上的一个应用程序。利用该组件，当前端应用程序发出任何操作指令（如检索、增加、删除等），同步触发器就可以将各数据库进行集成后，反馈给相应操作用户。在普通信息管理系统中，因为没有利用该组件对所有数据库的数据进行集成，所以系统无法提供各数据。

4.5.3.2　工程项目管理信息系统模块及其功能

基于项目集成化和全生命周期管理的理念，工程项目管理信息系统共分为 9 大模块。

（1）项目前期管理模块。主要是对前期策划所形成的文件进行保存和维护，并提供查询的功能。

（2）项目策划管理模块。在这个模块当中，最重要的是编码体系和 WBS。编码体系一旦定下来，是不可以更改的。每一项工作的编码都是

第4章　工程项目管理信息系统与 BIM 结合应用方案

唯一的，一个编码就代表了一项工作。在项目管理过程中，网络分析、成本管理、数据的储存、分析、统计都依靠编码来识别，编码设计对项目的整个计划及管理系统的运行效率都有很大的影响。

（3）招标投标管理模块。对工程招投标而言，只要模拟相关招投标法规定的程序即可。另外，对招标投标的管理应该根据工期计划和采购计划，合理安排招标的工作。

（4）进度管理模块。该模块的主要组成部分有工期目标和施工总进度计划，单位工程施工进度计划，分部（项）工程施工进度计划，季度、月（旬）作业计划，等。此外，该模块还应能提供进度控制的分析方法，如网络计划法、S 曲线法、香蕉曲线法等。

（5）投资控制管理模块。项目总投资确定以后就需按各子项目、按项目实施的各个分阶段进行投资分配，编制建设概算和预算，确定计划投资，进而在工程进展的过程中，控制每个子项目、每一阶段的实际投资支出，确保项目投资目标实现。投资控制模块就是为实现这一目标而设立的。投资控制模块可用于制订投资计划，提供实际投资支出的信息，将实际投资与计划投资的动态跟踪比较，进行项目投资趋势分析，为项目管理人员采取决策措施提供依据，同时还应具备提供 S 曲线法、香蕉曲线法等投资控制的分析方法。

（6）质量管理模块。质量管理是一个质量保证体系，包括设计质量、施工质量和设备质量，是通过以验收为核心流程的规范管理。它主要通过各种质量文档的分类管理来实现。质量控制模块是用于对设计质量、施工质量和设备安装质量等的控制和管理，它的功能是提供有关工程质量的信息。另外，还提供质量控制的分析方法，如排列图法、因果分析图法等。

（7）合同管理模块。工程合同管理是对工程项目中相关合同的策划、签订、履行、变更、索赔和争议解决的管理。合同的控制信息包括：合同当事人、标的、数量和质量、工期、价款或酬金、履行的地点、期限和方式、违约责任、风险分担、争议解决等，可通过不同归口进行相应的操作。其中，变更管理分模块是合同管理模块中的重要部分。

（8）物资设备管理模块。针对工程项目不同阶段和状态，对具体的物资和设备进行输入输出调用的管理，并采用相关的分析方法，如 ABC 法等。

（9）后期运行评价管理模块。这个模块主要是反映项目运行以后的状况，也对反映工程项目整体管理工作的数据进行汇总，为业主、最终用户、承包商、分包商、监理机构、施工方等提供了一些后期总结数据。

4.5.3.3 基于 BIM 的工程项目管理信息系统的运行

基于 BIM 模型的工程项目管理信息系统的运作，就是用户通过局域网（乃至整个互联网范围内），向系统服务器发送查询、信息变更等操作请求，由系统根据该用户所有权限的定义，按操作方式、用户权限等的差异，从系统数据库服务器中集成其所需，从项目前期至检索的时点的所有相关工程项目信息。以文字和 2D 或 3D 图纸的形式，由系统应用服务器进行界面组织，集成反馈给用户，供用户进行相关操作。基于 BIM 模型的信息管理系统在项目全寿命期内的具体运作如下：

（1）项目前期、策划阶段。此阶段主要利用项目前期管理模块和项目策划管理模块，可以在系统中形成一个 3D 模型，前期参与各方可以对该三维模型进行各方面的模拟试验，进而做出可行性判断、设计方案的修正。由于数据的集成共用，最终可以得出理想、设计精准的项目 3D 模型、前期文档、平面设计图纸等一系列的成果。

（2）项目招投标阶段。此阶段主要利用招标投标管理模块，可以进行一些基于网络的开放性操作。将项目前期形成的若干成果进行适度公布，并组织公开招投标。招标单位可以在一定程度上，规避投标单位由于对项目理解误差造成的费用和时间的损失，还可以避免一些串谋、权力寻租等行为的发生；投标单位也可以从这些开放性的集成文件里，做出合理、准确的标案，而且各方都可以基于一个公正合理的平台进行竞标。当最终标案经过系统公示产生后，将招投标文件输入系统，形成产生项目合同依据的有效电子文档，并以此产生项目的总承包等一系列合同文件。招投标过程中信息流动状态改变。

第4章　工程项目管理信息系统与BIM结合应用方案

（3）项目施工阶段。此阶段利用质量、进度、投资控制模块，对所有系统模块（此时系统所有模块才全部参与运作）进行有效控制。在该过程中，随着项目的进展，将产生各种合同文件、物资采购及调用记录、合同及项目设计等的变更记录以及施工进度、投资分析图等一系列系统文件。在有效的系统使用范围内，项目参与各方可以随时调用权限范围内的项目集成信息，可以有效避免因为项目文件过多而造成的信息不对称的发生。

（4）项目运营阶段。在运营管理阶段主要利用后期运行及评估模块，可以及时提供有关建筑物使用情况、入住维修记录、财务状况等集成信息。利用系统提供的这些实时数据，物业管理承包方、最终用户等还可对项目做出准确的运营决策。

BIM是建筑工程信息化历史上的一个革新。通过建立基于BIM的工程项目管理信息系统，使计算机可以表达项目的所有信息，信息化的建筑设计才能得以真正实现。系统可以实现项目基本信息管理、进度管理、质量管理、资金管理的整合，通过管理和利用项目统计数据，挖掘数据的潜力，发挥其决策支持功能；系统可以为行业规划与决策提供多维的信息支持，突破项目信息管理的传统方式。随着BIM的发展，不仅仅是现有技术的进步和更新换代，也将促使生产组织模式和管理方式的转型，并长远地影响人们对于项目的思维模式。

第 5 章　BIM 应用保障机制

5.1　建立系统运行保障体系

（1）按 BIM 组织架构表成立总包 BIM 系统执行小组，由 BIM 系统总监全权负责。经业主审核批准，小组人员立刻进场，以最快速度投入系统的创建工作。

（2）成立 BIM 系统领导小组，小组成员由总包项目总经理、项目总工、设计及 BIM 系统总监、土建总监、钢结构总监、机电总监、装饰总监、幕墙总监组成，定期沟通，及时解决相关问题。

（3）总包各职能部门设专人对口 BIM 系统执行小组，根据团队需要及时提供现场进展信息。

（4）成立 BIM 系统总分包联合团队，各分包安排固定的专业人员参加。如果因故需要更换，必须有很好的交接，保持其工作的连续性。

（5）购买足够数量的 BIM 正版软件，配备满足软件操作和模型应用要求的足够数量的硬设备，并确保配置符合要求。

5.2　编制 BIM 系统运行工作计划

（1）各分包单位、供应单位根据总工期以及深化设计出图要求，编制 BIM 系统建模以及分阶段 BIM 模型数据提交计划、四维进度模型提交计划等，由总包 BIM 系统执行小组审核。审核通过后由总包 BIM 系统执行小组正式发文，各分包单位参照执行。

（2）根据各分包单位的计划，编制各专业碰撞检测计划，修改后重新提交计划。

5.3 建立系统运行例会和检查制度

（1）BIM 系统是一个庞大的操作运行系统，需要各方协同参与。由于参与的人员多且复杂，需要建立健全一定的检查制度来保证体系的正常运作。

（2）对各分包单位，每两周进行一次系统执行情况飞行检查，了解 BIM 系统执行的真实情况、过程控制情况和变更修改情况。

（3）对各分包单位使用的 BIM 模型和软件进行有效性检查，确保模型和工作同步进行。

5.4 模型维护与应用机制

（1）督促各分包在施工过程中维护和应用 BIM 模型，按要求及时更新和深化 BIM 模型，并提交相应的 BIM 应用成果。如在机电管线综合设计过程中，对综合后的管线进行碰撞校验并生成检验报告。设计人员根据报告所显示的碰撞点与碰撞量调整管线布局，经过若干个检测与调整的循环后，可以获得较为精确的管线综合平衡设计。

（2）在得到管线布局最佳状态的三维模型后，按要求分别导出管线综合图、综合剖面图、支架布置图以及各专业平面图，并生成机电设备及材料量化表。

（3）在管线综合过程中建立精确的 BIM 模型，还可以采用 Autodesk Inventor 软件制作管道预制加工图，从而大大提高项目的管道加工预制化、安装工程的集成化程度，进一步提高施工质量，加快施工进度。

（4）运用 Revit Navisworks 软件建立四维进度模型，在相应部位施工前一个月内进行施工模拟，及时优化工期计划、指导施工。同时，按业主所要求的时间节点提交与施工进度相一致的 BIM 模型。

（5）在相应部位施工前的一个月内，根据施工进度及时更新和集成 BIM 模型，进行碰撞检测，提供包括具体碰撞位置的检测报告。设计人员根据报告迅速找到碰撞点所在位置，并进行逐一调整。为了避免在调整过程中有新的碰撞点产生，检测和调整会进行多次循环直至碰撞报告显示零碰撞点。

（6）对于施工变更引起的模型修改，在收到各方确认的变更单后的 14 d 内完成。

（7）在出具完工证明以前，向业主提交真实准确的竣工 BIM 模型、BIM 应用资料和设备信息等，确保业主和物业管理公司在运营阶段具备充足的信息。

（8）集成和验证最终的 BIM 竣工模型，按要求提供给业主。

5.5　BIM 模型的应用计划

（1）根据施工进度和深化设计及时更新和集成 BIM 模型，进行碰撞检测，提供具体碰撞的检测报告，并提供相应的解决方案，及时协调解决碰撞问题。

（2）基于 BIM 模型，探讨短期及中期之施工方案。

（3）基于 BIM 模型，准备机电综合管道图（CSD）及综合结构留洞图（CBWD）等施工深化图纸，及时发现管线与管线、管线与建筑、管线与结构之间的碰撞点。

（4）基于 BIM 模型，及时提供能快速浏览的 nwf、dwf 等格式的模型和图片，以便各方查看和审阅。

（5）在相应部位施工前的一个月内对施工进度表进行 4D 施工模拟，提供图片和动画视频等文件，协调施工各方优化时间安排。

（6）应用网上文件管理协同平台，确保项目信息及时有效传递。

（7）将视频监视系统与网上文件管理平台整合，实现施工现场的实时监控和管理。

5.6　实施全过程规划

为了在项目期间最有效地利用协同项目管理与 BIM 计划，先投入时间对项目各阶段中团队各利益相关方之间的协作方式进行规划。项目全过程 BIM 交付如图 5-6-1 所示。

第 5 章　BIM 应用保障机制

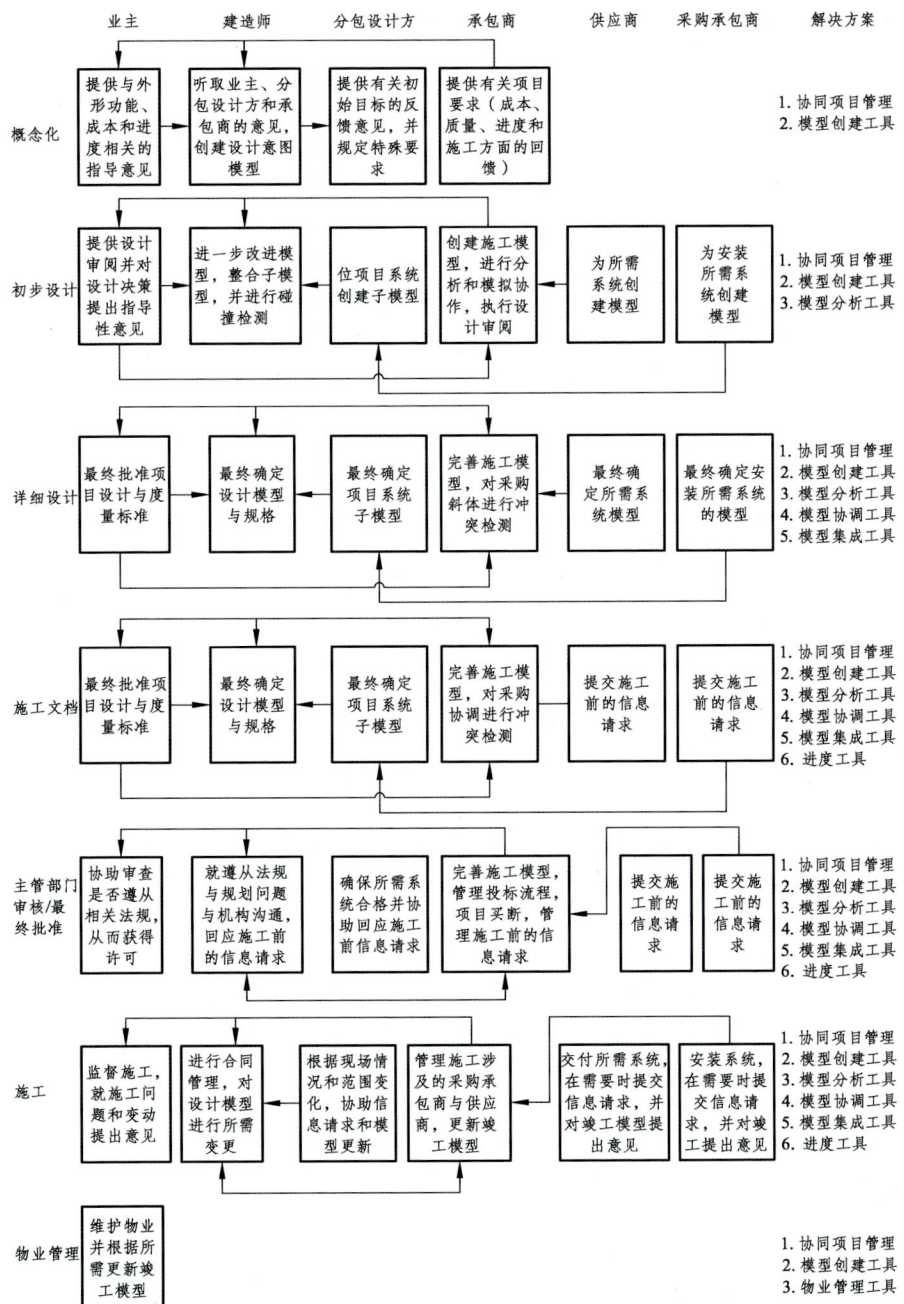

图 5-6-1　项目全过程 BIM 交付

从建筑的设计、施工、运营，直至建筑全寿命周期的终结，各种信息始终整合于一个三维模型信息数据库中；设计、施工、运营和业主等各方可以基于 BIM 进行协同工作，有效提高工作效率、节省资源、降低成本以实现可持续发展，如图 5-6-2 所示。

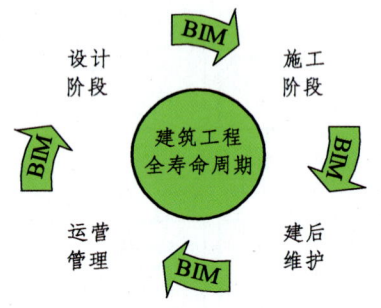

图 5-6-2 BIM 在建筑周期中的关系

借助 BIM 模型，可大大提高建筑工程的信息集成化程度，从而为项目的相关利益方提供了一个信息交换和共享的平台。结合更多的数字化技术，BIM 模型还可以被用于模拟建筑物在真实世界中的状态和变化，在建成之前，相关利益方就能对整个工程项目的成败作出完整的分析和评估。

5.7 协同平台准备

为了保证各专业内和专业之间信息模型的无缝衔接和及时沟通，BIM 项目需要在一个统一的平台上完成。该协同平台可以是专门的平台软件，也可以利用 Windows 操作系统实现。其关键技术是具备一套具体可行的合作规则。协同平台应具备的最基本功能是信息管理和人员管理。

在协同化设计的工作模式下设计成果的传递不应为 U 盘拷贝及快递发图纸等系列低效滞后的方式，而应利用 Windows 共享、FTP 服务器等共享功能。

BIM 设计与管理要传输和存储的数据量远大于传统设计、建设与运营管理。据 DC《数字》（*Digital Universe*）的研究报告表明，2000 年，全世界产生数据量为 0.18ZB，到 2020 年，全球所建和复制的信息量将超过 10ZB，数据量呈现数百倍数量级的增长；2015 年我国大数据市场规模达到 115.9 亿元，增速达 53.1%。预计到 2021 年，我国大数据市场规模将突破 350 亿元。在大数据时代，各行各业对数据的分类检索和储存智能化要求越来越高，大数据对人们来说意味着宝藏，大数据技术就是打开这座宝藏的一把金钥匙，要依托发展大数据的行业应用和 5G 传输系统。要建立统一的 BIM 平台来承载信息，提高设计和应用的效率。

　　项目应用 BIM 所采用的软件及硬件配置要满足 BIM 实施标准及建模要求，通过编制 BIM 应用具体执行计划，明确项目参与人员的工作职责和工作内容，以及团队协同工作的平台，进行建模、沟通、协调，实现项目参与方各司其职。

第6章 结 语

6.1 公路工程项目BIM智慧化管理实施建议

基于以上章节的分析,无论是从现阶段公路工程项目的具体工作来讲,还是作为长期的技术应用和工程管理以及道路管养等工程全寿命周期来看,面对目前整个行业的变革及政策指导,应该进一步加快、深化BIM技术在公路工程项目中的应用。另外,从技术方案来看,通过BIM技术的应用不仅可以提高眼前工作的效率、质量,降低工程风险,克服工程难度,而且对提高后期项目运营效率、降低运营管理与养护成本都有非常重要的意义。因此,建议公路工程项目的BIM技术应用可以考虑分两大部分:

首先在公路工程项目技术复杂单位工程全面的标段部分进行试点和研究;然后在公路工程项目全线进行推广并开发建设工程建设与运维管理平台。

最后形成技术经验积累,并建立基于BIM的信息化建设管理平台向集团公司和社会企业的工程项目全面推广。公路工程项目各阶段BIM应用小结如表6-1-1所示。

表6-1-1 公路工程项目BIM全寿命周期信息化建设管理平台内容

编号	项 目	工作内容
1	公路工程项目BIM设计及应用方案	公路工程项目经理部分BIM应用:BIM设计模型,实景建模
2	公路工程项目BIM施工信息化系统	公路工程项目BIM施工模型,施工模拟,错漏碰缺等
3	公路工程项目全寿命智慧化管理平台	基于BIM+GIS技术的工程建设与运营管理平台开发及应用,成熟应用后可全面推广
4	其他定制化功能	按需共同科研开发

6.2　BIM智慧化管理系统下阶段工作重点

BIM技术作为促进我国交通基础设施领域创新发展的重要技术手段,其应用与推广对于传统公路交通行业的科技进步与转型升级将产生不可估量的影响,也将大大提高工程项目的集成交付能力,进一步促进工程项目效益和效率的显著提升。

由于高速公路工程的特殊性,BIM技术在高速公路工程中的应用仍然很少。BIM技术在交通基础设施中的应用将会有一个长期的发展过程,现阶段还处于发展的初期(特别是对高速公路工程运营阶段的研究和应用)。相对于建筑工程,高速公路工程的BIM设计在设计、施工和运营阶段都缺乏具有BIM国内自主知识产权核心设计软件;在各参建方沟通交流时缺乏一个协同工作平台,造成各方无法及时交流沟通和制定相应决策。

BIM软件平台的不完善、标准和人才的缺失、BIM技术在工程实践中的应用经验还非常欠缺,这些因素都制约了BIM技术在交通基础设施中的应用。各单位在进行BIM技术应用时,应正确评估资源投入情况、选择合适的软件平台、组织建立合理的项目团队、规划适合企业自身发展的模式。通过软件研发、标准制定、典型项目的应用,打造适合企业发展的全生命周期BIM技术解决方案。

(1)推进BIM技术向纵深发展。以已有研发成果为基础,将BIM技术向纵深方向推进,构建建设管理平台和运营管理平台。同时积极扩展应用范围,结合更多的项目开展应用和技术探索,使得研发的BIM技术成果能够具有代表性和普适性。

(2)构建中国交通BIM标准。BIM技术在交通领域刚刚起步,标准还不够完善,严重制约交通领域BIM技术的发展,影响行业的技术进步,因此后续将持续注重构建中国交通BIM标准体系,助推行业BIM技术进步。

(3)加强数据标准与兼容性研究。目前,我国高速公路建设期管理还广泛存在管理方式落后、信息流通不畅、跨部门业务烦琐、文件沟通繁杂、管理软件界面不友好、各管理软件相互数据不兼容等问题。要加强 BIM+3D GIS 等技术研发，推广应用到桥梁、铁路、管廊、深隧、矿山恢复等一系列土木工程建筑领域,将产生显著的社会效益和经济效益，对落实国家交通强国发展战略、提升建筑管理现代化水平有着不可估量的作用。

（4）探索 BIM 技术与 VR/AR/互联网等前沿技术的结合。VR/AR/互联网技术已是当下技术发展的一个重要热点,随着技术的进一步成熟，BIM 技术与 VR/AR/互联网等前沿技术的结合将会越来越紧密，因此，下一步我们将积极跟进技术发展趋势，做好与热点技术的结合集成。

（5）加强成果美化效果方面的开发。BIM 软件开发、生成的作品在立体展示的美学效果上尚需利用 3DMAX 等其他渲染软件进一步优化完善，期待软件开发商能够开发配套的软件系统。

（6）系统性培养 BIM 开发、设计、应用人才。BIM 信息化系统只是一个工具，要真正的提升各项目的设计与管理水平，各高校、科研院所要超前培养、各项目参建单位要引进 BIM 相关专业复合型人才（包括美学设计），科研、勘察设计、管理人员必须从自身做起，积极学习先进的设计与管理方法，并及时总结交流成功经验，才能提高国内土建行业的整体水平。

6.3 数据安全措施

BIM 数据信息管理要保证信息安全。项目中有些信息不宜公开，比如 ABD 的工作环境 workspace 等。这就要求在项目中的信息设定权限。各方面人员只能根据自己的权限享有 BIM 信息。

（1）目前，建筑工程行业基础平台均采用国外软件，此乃行业痛点，非一朝一夕、几家企业能够独立解决的，需要投入大量的人力、物力进行技术攻关。我国目前正在大力推进基础平台的研发工作，中交一院等业内权威设计单位也参与了其中 BIM 标准平台的测试及验证工作，确保数据的兼容性与安全性。

（2）中交一院采用的 Bentley 软件平台，在联网环境下主要监测软件版权及设备数量等权限类内容，并不涉及项目的核心数据内容。同时，中交一院也在日常工作的同时密切监视数据流量等信息，一旦发现异常情况，及时上报、及时处理。

参考文献

[1] 边策. 中国高速公路与美国高速公路发展比较研究. 北京：北京交通大学，2012.

[2] 王金余. 中美高速公路发展模式比较研究. 北京：北京交通大学，2012.

[3] 钟敏，刘守桂. 浅谈高速公路机电运维系统建设. 中国交通信息化，2017（1）：116-119.

[4] 何清华，等. BIM 在国内外应用的现状及障碍研究. 工程管理学报，2012，26（1）：12-16.

[5] KORMAN T M, FISCHER M A, TATUM C B. Knowledge and reasoning for MEP coordination. Journal of Construction Engineering & Management，2003，129（6）：627-634.

[6] KORMAN T M, TATUM C B. Prototype tool for mechanical, electrical, and plumbing coordination. Journal of Computing in Civil Engineering，2006，20（1）：38-48.

[7] TABESH A R and STAUBFRENCH S. Modeling and coordinating building systems in three dimensions: a case. Canadian Journal of Civil Engineering，2006，33（33）：1490-1504.

[8] YU K, FROESE T, GROBLER F. A development framework for data models for computer-integrated facilities management. Automation in Construction，2000，9（2）：145-167.

[9] GODAGER B. Analysis of the information needs for existing buildings for integration in modern BIM-based building information management. 2011.

[10] BECERIKGERBER B, et al. Application Areas and Data Requirements for BIM-Enabled Facilities Management. Journal of Construction Engineering & Management，2011，138（3）：431-442.

[11] MEADATI P，IRIZARRY J，AKHNOUKH A K. BIM and RFID integration: a pilot study. 2002.

[12] FORNSSAMSO F，BOGUS S M，MIGLIACCIO G C. Use of building information modeling （BIM）in facilities management. 2011.

[13] EL-AMMARI K H. Visualization，data sharing and interoperability issues in model-based facilities management systems. Masters Abstracts International，2006，45（3）：1575.

[14] HOUSE S O，et al. Adopting BIM for facilities management: solutions for managing the Sydney Opera House. 2007.

[15] 江帆. 基于 BIM 和 RFID 技术的建设项目安全管理研究. 哈尔滨：哈尔滨工业大学，2014.

[16] 过俊，张颖. 基于 BIM 的建筑空间与设备运维管理系统研究. 土木建筑工程信息技术，2013，5（3）：45-53/66.

[17] 张建平，等. 基于 IFC 标准和建筑设备集成的智能物业管理系统. 清华大学学报（自然科学版），2008，48（6）：940-942.

[18] 杨炟峰，闫文凯. 基于 BIM 技术在逃生疏散模拟方面的初步研究. 土木建筑工程信息技术，2013，5（3）：63-67.

[19] 曹吉鸣，张军青，缪莉莉. 基于 WSR 的设施管理三维要素模型及要素分析. 经济论坛，2009（20）：112-116.

[20] 贺灵童. BIM 在全球的应用现状. 工程质量，2013，31(3)：18-25.

[21] 岳丽娜. 大跨悬索桥安全监测方法及体系研究与应用. 武汉：武汉理工大学，2 010.

[22] 郝芬芬. 高速公路运营管理标准体系研究. 西安：长安大学，2 014.

[23] 黄桥连，倪四清，孙梦嘉. 高速公路大标段模式组织管理及其效率研究. 工程管理学报，2015（3）：82-87.

[24] 张亚军. 我国高速公路养护管理中存在的问题及解决对策分析. 甘肃科技纵横，2014，43（11）：74-75.

[25] 余光祥. 高速公路养护管理存在问题及对策研究. 工程与建设，

2008,22(3):418-419.

[26] 廖晨雅,谭大璐,李昀轩.基于BIM的建筑运营阶段精益管理,2012.

[27] 龙云霄.高速公路建设项目现场管理信息化探讨.绿色环保建材,2017(6).

[28] 夏小龙.美国高速公路建设与管理.安全与健康月刊,2005(2):49-50.

[29] 承津文.日本、新加坡道路交通管理智能化的经验及启示.上海建设科技,2000(2):13-14.

[30] 吴五星.瑞典国家公路的养护与管理.湖南交通科技,2003,29(1):48-50.

[31] 周灵芝.国外高速公路养护管理体制对我国的启示.交通运输研究,2007(1):102-103.

[32] 宁冉.探索市政工程的BIM之路.中国建设信息化,2014(10):8-41.

[33] 杜艳超,李明照.基于BIM的FM管理体系的研究.中华建设,2016(1):86-87.

[34] 林淼.BIM技术在商业地产项目管理中的应用研究.天津:天津大学,2016.

[35] 武斌.BIM模型在物业管理及设备运维中的应用.科学技术创新,2015(36):262-262.

[36] 杨子玉.BIM技术在设施管理中的应用研究.重庆:重庆大学,2014.

[37] 曹吉鸣,缪莉莉.我国设施统管理的实施现状和制约因素分析.建筑经济,2008(3):100-103.

[38] 丁智深,赵娜.设施管理及其在中国的发展.建筑经济,2007(S1):23-26.

[39] 陈景勋.设施管理在我国的理论探索及应用研究.上海:同济大学经济与管理学院,2007.

[40] 陈远,李洪欣.设施管理信息化研究.土木建筑工程信息技术,2010,2(1):73-77.

[41] 张睿奕.基于BIM的建筑设备运行维护可视化管理研究.重庆:

重庆大学，2 014.

[42] 郭洪江. 浅议 BIM 在公路设计中的应用. 黑龙江交通科技，2011（9）：315-315.

[43] 刘植桢. 实现高速公路网联网收费的技术关键. 公路交通科技，1999，16（2）：62-66.

[44] 王婷，肖莉萍. 基于 BIM 的工程运营管理信息系统架构研究. 建筑经济，2015，36（5）：107-109.

[45] 孙悦. 基于 BIM 的建设项目全生命周期信息管理研究. 哈尔滨：哈尔滨工业大学，2 011.

[46] 潘怡冰，陆鑫，黄晴. 基于 BIM 的大型项目群信息集成管理研究. 建筑经济，2012（3）：41-43.

[47] 胡振中，路新瀛，张建平. 基于建筑信息模型的桥梁工程全寿命期管理应用框架. 公路交通科技，2010（S1）：20-24.

[48] 李伟光. 分专业协作的 BIM 体系实现. 土木建筑工程信息技术，2010，2（3）：28-32.

[49] 武慧敏，高平. BIM 在建筑项目物业空间管理中的应用. 项目管理技术，2015，13（10）：57-63.

[50] 黄群骥. 数据中心从建设到运维来谈全寿命周期管理. 智能建筑与智慧城市，2013（6）：44-46.

[51] 王庆省，赵晓东. 现代设备管理的新趋势. 长沙铁道学院学报（社会科学版），2007，8（1）：11-12.

[52] 戴栎，黄有亮. 精益建设理论及其实施研究. 工程管理学报，2005（1）：33-35.

[53] 雷兰，李银香，张继昕. 浅析我国建筑节能的现状与发展趋势. 山西高等学校社会科学学报，2010，22（9）：34-37.

[54] 胡志坚，胡钊芳. 中小跨径公路混凝土桥梁技术状态评估. 北京：人民交通出版社，2 009.